青年学出版工程

上海青年管理干部学院资助出版

U0966106

# 从“青年猴”到“宇宙猿”

## ——关于青年的历史叙事与解读

田 杰 著

華東理工大學出版社
EAST CHINA UNIVERSITY OF SCIENCE AND TECHNOLOGY PRESS
·上海·

**图书在版编目(CIP)数据**

从"青年猴"到"宇宙猿":关于青年的历史叙事与解读/田杰著.—上海:华东理工大学出版社,2019.3

(青年理论与实务丛书)

青年学出版工程

ISBN 978-7-5628-5669-6

Ⅰ.①从… Ⅱ.①田… Ⅲ.①青年-研究-中国 Ⅳ.①D669.5

中国版本图书馆CIP数据核字(2019)第074280号

**内容提要**

历史是青年研究不可或缺的维度,但向来鲜为研究者所关注。青年不仅是生动而鲜活的现实存在,也是一种历史存在;而且,就现代历史观来说,青年更是关乎未来的"尚未"的存在,或希望之所在。现代社会科学所标举的"青年"的概念,可以追溯到更久远的历史。青年的产生,是人类进化史上的一个重大事件,而不是一般或简单意义上的某种"现代性的后果"。如同一般社会科学那样,历史也是青年研究的"主轴"。有关青年的历史叙事与解读,具有多重路径的建构、想象与可能,史学范式将呈现青年研究更丰富的理论图景。

策划编辑/刘　军
责任编辑/刘　军　藕　园
装帧设计/徐　蓉
出版发行/华东理工大学出版社有限公司
地址:上海市梅陇路130号,200237
电话:021-64250306
网址:www.ecustpress.cn
邮箱:zongbianban@ecustpress.cn
印　刷/江苏凤凰数码印务有限公司
开　本/710 mm×1000 mm　1/16
印　张/17
字　数/235千字
版　次/2019年3月第1版
印　次/2019年3月第1次
定　价/90.00元

# 自序：我与青年研究

2018，一个重要的时间节点——中国改革开放四十周年。这一年来，学界各种反思的文章可谓连篇累牍，包括有关青年和青年研究的。于我个人而言，这一时间节点还有另一重意义，即四十年前我有幸成为恢复高考后走进大学校园的78级大学生。一个人的生命历程，即由诸多这样的时间节点连缀串联而成，其中有许多偶然，也有很多必然，是世运与命运交错碰撞的结果，而个人在其中难免有许多的迷蒙与茫然……有一天忽然发现，自己头顶落上了一顶帽子——“80学人”“二十世纪七十年代末进入高校，并于二十世纪八十年代前期进入学界（主要是高校和科研院所）的学人”，甚至还有所谓的“78级神话”。尽管它“也只是个神话”。[①] 诚然，我既不是高校也不是科研院所的人，更没创造出任何“神话”，算不算“学人”也值得怀疑。但仍自以为多少与“学界”，特别是青年研究界还有一些瓜葛，便也就自以为“是”了。

于“80学人”者说仔细“对号”，还真的可以“入座”：其一，大学前教育不足；其二，读书时大学教育本身有诸多欠缺；其三，对来自国外特别是西方的学术信息和新理论食而不化且缺乏真正意义上的“创新发展”；其四，由毕业分配制度或其他非学术考量而进入学界；其五，因学术人才断档而较容易获得职称或名誉；最后，因缺乏学术批评而妨碍学术磨炼和激励等。而这些都属于“不可避免的历史局限”。尽管论者仍然充分肯定过去30年间这批学人在人文社科各学科领域内作为其中最生动的力量，起到了推动学科发展的

① 苏力：“80学人与30年人文社科发展”，载《开放时代》2009年第1期。

主要作用，但仍认为由于其“不可避免的历史局限”，“这一代学人基本上是在恢复学术传统，但缺乏重要的创造，甚至由于时代的种种局限，目前已经很缺乏创造的动力”。特别是论者提到：（80 学人）“普遍偏重古典人文”的学习而“极少拥有社会科学的基本知识和初步训练”。不管其他同仁如何看，对这里所做的种种分析判断，我基本是认账的。

但从另外的角度看，一代人有一代人的使命和担当，一代人有一代人的气度与情怀。“80 学人”历史地站上中国学术殿堂的前沿和顶峰，自然也将展现它独具的品质和风貌，而其重要性质和意义，或将超出学术价值本身而塑造出一种独特的社会文化品格。也正因如此，“80 学人”曾经的呼喊，使“八十年代”在中国成为一个具有特殊含义的词汇，人们时常怀恋、回望、思索那个年代。作为一个亲历者，我至今仍被八十年代中国青年研究的火热氛围与浪漫激情所感动，对青年社会问题的深度关切，对青年文化和热点现象的敏锐触觉，对青年研究理论建设的宏大气魄，对青年研究事业的高度认同与自觉投入等，这一切于今可能都是一种奢望或神话了。毫无疑问，今天再回头翻检自己当年那些所谓的成果，无论是书籍还是文章，都会觉得粗陋而稚嫩，更几乎没有规范可言。不过，路就是这么走过来的。悔其少作，似在情理之中，但“毁”其少作则大可不必！

路总是要往前走的。每个人有每个人的走法，或疾步风行，或闲庭信步，抑或寻找各种门路和捷径，总之，这都是个人的选择，根据个人的情趣、心境、处遇或品行而定。与其他学科领域大不同的是，青年研究界的“80 学人”大多在八十年代还未结束的时候便纷纷离场了。所剩无几者，尚在韧性坚持。于我，此时虽然多了一些孤独与寂寥，但心情却平静了许多，激情消褪之后，或许就是理性归来之时。不知其他出走或留下的人是怎么想的，反正我是从这个时候开始，去思考一些有关青年的价值、意义、历史、传统等更为抽象以至某种带有终极色彩的东西。在深圳这个改革开放前沿、市场经济大潮波澜乍兴、人口平均年龄只有 24 岁多的城市，会更多发现年轻生命的意义与价值，会更多体验到他们的幸与不幸，甚至那种以往难以理解和想象的年轻人的奋斗与抗争、希望与绝望。我将这些来自全国各地的年轻人，称为“流动的太阳方阵”，他们在“向未来迁徙”……当年《深圳青年》杂志封面的广告语是：“这里看重智慧、信念与人的尊严。”对青年人来说，梦想燃烧的时刻，也即青春生命的燃烧；梦想燃烧的地方，也就是青春生命化为灰烬之地。在古希腊的悲喜剧里，主角总是那些年轻的神灵，或许这就是青年的宿命。什么是青年？青年就是那些活脱脱的、鲜活的青春生命！我也曾经苦苦追寻过所谓“青年的本质”，并试图做出关于这种本质的、逻辑的与历史统一的理论证明。现在，突然眼前闪出一道光：青年是人类关于青春生命的一种信仰。作为“80 学人”曾有的八十年代的激情与浪漫，此刻化为一种深沉的内在信念与情感：青年和青年研究，就犹如康德头上的星空、牛顿心中的宇宙、爱因斯坦眼里的科学神殿……

正如以上论者所说，“80 学人”在学术上偏重古典人文而不习惯于按现代社会科学的规范与方法行事。按现代社会科学学术规范的要求，这固然是一个很大的缺陷。但我觉得这并不是绝对的。这些年来，我曾对一些有关青年的冰冷数据、表格、量表等有着一种本能的抗拒，觉得活生生的青年人似乎成了实验室里的标本，成了取样化验的活组织，人体各器官被肢解开来，研究人员穿着白大褂拿着刀叉钳镊操作着各种仪器器皿，而那一篇篇论文或研究报告和自己在医院拿到的检查报告没什么两样：它可能会告诉我哪里有病，但它绝不会知道我如何得的病，更重要的是，它根本不知道我在想什么。我曾为自己的这种偏执感到恐惧，也自觉于自己社会科学专业方法训练的严重不足并主动补课学习，但这一切似乎并未对自己有多大的改变，于是便放弃了。现在想来，这有什么不好呢？“青年”作为研究对象在我心中是一种值得敬畏的神圣，如你将其作为标本，可以各自获得存在的理由，正如现实生活中既有教堂，也有医院，既有大数据，也有流行乐。但我对那种认为“那些上了 55 岁的，没有接受过海外学术训练的、搞哲学的，几乎都是民哲，搞历史的都是民史，尽管有少数像葛兆光这样的例外，但大部分都不行”，或对“经历过极端年代的人，长时间脱离学习，无论心智还是学习水平，都是值得怀疑的"[1]的说法不以为然，因为在我看来，人文社会科学研究不能完全按国外"现代学术工业的基本玩法"。我曾经的偏执，不应该以科学的神圣名义，换个头面变成另一些人的另一种偏执。这无益于中国学术的发展与进步。

任何科学研究活动，都是非常个性化的。我大学读的是中文，而我最喜欢的一是经济学，二是历史。大学期间，我只用了少部分时间去应付课程考试，其余的全部时间（包括晚自习、一半的节假日）都去思考自己感兴趣的问题，写了三篇所谓的论文，一篇是关于恩格斯提出的"席勒式"创作倾向问题，一篇是关于中国古代神话早期销歇与文学起源的关系问题，还有一篇是用结构主义语言学方法分析中国传统诗律节奏。这些都是在没有导师指导的情况下独自完成的，甚至几乎没有任何同学可以交流。有点幽默意味的是，在交毕业论文的时候，后两篇文章竟一时找不到指导教师，而关于"席勒式"的一篇文章毫无疑问地可以得"优秀"。但我还是坚持用"神话"的这篇做毕业论文，指导教师是搞语言学的（因为我曾做他的课代表，彼此比较熟，他才接受了我的论文），最后被评为"良"，但他说这篇文章涉及的问题和提出的观点五年之内都将是新颖的（后来的情况基本证明了老师的判断）。之所以说这些事，是我认为做研究一是要寻找自己感兴趣的问题，二是要有一点偏执心理，或者说韧性。还有一点，或许更为重要，即对你感兴趣的问题要穷究下去。"究天人之际，通古今之变，成一家之言"，这句话我一直铭记在心，虽然很难做到，但可以自省自律。事实上，我现在所做的关于青年的研究，仍可以发现大学期间的影子，甚至可以说，并未超过那个框架多远。

爱因斯坦曾说过，科学的神殿里住着各种各样的人，有的为在其中寻求"超乎常人的智力上的快感"，有的为着纯粹功利目的而将自己的"脑力产物奉献到祭坛上"，还有一种人就是像普朗克那样怀着激情，怀着宗教式的虔敬、恋爱式的痴情而专心致志于"科学中最普遍的问题"，"而不是使自己分

---

① 腾讯《大家》微信公众号：2018/4/13，文章无署名。"编者按"称，"腾讯大家编辑部"向某作者约稿，作者回给编辑部的是这封 6 000 字的表示"拒绝写作"的长信。

心于比较愉快的和容易达到的目标上去的人”。[①] 我很难说自己属于这其中的哪一种人，甚至也怀疑自己这种“经历过极端年代”且大学前只读过完整小学的“80 学人”能否登上“科学的神殿”。但爱因斯坦认为，即使是寻求智力快感和为了纯粹功利目的的人，也同样“在建筑科学神殿中做出过很大的也许是主要的贡献”，在科学的森林中同样需要不为天使所宠爱的“蔓草”。这样，自己或可从中得到些许聊以自慰的堂皇理由。由此联想，青年研究同样需要各种各样的人，青年研究的学术生态中同样需要“蔓草”，尽管“只有蔓草就不成其为森林”。

在我看来，青年研究是一个开放的人文社会科学领域，因而它很难为某一独立学科所专属或涵盖，同时也很难说哪一学科是青年研究的强势学科，而只能说哪一学科的青年研究现在比较成熟或规范，如社会学的青年研究。受孔德和埃德加·莫兰的启发[②]，我认为，就其现实性来说，青年现象或问题首先是一个社会学问题，但就其发生学或本源意义而言，它应该属于人类学、社会生物学，而在其未来指向上，则应属于美学领域——和谐与冲突、希望与未来、青春与死亡、悲剧与喜剧等范畴，将成为青年研究的重要主题。但贯穿青年研究始终的，则是历史学和政治学。按吉登斯的说法，历史是一般社会科学研究的“主轴”，而政治学作为关于社会政治制度、体制、行为等的一般科学，与青年现象、问题乃至历史密切相关，青年永远被镶嵌在一定的社会政治结构之中，从原始的年龄等级制度，到父权制、各种专制的或民主的社会制度，以及社会对青年的教化与规训等。青年是人类进化史上的

① 阿尔伯特·爱因斯坦：“探索的动机——在麦克斯·普朗克六十岁生日庆祝会上的讲话（1918 年 4 月）”，载《爱因斯坦文集》（第 1 卷），徐良英、范岱年编译，商务印书馆 1976 年版，第 100－103 页。

② 孔德从“学理的”与“历史的”两个角度提出“全面普及实证教育”所涉及的六门序列不变的基本学科：数学、天文学、物理学、化学、生物学、社会学。数学是“独一无二的出发点”，社会学是“整个实证哲学的基本目标”，中间的四门前后相通且其复杂性依次递进。孔德认为，实证哲学将“根据人类的整个过去断定社会的未来”，其基本精神和目标是“建立对人类的最高崇拜”。参见[法] 奥古斯特·孔德：《论实证精神》，黄建华译，译林出版社 2011 年版，第 70－71、80、85 页。埃德加·莫兰反对人类学研究中占统治地位的社会学主义或文化主义方向，提出“关于人的科学的统一”的人类学或“整体人类学”，揭示了人类学和生物学的关系，确定了生物—人类学或生物—人类—社会学的方向，并在纳入物理学的情况下构想了“人类—宇宙学”。参见陈一壮：《埃德加·莫兰复杂性思想评述》，中南大学出版社 2007 年版，第 79－80 页。

一个重要事件，而不是一般意义上的某种“现代性的后果”。青年研究，可以作为人文社会科学研究的一个相对独立的领域，或者在一定情况和条件下成为一门独立科学——青年学。而这种“青年学”，应属于人学的一个分支，而且必然是人学王冠上的那颗最耀眼的明珠。

“80学人”已渐行渐远，留下的背影待后人评说。80后已然走上前台。太阳每天都在升起。青年研究，是青春的事业，青年研究者心中的太阳每天都在升起。这是一种信念。青春相守望，结伴少年行，我以此自勉。

是为序。

2018年4月18日于惠州·帝景湾

# 目　录

## 上编　论　文

## 下编　书　信

# 上编

## 论　文

# 青年研究：敞开历史视野

没有对青年的历史认识，就不可能对现实中的青年存在和青年现象做出合适的解释。而缺少一种历史的视野、观点与方法，也将不可能对青年的未来做出合理的预期和展望。敞开历史视野，是中国青年研究走出碎片化、平面化、功利化等流弊与困境的重要途径之一。走进青年的历史，走进青年发展变化更深远、更广阔的历史背景，在历史中理解青年发生、发展和社会存在的价值，发现青年之于历史变革与社会变迁的意义，对中国青年的历史文化传统和民族特性做出合理的解释。同时，从历史，特别是中外思想史、观念史、社会史等研究中，不断发现和汲取新的经验、理论、学术和思想文化资源，这即是历史对于青年和青年研究的重要意义所在。

## 一、历史解释是理性思考的前提

就人文社会科学研究而言，一旦离开真实的历史主体，任何概念抽象都将在复杂的现实面前显得脆弱不堪和苍白无力。同时，历史解释，也是任何理性思考的前提，因为“我们身边的每一处能够被言说、被体悟的事情，如果不能够获得历史解释，它都无法进入理性的思索之中。从历史中获取意义，获取人生在某个时刻具有的确定性和行动的立足点，这是试图了解历史的人所追求的"。[①] 正如韦伯所强调的："社会科学的最终目的不是追逐新观点和新概念的建构，而是'致力于认识具体历史联系的文化意义'。"[②]赖特·米尔斯则强调："历史，是社会研究的主轴。"[③]

毫无疑问，青年有自己的历史。[④] 随着新社会史在战后的发展并在20世纪60、70年代达到鼎盛，历史学家试图从历史中寻找现实社会问题的根源和答案。特别是在西方国家兴起并席卷世界的轰轰烈烈的学生运动、民权运动等各种社会运动，使历史学家研究青年人的历史、青少年和儿童的历史成为社会史学家在60年代开拓的史学研究新领域，在此前人口史和家庭史研究奠定的良好学术基础上，青年史应运而出。青年史属于"人民大众的历史""社会民众的历史""普通人的历史"。[⑤] 菲利普·阿利埃斯(Philippe Ariès)的《儿童的世纪：旧制度下的儿童和家庭生活》(1960年)和吉利斯(J. R. Gillis)的《青年与历史——欧洲年龄团体的传统与变化》(1971年初版，1981年增补再版)都是在这一时期完成和出版的关于青少年历史研究的经典著作。

历史研究总是呼应着时代的主题。吉利斯在《青年与历史》1981年增补再版的"补论"中明白地解释道："本研究是某个特殊的历史瞬间，也就是

---

① 张文杰、陈新："历史的观念译丛"总序"序二"，[德]哈拉尔德·韦尔策编：《社会记忆：历史、回忆、传承》，季斌，等译，北京大学出版社2007年版，第6页。

② [德]马克斯·韦伯："社会科学方法论"，韩水法，等译，华夏出版社1999年版，第60页。

③ [美]C.赖特·米尔斯："社会学的想象力"，陈强，张永强译，三联书店2005年版，第154页。

④ 在这里需要特别指出和强调的，并非是青年有没有自己的历史，而是如何理解青年的历史，以及青年的历史在人类文明史和社会发展史中的地位、作用以及关于青年的历史叙事究竟应从何时开始的问题。比较通行的看法是，青年作为一种特殊社会群体和社会力量的产生是在西方近现代工业革命之后，青年的产生是一种"现代性的后果"或现代化进程中的伴生现象，自然这也成为青年历史叙事的起点。本书所持的观点与此不同，认为青年是人类文明和社会发展历史中的一种独特现象，青年的诞生是人类进化史上的一个重要事件。在"从'青年猴'到世界猿——埃德加·莫兰的思想、方法及其启示"(载《当代青年研究》2012年第5期)、"青年与历史——关于青年的历史叙述与解读"(载《中国青年政治学院学报》2009年第5期)、"青年研究的史学范式与理论图景"(载《当代青年研究》2009年第6期)、"青年学的想象力——读C.赖特·米尔斯的《社会学的想象力》"(载《青年探索》2016年第2期)等文章中，笔者对上述观点均有具体论述。

⑤ 俞金尧："书写人民大众的历史：社会史学的研究传统及其范式转换"，载《中国社会科学》2011年第3期。

1968年——这是发生了戏剧性变动的一年的产物。"作为一位历史学者，受阿利埃斯的启发，吉利斯对60年代出现的青年问题选择了独特的思考角度，[①]历史论述与现实分析在他那里构成了一个完整的体系——在60年代学生运动中他发现了历史，在历史的追溯中他重新发现了青年。

但是，对青年的历史解读，向来充满歧义。有研究者指出，一部青年史，从来都是曲曲折折，甚至是主观随意、动荡不定的。仅就现代社会青年群体的产生来说，除"工业化"的巨大影响之外，还有更多因素在发生作用，如工业社会前农民家庭因子女过多致使部分青年流入城市，城市青年团伙和帮会的形成，社会变迁导致世代之间冲突加剧，还有诸如"青年人口膨胀"、中世纪大学的兴起等。因此，对青年问题的探究，不能离开特定的历史阶段，必须把基础研究和应用研究结合起来，逐步形成关于青年问题的概括性理论，尤为必要的是将心理学、社会学、人类学、经济学和政治学熔于一炉的总体认识，缺少任何一方面只会增加混乱。[②] 在青年研究中，历史的解释与理性的思考应该是相辅相成的。有研究者在分析"二战"前后西方青年研究发展走向时谈到，需要一种"重构战略"，以科学的方式和概念重建一种关于青年统一的、全面的看法。"二战"前关于青年的科学知识领域是开放的，对立的观点得以讨论，而战后则走向封闭，并在持续不断的青年现代化过程中出现两极分化，青年成了精神分析学家、犯罪学家、教育家或不同的行动派别之间进行各种解释的战场，"现代性成为本世纪[③]青年的命运"。概言之，"自从1945年以来，欧洲总的科学地图以及对儿童和青年研究的具体领域按照政治现实被分割，并割断了历史的继承"，因而青年研究需要重建自己的知识传统，这种重建"应当建立在东方和西方科学家及教育改革者联系的基础之上"，这种"共同思想的重构"必须打破以往那种封闭状态并"跨越历史和政治边界"而在不同国家和地域之间"重新架起桥梁"，以扩大不同国家和地

① 陈映芳："世界性的'六十年代'与青年研究"，载《中国青年研究》1998年第2期。
② [美]阿瑟·珀尔："美国青年问题研究的理论趋向"，冯炳昆译，载《青年研究》1987年第8期。
③ 此处指二十世纪。

区对有关青年知识的相似性和多样性的认识。[1] 20 世纪西方青年研究从开放到封闭再到走向“跨越历史和政治边界”的统一，这一过程似乎同样值得我们给予更多的关注与反思。

在西方思想文化历史传统中，向来不缺乏有关青年的种种说辞与叙事，从古希腊罗马神话、戏剧到中世纪宗教神学、近现代人文主义、启蒙运动思想家的著述中，不难见到这方面的内容。进入现代社会以来，青年问题尤为西方社会所关注，逐渐发展为现代人文社会科学研究的新领域，并在将“青年”概念科学化的同时，也将其历史化。对西方社会青年研究来说，“青年”与其说是一种实体性的实证概念，毋宁说更富有象征和隐喻的特征。17 世纪意大利伟大的人文主义者维柯曾讲到，历史的话语权掌握在“老年人”的手中，评述人类生活、讲述历史的是老年人，而“各民族的创建者则是青年”。这是维柯提出的一种历史观，关于青年人创造历史的一种崭新的历史观念。[2] 克罗齐提出的著名论断是：“一切历史都是当代史”，他认为“历史是所有时代、一切民族、全部成员登台表演的一部戏剧”。克罗齐在他的历史研究中发现，正是在 19 世纪中叶的那些“浪漫青年”身上，“看到崛起并要为 19 世纪原则较量和战斗的精神力量，只有他们才具备为 19 世纪欧洲史提供主线的资格——成为欧洲的宗教与道德的精神史，这种精神建构、支撑、纠正、改造称作政治、军事、行政、外交、农业、工业、商业的实践活动。总之，各类致力于特殊效用的活动全部由这种精神决定”。[3] “这种精神”即黑格尔所谓的“青年精神”。克罗齐是黑格尔的追随者，他的历史研究也传承了这种精神。当我们屡屡念及霍尔的《青年期》作为现代青年研究学科化的奠基之作时，却没有更多地理解青年人在霍尔那里作为美国精神历史表象的象征意义。这一点恰恰被我们的研究者所忽略，或挪用为一种空泛的意识形态话

① ［挪威］奥拉·斯塔芬森：“欧洲教育与社会中关于青年研究的历史”，王寅通译，载《当代青年研究》1997 年第 6 期。

② ［英］利昂·庞帕：《维柯著作选》，陆晓禾译，商务印书馆 1997 年版，第 122 页。

③ ［意］贝内德托·克罗齐：《十九世纪欧洲史》，田时纲译，中国社会科学出版社 2005 年版，第 39 页。

语。在此，我们有必要强调这样的观点：青年研究对青年的一切发现，都必须而且只能在历史之中，都必须体现出深厚的历史感。而且，只有在这一基础上，才能展现青年的时代性格和精神特征。这即是赖特·米尔斯所谓的"观念的历史视野"。而敞开这一视野的前提是确立一种新的历史观和青年观，将青年看做"真实的历史主体"，将历史看作包括世世代代青年在内的"人民大众的历史"，将青年从被遮蔽甚至扭曲的历史中拯救出来。

## 二、青年研究亟待关注的仍是历史

近年来，我国史学和相关学科对与青年有关的历史研究，表现出一定的兴趣，有质量的成果绝不鲜见且日益增多。这与中国史学自身的发展有关，"新史学"已然成为中国史学界的一个新潮，以"新史学"命名的各类丛书大概有不下十种。也有研究者注意到，中国社会学已出现一个历史转向，许多社会学者转向对中国历史自身的研究。①

另外，这或许也与中国青年研究近二三十年不断扩大的影响有关，当然这还仅仅是一个推测而没有做任何验证。

中国史学对少年/青年问题的关注，主要集中在社会史、法律史、文学史、文化史和思想史等学科领域。在中国古代史研究中，"少年"现象引起了一些研究者的特别关注。王子今是国内著名的秦汉史研究专家，在中国儿童史研究方面硕果颇丰，这也使他的"少年"研究更富深厚的学术底蕴和思想内涵。他将秦汉社会的"少年"和"恶少年"作为一个特殊社会群体来考察，肯定其独特的社会地位和价值，这与以往观察这一现象的政治伦理视角完全不同。汉代太学生运动向来为史家所关注，王子今从舆论史、教育史、心态史角度研究这一问题，其见解更有独到之处。② 关于秦汉少年和太学生

① 刘亚秋："'总体性'与社会学的历史视野——'中国社会变迁与社会学前沿：社会学的历史视野'学术研讨会综述"，载《社会》2013年第2期。

② 王子今："说秦汉'少年'与'恶少年'"，载《中国史研究》1991年第4期；王咸举幡：舆论史、教育史和士人心态史的考察，载《读书》2009年第6期。

的研究，近年来不断有新成果面世。[①] 秦汉少年研究，还有更大的学术空间。社会史的研究表明，秦汉时期，除了乡里民间社区之外，还存在着一些不同性质和不同形式的包括乡野游侠、闾里少年构成的民间组织。[②] 阿利埃斯和乔治·杜比的生活史研究也认为，"青年组织在罗马帝国的希腊人中很普遍"。[③]

中国古典文学研究对"少年"现象似乎有着更高的热情。历史作品的"文学方面"，是历史研究（包括历史叙事和文本分析）过程中必须"认真地看待"的一个方面；历史需要想象，特别需要文学想象。[④] 两汉"五陵少年"任侠纨绔，或可一窥中华"青年文化"之滥觞。汉乐府《少年行》系列诗歌，或刻画少年义侠轻财尚义、刚毅勇武，或表现其斗鸡走马、纵酒狎妓。这类"少年"现象值得今天的青年研究学者关注与思考。林庚于 20 世纪 40 年代在唐诗研究中提出的"盛唐气象，少年精神"的观点，近年来再度受到研究者的热情关注。汉魏少年，承先秦任侠风尚之余绪，呈大汉威武刚健之雄风，至盛唐演化成为一种尚武重力、浪漫无羁的"少年精神"。研究者认为，这是一种时代精神和民族气节的文化表征，是华夏文明青春浪漫的文化记忆，宋以后这种阳刚朝气的"少年精神"逐渐衰落，中华文化进入较为成熟的成年阶段。[⑤] 还有研究者认为，中国文化，从春秋时期百家争鸣、百花齐放，到五四新文化运动而至当今，始终呈现出一种自我更新、自我发展的强大力量，表现出一

---

① 可参阅：郝建平："汉代太学生的干政之举"，载《北方论丛》2004 年第 5 期；郭炳洁："论东汉太学教育与太学生运动特点的内在联系"，载《洛阳师范学院学报》2006 年第 3 期；郝芳芳："试论秦汉'少年'"，东北师范大学 2009 年硕士学位论文；魏惠霞："东汉太学与太学生运动"，郑州大学 2009 年硕士学位论文；张健："论两汉的'游敖子弟'"，载《渤海大学学报（哲学社会科学版）》2012 年第 1 期；等等。另外，宋代太学生研究也向为史家所关注。可参阅：王刘琦："宋代太学生参政活动研究"，河南大学 2007 年硕士学位论文；杨磊："论南宋学生干政活动"，上海师范大学 2008 年硕士学位论文；等等。

② 林甘泉. 秦汉时期的民间社区和民间组织[J]. 侯仁之，周一良主编. 燕京学报（新八期），北京大学出版社，2000.

③ [法] 菲利浦·阿利埃斯，乔治·杜比."私人生活史-Ⅰ-古代人的私生活". 李群，等，译. 海口：三环出版社，哈尔滨：北方文艺出版社，2007：32.

④ [美] 海登. 怀特."元史学：十九世纪欧洲的历史想象"[M]. 陈新，译. 南京：译林出版社，2004.

⑤ 阎福玲. 杂曲歌辞《少年行》创作论析[J]. 河北师范大学学报（哲学社会科学版），2014(5).

种朝气蓬勃、生生不息的“少年精神”。①

中国现代史研究中关于“少年”的论述颇多，而且从“少年”转向“青年”，涉及政治史、社会史、文化史、思想史、文学史等众多学科领域，以及民族复兴、国家认同、政治与社会革命、文化转型、代际关系变迁等诸多重大主题。宋明炜以“青春”总括包含青年、少年在内的青春话语，历史化地理解20世纪初期中国青春话语的兴起和演变，揭示“少年”的符号特征和“青春”与中国现代经验之间错综复杂的关系及其现代性的象征意义。② 梅家玲则认为，晚清政治与社会的变局，使“少年”成为新兴国族希望之所在，并成为“颉抗老大”、新民强国的凭借之一，对后来的新文化和新文学运动产生了深远影响，也成为现代中国诸多政治实践的内在驱力。③ 晚清社会的动荡与变革，是中国“少年”向“青年”转化和现代社会青年诞生的重要契机，其间蕴含着多种社会矛盾与冲突。④ 新文化造就了新文学，新文学造就了新青年。陈思和指出，在20世纪初中国社会发生的现代转型中，“少年”“青年”作为现代性表征被反复强调，少年情怀、青春主题、革命话语，是五四新文学的主题词，新文学一直延续着“青年”的特征。从五四文学到左翼文学，从延安时期的工农兵文艺到“文革”时期的红卫兵文化，都可以看作“青年”精神在不同历史环

① 黎艳群. 试论中国文化的“少年精神”[J]. 株洲工学院学报，2002(3)；关于汉唐少年研究可参阅：宋超. “五陵”与“五陵少年”——以诗赋为中心的考察[J]. 咸阳师范学院学报，2005(1)；唐会霞. 两汉“五陵少年”考[J]. 渭南师范学院学报，2012(7)；陈莉. 唐诗中的“五陵少年”及“五陵原”意象[J]. 当代文坛，2011(4)；朱竞. 王维诗歌与“少年精神”[D]. 南昌：南昌大学，2008；赵玉柱. 试论唐诗的青年文化特点[J]. 江苏广播电视大学学报，2004(1)；王立，郝明. 唐诗豪侠精神中的少年情结[J]. 社会科学战线，2005(4)；李德辉. 论唐代“恶少年”的反社会倾向[J]. 鲁东大学学报(哲学社会科学版)，2011(1)；等等。

② 宋明炜. 从“少年中国”到“老少年”——清末文学中的“青春”想象及其问题性[J]. 刘东. 中国学术(总第27辑). 北京：商务印书馆，2010.

③ 梅家玲. 发现少年，想象中国——梁启超《少年中国说》的现代性、启蒙论述与国族想象[J]. 中国台湾：汉学研究(19卷第1期)，2001.

④ 徐鹏. 变迁社会中的青年崇拜：近代中国一种社会风气的反思(1895—1925)[D]. 上海：华东师范大学，2012；王鑫磊. 近代中国社会代际关系的历史考察——以五四时期知识分子的代际冲突为中心[D]. 上海：复旦大学，2008；高在媛. 现代性语境下“青年话语”——1900—1920年代中韩思想与文学比较[D]. 上海：华东师范大学，2014；焦润明. 代际理论与中国近代思想文化史研究[J]. 史学集刊，2003(4)；程再凤. 晚清绅士家庭的孩子们(1880—1910)[D]. 上海：华东师范大学，2011；朱蓉蓉. 近代中国的“少年论述”与国家认同危机[J]. 江海学刊，2012(1)；周晓虹. 中国青年的历史蜕变：国家与社会关系的视角[J]. 江苏社会科学，2015(6)；等等。

境下的体现。[①] 蔡翔认为，中国革命的历史实质就是一部“青年”史，围绕这一历史叙事展开的文学想象，就是一种“青年”想象。[②] 有国外研究者进一步指出，20 世纪初十余年间青年人投身于寻求“新文学、新音乐、新艺术、新生活方式、新性爱、政治斗争新形式、新知识、新教育，甚至于新的自我形象”的新文化运动，对催生中国现代文化发挥了巨大的作用，“可以毫不夸张地说，现代中国文化就是青年文化”。“无视这一点将无法理解这一世纪的中国青年问题，甚至对他们产生误解。”[③]学者汪晖就此则说得更简明：青年的问题，不是一个可以教条地来对待的问题，总是来源于对一个时代的困境、问题的认识，因此“讨论青年、讨论青春、讨论新的政治，实际上意味着我们要界定自己跟历史的关系”。[④]

毫无疑问，有关青年的历史研究，在我国已经呈现出可喜的局面，具有多学科、多视角、多层面的特点，但也表现出缺乏系统性、连续性、深入性的明显不足。究其原因固然是多方面的，但根本上还是历史观和方法论的问题，因为“研究日常、大众、下层，涉及历史观和方法论的问题。虽然我们的主流意识形态不断强调人民推动了历史前进，但我们的历史研究实际上对这个动力却十分轻视”。[⑤]

青年作为历史范畴，必将要在理解有关青年历史整体的水平和基础上建构起来，或言之，青年概念本身即是一个历史总体化范畴，青年概念即是

① 陈思和. 从“少年情怀”到“中年危机”——20 世纪中国文学研究的一个视角[J]. 探索与争鸣，2009(5). 中国现代文学研究有关青年的论述可参阅：王富仁. 创造社与中国现代社会的青年文化[M]. 王富仁. 灵魂的挣扎——文化的变迁和文学的变迁. 时代文艺出版社，1993；庄莹. 少年中国——现代文学中的学生形象流变(1895—1945)[D]. 复旦大学，2012；葛明星. 青年文化视阈：“左联”社团文学创作论[D]. 南京师范大学，2008；宋琼英. 中国现代小说中的知识分子革命者形象[D]. 华中师范大学，2010，等。

② 蔡翔. 青年・爱情・自然权利和性——当代文学的中国故事[J]. 文艺争鸣，2007(10).

③ [德] 史通文. 在娱乐与革命之间：留声机、唱片和上海音乐工业的初期(1878—1937)[M]. 王维江，吕澍，译. 上海：上海辞书出版社，2015：11.

④ 汪晖，罗岗，鲁明军. 跨界对谈：“历史、革命与当代青年的思想构成”，2014 年 7 月 20 日在首都图书馆的讲座。http://wen.org.cn/modules/article/view.article.php/4127.

⑤ 王笛. 新文化史、微观史和大众文化史——西方有关成果及其对中国史研究的影响[J]. 近代史研究，2009(1). 需要在此提及的是已持续几十年的中国青年运动史研究。这一研究一开始就被纳入现代中国革命史和中共党史研究范畴，在历史资料收集和研究方面都有相当投入并取得了一些成果。但由于其特定的研究目的和规范要求，与一般青年历史研究有较大差异。

历史时间化的诸种形式之一或独特形式，是透过过去、现在和将来三个维度，在某种历史观的支配下对青年与社会关系的一种理解与关照。青年与历史的联系，决定了青年概念必然带有某种历史认识论的特性，而青年与现实的联系，则决定了其所具有的“时间的政治”的特殊意涵。①

“青年”是中国近现代思想史上出现的新名词。从“少年”到“青年”的概念演化，不仅反映着现代社会青年群体在中国崛起的经验事实，也反映着近现代中国社会对青年这一社会现象认识、理解的变化，其中蕴含着重要的思想史意义。但青年研究的视野迄今很少真正触及和涵盖这一演变过程，更未能深入揭示现代青年概念本身所具有的“专门思想”及其对于“一般思想史”的价值和意义（包括揭示关于青年思想的历史连续性），当然也就不可能彰显在这一演化过程中所反映出的整体性的时代特征。② “青年”这一新名词的整体结构同样由三个层面的内涵构成，即：语言学意义上的词汇本身；它们各自所表示的特定概念和直接凝聚、传达的有关知识、观念、思想和信仰；以及由它们彼此之间或直接或间接形成、引发的特定“话语”。“近代中国新名词的思想史意义，不仅体现在对于国人一般思维方式的影响上，还体现在对于人们基本价值观念和一般社会思潮的微妙作用上。”③青年研究，需要对“青年”做概念史和思想史的追踪，进而厘清其与一般社会思潮、政治思想和意识形态及相关学科概念的关系与边界，阐释其内含的文化传统、思想观念、价值理念、功能指向及其发展演变等属性和特征。

与史学界的反应完全不同，在中国青年研究的主流刊物上，有关青年的历史研究（包括作为方法的运用）始终处于非常寂寥冷落的境地。这从对中

① 英国学者彼得·奥斯本从文化史研究视角提出“现代性的历史时间结构”“现代性是历史的时间化的总体化”“现代性是某种形式的历史时间”等观点，值得借鉴。参见［英］彼得·奥斯本.时间的政治——现代性与先锋［M］.序言、第一章和第二章，王志宏，译.北京：商务印书馆，2004.

② 陈映芳《在角色与非角色之间——中国的青年文化》（江苏人民出版社，2002）、《“青年”与中国的社会变迁》（中国社会科学文献出版社，2007）中对中国青年概念的发生演变做了比较细致深入的研究。但囿于社会学的学科局限，特别是明显受传统社会学既有的一些观点的影响，其认识仍显得有些不足。吴端近年来也相继发表文章探讨这方面的问题，从文化史、思想史和文献史等方面考察青年概念的含义及其变化。吴端.寂静的青春——儒学民众化与青年现象的消失.中国发展出版社，2015.

③ 黄兴涛.近代中国新名词的思想史意义发微［M］.开放时代，2003.杨念群，黄兴涛，毛丹.新史学：多学科对话的图景（下），中国人民大学出版社，2003.

国青年研究过去二三十年所走过道路进行的"回顾与反思"中可见一斑。①这些回顾反思大多集中于范式转型、研究方法、学术规范、学科路径等问题。关于理论范式，吴鲁平认为，青年研究经历了从强调青年的本质、青年发展的过渡性和确定性及青年社会化的现代化理论范式，到强调青年的建构、青年发展的不确定性和非线性及青年的选择性的后现代化理论范式的转变，目前正在经历向强调青年与社会多元主体间的相互建构与形塑、青年发展过程中青年与社会的互构共变，或互构谐变的新型现代性，或互构论范式的转变。佘双好等人通过文献计量统计分析，得出的研究结论认为，从总体上看，青年研究在方法上已经摆脱了传统的经验思辨研究范式，向着规范、系统、科学的研究方法迈进。吴小英则认为，青年研究迄今并没有形成"自己独特的研究范式"，要走出目前的"不景气"必须完成从意识形态化传统到学术规范传统，再到青年话语模式的范式变革，进而走向"非青年化"和"非学科化"。以上是三种比较有代表性的观点。虽然它们对"范式"本身的理解也不尽一致，但却有着共同的特点，即在思想方法上对不同范式做二元对立的理解，将传统的与现代的、思辨的与实证的、意识形态的与学术规范的等"范式"截然分开乃至非此即彼地对立起来。这显然违背社会科学研究的一般方法与规律。高中建等从学科化的角度，认为青年研究最为核心的问题是学科范式的形成。而青年研究"范式革命"的路径则应包括重申历史意识，以构建多元对话共域；重申历史意识，不仅要研究青年的历史，也要研究

① 比较有影响和代表性的研究成果有：佘双好，冯茜，等. 改革开放以来青年研究方法的发展——基于对3 290篇文献的计量分析[J]. 青年研究，2014(4)；风笑天. 三十年来我国青年研究的对象、主题与方法——对四种青年期刊2 408篇论文的内容分析[J]. 青年研究，2012(5)；王沛沛. 青年研究中的热点、趋势及核心作者群分析——基于CSSCI(1998—2008)的研究[J]. 青年研究，2014(1)；孟利艳，高中建. 青年研究学科化的范式困境及其范式革命[J]. 当代青年研究，2010(6)；沈杰. "青年研究"何去何从[J]. 中国青年研究，2002(1)；汪海彬，陈宁，王瑞乐. 新世纪以来我国青少年研究的前沿演进与热点领域——基于知识图谱的分析[J]. 青年学报，2014(4)；吴小英. 青年研究的代际更替及现状解析(上、下)[J]. 青年研究，2012(4、5)；陆玉林. 论青年研究的学科与路径问题——以英美的青年文化研究为例[J]. 当代青年研究，2009(6)；吴鲁平. 青年研究的理论范式转型及其学科意义[J]. 中国青年政治学院学报，2014(2)；笔者的"'谁是青年'与'青年是谁'——关于青年研究的几个问题"(载《当代青年研究》2007年第7期)，也带有这种回顾反思性质，笔者提出，我国青年研究最缺的是"历史"，对"历史"的认识将决定青年研究对一些基本概念和范畴的理解与把握，影响青年研究的思维方式、理论预设、价值取向以至研究方法的选择和学科建设方向.

对青年认知的历史，而且在共时性研究的过程中插入历史的叙述，在历时性的研究中凸显与共时性的对比与变化，唯有这样，青年研究范式的形成思路才会渐渐清晰。这是关于青年研究范式的一种可取的观点与态度。因为，青年研究一旦被作为一种理论形态来建构，有关青年的历史叙事与解读自然便成为其中一部分不可或缺的重要内容。引入现代史学研究范式，综合借鉴相关学科的研究方法、成果和理论，是青年研究真正实现“范式革命”的必然选择。①

从对青年研究几种主要期刊发表文章的统计研究来看，“历史”似乎已然淡出青年研究的视野。王沛沛基于 CSSCI 对 1998—2008 年间《青年研究》发表论文的统计结果表明，标引 7 次及以上的关键词（共 33 个）和高频被引论文（6 次及以上，共 19 篇），几乎全部集中于“热点”问题而与历史主题或历史研究方法无涉。佘双好根据社会科学研究一般范式，将研究方法分为 4 大类（传统研究方法、量化研究方法、质性研究方法和混合多元研究方法）18 小类，对 1983—2013 年《青年研究》发表的 3 290 篇文章的具体研究方法运用情况进行统计，结果显示，运用“历史分析法”的文章共计 84 篇，占总数的 2.55%（其中，1983—1992 年期间 55 篇，占该段时间发表文章总数的 4.05%；1993—2002 年期间 15 篇，占比 1.25%；2003—2013 年期间 14 篇，占比 1.92%）。总体上看，“历史分析法”的运用呈明显下降趋势。30 年间，传统研究方法运用占比也逐次明显下降，从第一个 10 年的 72.95%，依次降为 47.39%和 30.75%。汪海彬等采用知识图谱分析中国知网（CNKI）上的 17 638 篇青少年研究文献，结果显示，我国青少年研究的前沿演进与政府政策和社会热点密切相关，在 50 个高频关键词中，没有涉及历史性的内容。汪海彬等认为，我国青少年研究视角比较广，涉及社会学、教育学、政治学等多门学科，但还应积极借鉴包括历史学等学科的视角进行分析。

青年研究的实证转向是 20 世纪 90 年代以来的显著事实，但由此而认定

① 田杰. 青年研究的史学范式与理论图景[J]. 当代青年研究，2009(6).

"由宏大、空泛的理论研究转向具有说服力的数据实证是学界共识，是喧嚣追求之后的冷静、从容和理性"①却值得商榷。而认为青年研究在方法上"摆脱了经验思辨的研究范式"就自然会"向着规范、系统、科学的研究方法迈进"，认为青年研究在方法上"从传统经验总结和思辨研究向系统科学研究迈进的发展趋势"是一种可喜的进步，则更是一种误判——因为无论如何，在宏大与微观、理论与数据、理性与经验、思辨与实证、传统方法与现代科学等之间，都并非截然对立或互不相容。传统的、历史的观点与方法，对于青年研究仍是不可缺少的。"实践表明，对人民大众的历史研究确实可以侧重于不同的方面，借用不同的理论、方法和资料，回答不同的问题，并形成不同的学术风格和范式。没有理由因为探讨宏大历史进程而只分析结构和忽视人的行动，同样也不能因为转向实践而放弃对大结构、大进程的阐述。"②

## 三、社会学的历史视野及其启示

走进历史，我们将可能重建自己的青年观。历史将证明，青年不仅是一种实体性社会存在，更是一种价值、理想和信仰。青年的诞生，不仅是近代西方开启的现代化进程的一个"后果"，更是人类进化史上的一个重大事件。青年研究不应忘记米尔斯的忠告：历史，是"社会研究的主轴"。缺少这根历史的"主轴"，青年研究的前景将是黯淡的，其学科化的理想将绝无可能。③

如何敞开青年研究的历史视野？首先是历史观问题，或者说，是一个思想方法问题。没有对历史的追问，就不会有理性的思考。这是社会科学研究的定律。对现实问题的任何解释，都应从历史中寻找答案。对青年的理解，应建立在对历史的深刻认识之上。但在我国青年研究的实践中，对历史的漠视却是普遍的，甚至可以说是任何社会科学研究领域所没有或少见的。青年研究最缺的仍是历史！

---

① 高中建. 回顾　反思　展望——中国青年研究学科化进程三十年[J]. 中国青年研究，2009(5).
② 俞金尧. 书写人民大众的历史：社会史学的研究传统及其范式转换[J]. 中国社会科学，2011(3).
③ 田杰. 青年学的想象力——读C. 赖特·米尔斯的《社会学的想象力》[J]. 青年探索，2016(2).

中国社会学界将“社会学的历史视野”作为一个关涉学科未来发展前景的重大前沿问题或“根本性的课题”进行讨论，并就以下两个“关键”达成基本共识：首先，中国社会学面临诸多困境中最为关键的一点，就是日益增强的学科化与对现实生活的解释力之间的矛盾；其次，如何处理总体性与学科化的关系，是当下和未来推进中国社会学发展的关键问题。如何拓展中国社会学研究的历史视野？学界认为：第一，需要对中国学术传统进行系统反思，从中获取可资利用的思想和方法论资源；第二，需要重返历史现场，通过对历史的再研究进而呈现历史与现实之间的内在关联；第三，需要接续自身思想和学术传统，在对西方社会科学传统的分析与批判的基础上，激活、重建中国社会科学的历史感、经验感和整体感。有学者认为，扩展社会学的历史视野的最根本障碍，是被固化的二元论思维方式，即古与今、中与外、传统与现代、历史与现实的二元分立，超越这种学术习惯，需要像反身性社会学那样不断进行自我反思和实现自我超越。拓展社会学的研究视野，是中国社会学界的重要议题；重新引入历史视野，是社会学有效面对当前重大社会变迁的必然选择。①

有学者呼吁“返回历史视野，重塑社会学的想象力”，指出目前社会学研究存在的主要问题是一些社会学研究“很少进入经验现象的复杂肌理中来透视总体生活的全貌”，研究者“或者仅凭自己的一种抽象立场、价值或信念来要求整个世界，成为极端意见的僭主；或者通过千变万化的程序计算，来把玩和取代人们现实生活中的生命体验，而成为数学技术的傀儡；或者通过市场和体制配置资源，在一连串的课题和项目中忙得晕头转向”。这样的学问自然不会引起敬重。无论确立怎样的标准和规范，研究本身也不具备任何学术价值，甚而是“学术连同生命一起沉沦为一种末日状态”“今天的学科研究落入如此狭窄的境地，是颇值得反省的”。②

---

① 刘亚秋.“总体性”与社会学的历史视野——“中国社会变迁与社会学前沿：社会学的历史视野”学术研讨会综述[J].社会，2013(2).

② 渠敬东.返回历史视野，重塑社会学的想象力——中国近世变迁及经史研究的新传统[J].社会，2015(1).

社会学界的反思和批判，无疑将给予青年研究诸多启示。

第一，社会学的总体性与青年研究的学科取向。总体性是社会学学科的最基本特点，因而也被称为“社会学的思维方式”或“社会学的世界观”，是基于一定的思维方式和世界观对社会的总体把握、理解与解释。因此，理论探索是社会学迈向“总体”社会科学的内生动力。但社会学研究中的理论“悬置”倾向和理论研究的严重不足①，一度导致自身陷入一种“总体性”危机。引入历史视野是重建社会科学总体性的一种理性选择，因为，“历史学是关于过去的社会学，社会学是关于现在的历史学”“历史的要义，在于她不仅蕴涵着丰富的可能性，而且可以用各种办法将其呈现，从而使我们有能力发现现实经验的丰富性，对未来有多重可能的创造和选择”。② 在理论与实践、理性与经验、历史与现实以及整体感、历史感和经验感之间，可以在本质上寻求内在的一致性。拓展社会学的历史视野，直面“总体性”社会科学，社会学界已就此进行深入的探讨与反思，以使中国社会学真正成为具有坚实学术基础和强大现实解释力的社会科学门类。然而，青年研究迄今尚缺少这样的学术自觉和学科取向，尚未在对青年进行总体把握方面形成基本共识和系统的知识与理论，但多年来却始终处于一种莫名的“学科化焦虑”之中。基础理论研究的异常薄弱和历史视野的极度狭窄，致使我国青年研究长期陷于理论与历史双重虚无的“不景气”境地而难以自救。而所谓的“非青年化”和“非学科化”的路径选择，无疑是理论与历史双重虚无境况下的一种无奈的规避或逃逸，与社会学界有人曾提倡的那种“没有任何理论预设的

---

① 冯刚认为，社会理论在中国面临的危机，突出表现为理论“悬置”，具体表现为大量的学者抛弃了社会理论研究，走向所谓的“实证研究”，调查报告、经验描述、数据统计甚至直截了当地“讲故事”，成为目前中国社会学“研究”的主流，每年中国社会学会年会收到的几百篇会议论文中，有关社会理论研究的论文不到1%，一些学者甚至提倡“没有任何理论预设的社会调查和经验记述”，认为与其要一个“没有社会的社会学”，不如直接面向一个“没有社会学的社会”。冯刚. 社会理论在中国面临的困境. 中国社会科学报，2010. 文军指出，社会学的应用研究和理论研究严重不成比例，富有中国特色的理论研究严重不足和后继无人，许多基本的理论问题尚未认真探讨便在经验层面大量运用，大量没有理论支撑的经验研究、应用研究所带来的表面繁荣背后潜伏着越来越深刻的危机。文军. 在应对社会学总体性危机中促进学科研究的整体转向[J]. 江海学刊，2009(3).

② 渠敬东. 返回历史视野，重塑社会学的想象力——中国近世变迁及经史研究的新传统[J]. 社会，2015(1).

社会调查和经验记述”或直接面向一个“没有社会学的社会”并没有实质性的区别。[①] 青年研究需要有自己总体把握、理解和阐释“青年”的思维方式、方法论和世界观，在破除种种固化的思维方式、学术惯习中敞开历史视野，在拓展历史视野中构建自己总体性的思想、理论框架和学科取向。

第二，社会学的历史视野与青年研究的历史观。社会学界意识到，引入历史视野是社会学有效面对当前重大社会变迁的必然选择；历史视野不仅要面对古与今之间的关系，更要把中西古今作为社会学思维的综合性框架，因而引入历史视野同重建经典社会科学的总体性努力在本质上是一致的；要在把握最为核心的、能连接历史与现实及未来、自然与社会、制度与生活及文化的研究对象的前提下，展开社会科学总体性面向的学术实践。[②] 这既是一种更为开阔的思想和学术视野，也是对研究者思想境界和学术修养的更高要求。但在根本上则是一种历史观问题，即在根本上如何认识、理解和阐释历史的问题。社会学的诸多困境与研究者秉持的历史观有着内在联系，社会学的历史转向也意味着历史观的自觉与转变，意味着要用正确的历史观考量、观照现代中国社会的急剧变化、中西古今之间的交互关联及其在现实社会生活中的复杂、具体和多面呈现，而这本身即是社会学总体性面向学术实践的一个重要方面。

中国青年研究一开始就面对一个关于青年的历史观问题，即如何看待青年、中国青年的产生和在历史上的发展变化？对近现代以来中国青年的

① 青年研究的“非青年化”观点主张将青年还原成现实生活中的一个“年龄群体”而摆脱各种特殊的符号含义，以表明对青年状况的多元化和异质化的尊重，使脱下特定角色外衣的中国青年在全球化、国际化背景下具有更广泛的对话和交流基础。“非学科化”则意在淡化青年研究的学科意识和学科化情结而强调多学科和跨学科性质以及研究范式的多元化。这种做法的基本意图是明显的，即摆脱关于青年概念定义和学科取向的种种无谓纠缠，使青年研究成为对所有学科、理论和方法彻底开放的人文社会科学领域。然而，事实上这种说法并无任何实际意义，因为中国青年研究原本就没有成为任何学科垄断的对象，也从未因学科化的原因而使其成为一个封闭的系统，任何学科或理论、方法的介入都是自由的，而且这是我国青年研究近二三十年以来的一个基本现实。“非青年化”和“非学科化”不可能达到促使我国青年研究走向“景气”或摆脱困境的目的，反而却极有可能使青年研究在根本上放弃对理论的探究而集中关注所谓的“问题”，亦将使其在根本上沦为相关学科或领域研究的剩余物，所谓的“自主的、独立的、学术自觉的”青年研究在根本上亦将是倡导者的某种良好意愿而已。

② 刘亚秋.“总体性”与社会学的历史视野——“中国社会变迁与社会学前沿：社会学的历史视野”学术研讨会综述[J].社会，2013(2).

诸种表现如何做出历史解释并把握其未来发展走向？中国现实生活中的青年现象与民族文化传统是否具有必然联系，以及这些现象与人类文明世界的历史有哪些内在联系？但检验多年文献却对此少有关涉。中国青年研究多年来一贯坚持的是关于青年的现代起源说，认为青年是现代工业社会的产物或现代化进程的衍生物。这里的误解是明显的，是将西方心理学、社会学或社会理论、文化研究等关于青年的西方经验简单挪移的结果。然而事实上西方学者对此也不乏怀疑乃至否定的态度。对“青年”的发现，与“青年”的实际发生完全不是一回事。现代心理学、社会学（以至启蒙思想学家卢梭等）对“青年”的发现，是发现了已然客观存在着的“青年”背后的秘密。这无疑是一个具有重大历史意义的发现。但是，也正是这种所谓的科学发现，重新将“青年”历史性地埋葬在种种以科学或学科命名的概念表象之中。日本学者柄谷行人关于儿童的研究还原了这其中的奥秘：客观存在的儿童一旦被用于观察和研究，儿童的历史性也将不为人所见，于是儿童便被认为“在某个时期以前是不存在的”，因此“问题不在于有关儿童的心理学探索弄清楚了什么，而在于‘孩子’这个观念隐蔽了什么”。只有那些“把心理学视为历史性的产物来观察的人”，在其研究和思想发展的过程中能够“把‘孩子’观念的历史性视为问题”。柄谷行人强调：“在高谈有关‘儿童’的知识之前，我们应该观察‘儿童’这一观念自身的历史性。”他同时认为，被研究者“对象化了的儿童，不是实体性的存在，而是一个方法论上的概念”。[①] 这里关于儿童研究的启示，是要意识到历史观是本体论、认识论和方法论的统一。中国青年研究并未能将青年研究本身“视为历史性的产物来观察”，对“青年”的理解往往将其内含的本体论、认识论和方法论意义不加辨析而简单、盲目地混为一谈，其结果必然是常常置其历史性于不顾而有意或无意地割裂了青年与历史的联系。

第三，社会史、青年史研究与青年观。社会史对青年的关注，是 20 世纪

① ［日］柄谷行人．日本现代文学的起源［M］．赵京华，译．北京：三联书店，2003．

六七十年代西方社会动荡和史学变革交互作用的产物。但那一时期有关青年的历史研究实质上并非是真正意义上的史学编纂，而是借由青年反思自启蒙运动以来，特别是19世纪西方现代性兴起后的社会变迁和观念变革。也正因如此，青年的历史叙事被置于启蒙思想和现代性框架之中，同时也伴随着对这一叙事框架的反思与批判。吉利斯的《青年与历史》即包含这部分反思与批判的内容。在某种意义上，这一时期的青年史研究属于社会史的补充，亦如阿利埃斯的儿童史实质上是家庭史研究的一部分一样。真正意义上的青年史研究，首先需要确立关于青年的历史观。但是，一直以来，关于青年和青年史的研究却很少有涉及历史观的问题。① F·马赫列尔的《青年问题和青年学》开篇即提到，"青年的历史和对青年认识的历史""值得和有必要进行单独的研究""建立青年学首先意味着分析它的研究对象即青年的历史和对青年认识的历史"。② 青年观是青年研究理论建构不可缺少的内容，但对青年观的任何认识和理解都必须建立在历史认识和总体把握之上，需要具有一定的历史感。这种研究首先需要重返历史现场，通过对历史的再研究呈现历史与现实之间的内在关联。同时，需要敞开历史视野，在研究历史的过程中发现青年，在研究青年的过程中发现历史。这意味着将要弥合以往人们在关于青年的历史认识中，存在的青年与一般社会历史以及青年与自身的历史间的双重断裂，更意味着青年研究将为社会认识和理解青年确立一种正确的青年观。青年观与关于青年的历史观紧密联系。恩格斯当年曾谈道，"要注意研究历史，学会正确对待人类命运中永不停息的变革"，同时特别提醒人们注意那些"起着革命作用"的"平凡而明显的历史事实"。③ 现代社会青年的产生无疑属于这样的"平凡而明显的历史事实"，但它确实具有某种革命的性质，意味着一个新时代的到来和新世代的诞生。青年的历史，亦即青年参与历史创造的历史，在这一意义上，关于青年的历

① [法] 让-查尔斯·拉葛雷. 青年与全球化——现代性及其挑战[M]. 陈玉生，冯跃，译. 北京：社会科学文献出版社，2007：381.

② [罗] F·马赫列尔. 青年问题和青年学[M]. 陆象淦，译. 北京：社会科学文献出版社，1986.

③ [德] 马克思. 马克思恩格斯全集(第9卷)[M]. 北京：人民出版社，1961：37.

史观与青年观是相通的。

第四，社会学研究的“历史感”“经验感”与青年研究的实践性。简言之，青年研究的历史感，亦即青年研究与历史的根本关联，即是在历史中发现青年，在青年中发现历史。在历史中发现青年，对一个研究者来说，首先意味着尊重历史，祛除以往的历史偏见，在历史中发现青年的存在及其所表现出的“可贵的人类成就”(柯林伍德语)，要善于从青年的视角去观察、思考历史。在青年中发现历史，则是对青年历史作用、意义和价值的肯定与发现。这是一种必要的研究“范式”。而这里所谓的青年的历史，是指在整个人类进化和文明演进过程中青年的历史存在及其表现，而不局限于传统的编年史或断代史关于青年的历史记述和阐释，是基于发生学方法和大历史视角对青年历史所做的一种特别理解。① 因此，青年研究的历史感亦即对历史的体悟、感受与把握及其在研究过程中的具体呈现。

经验感，内含于历史感之中，即在经验研究中基于历史感，或历史视野之上的对经验现象的体悟和对经验材料的分析所呈现的一种整体效果，是经验研究中对经验现象的体悟和对经验材料的分析在总体性与历史感方面的综合体现，是理论把握与历史视野的整体结合。或言之，经验感是理论的

① 发生学方法兴起于自然科学研究领域，在人文科学领域的运用日益广泛与频繁，标志着人文科学学术范式的转变，即从静态的现象描述到动态的历史—发生学分析，从注重外在形式要素的研究到注重整体内容与功能的研究，从对主客体相互作用的结果的研究到主客体相互作用的过程的研究，从事件与现象的历史性研究到观念与认识的逻辑性研究。作为一种方法论，国内有学者认为，在人文社会科学研究领域，发生学问题包括作为学科知识体系的发生发展过程和研究对象本身的实际发生和演变过程；发生学具有科学性、革命性和实践性特征，在马克思主义历史研究方法体系中处于支配地位。汪晓云. 人文科学发生学：意义、方法与问题[N]. 光明日报，2005-01-11；张乃和. 发生学方法与历史研究[J]. 史学集刊，2007(5). 作为20世纪末在西方兴起的一个新的史学流派，“大历史”努力整合人类的知识，尤其是弥合人文科学与自然科学之间的分离与割裂，以超越人类的视角来审视人类历史，“试图以统一的跨学科方式了解宇宙、地球、生命和人文的历史”，是自然科学的“历史化”和历史的“科学化”。孙岳. 超越人类看人类？——“大历史”批判[J]. 史学理论研究，2012(4)；张旭鹏. 西方普遍史传统与大历史[J]. 全球史评论(第六辑)，北京：中国社会科学出版社，2013。对于青年研究，青年史属于“大历史”研究中衍生出的“小大历史”，即是用大历史的视角研究与青年有关的具体事物。国外学者认为，“如果历史学要恢复其作为一门学科的整体性，它可能不得不再次关注它所忽视或压抑的许多隐蔽的历史，许多普遍史的‘他者’。”(转引自张旭鹏文)青年的历史，在传统的历史叙事中无疑属于被忽视、压抑和隐蔽的历史，属于普遍史中的“他者”.

实践性、历史的现场性与对经验的理论提升和历史感悟的统一。① 缺少理论的概括与缺少历史的感悟，都不能形成一种“经验感”。以“发现事实”为主要特征的经验研究和以理论探讨为主要特征的思辨研究，共同构成现代社会学的两大传统。现代社会学的经验研究，要求社会学家必须利用经验资料论证假设、建构理论，而不能单纯对社会做形而上的抽象思辨。但是，在实用主义和功利主义的双重推动下，一些研究者刻意避免“理论纠缠”而片面倒向所谓的“实证研究”，致使社会学的经验研究“沦为一种‘理论无意识’和‘想象力枯竭’的境地”②，“经验研究”与“理论研究”两个阵营之间相互质疑，被认为是当前中国社会学的突出问题。③ 理论与经验的关系以及各自在学科研究中的作用，也成为判断“什么是好的社会学研究”的两个基本问题。这意味着社会学研究中历史感和经验感的双重失落。理论的匮乏导致社会学丧失了总体性眼光，历史感的泯灭致使现象碎片替代了经验事实，而经验感的丧失则使理论、历史与现实之间的内在关联被彻底切断。

重新激活、重建社会学研究的历史感、经验感和总体感，是中国社会学学科发展亟待解决的问题。而事实上，这也是中国青年研究所面对的严重问题，是一些研究成为“一种空洞的说教和无根据的猜测”和“没有理论和方法论资源的孤岛”，呈现碎片化、平面化、功利化等流弊和痼疾的内在根源。在历史感、经验感和总体感方面，中国青年研究原本就存在先天不足和严重缺陷，因而对它来说，还不完全是激活或重建的问题，而是如何切实引起研究者的重视，并将其作为学术实践的一个重要方面进行合理的规划和建设。

在历史感方面，首先需要对青年的存在及其历史形态做出新的理解。以往对青年存在的理解，基本是简单套用人作为社会存在物的一般观点，而

---

① 经验感与经验质感有相通之处。经验质感被认为“是一种经验现象的处理能力，集中表现为对经验现象的理论提升能力”，同时还表现在理论的现象还原能力中。对经验现象的整体、宏观把握能力，理论提升能力，以及理论现象的还原能力，是“真正有经验质感的研究者”所必须具备的能力。这里主要从研究者而不是学科或理论建设的角度谈经验质感问题，有一定的局限。吕德文.谈谈经验质感[J].社会学评论，2014(1).

② 文军.在应对社会学总体性危机中促进学科研究的整体转向[J].江海学刊，2009(16).

③ 徐冰.“经验研究”与“理论研究”——古典社会学、心理学的诠释学意涵[J].社会学研究，2012(1).

在根本上忽略了青年存在的特殊性，这种特殊性主要决定于青年作为有生命的个人的自然性或生物学特性。另外，对青年存在的观念形态和历史形态没有做出必要的阐释，以至青年概念的内涵严重萎缩而外延模糊不清。在一般意义上，青年存在包含自然的（生命过程）、社会的（成长过程）、历史的（世代过程）三种形式。青年以个体的方式步入人生，以群体的形态进入社会，以世代的途径走进历史。世代，既是青年社会存在的基本形式之一，也是青年作为社会存在的基本历史形态。另外，青年不仅现实地存在着，也观念地存在着。人类自古就有青春崇拜情结。近现代以来屡屡兴起的青年崇拜现象，无非是原始社会关于青年的生命信仰和神圣崇拜观念的再次复活。关于青年的认识和理解，在根本上应是一种价值追求、一种对于神圣信念的执着和虔敬。与儿童、成年或老年社会不同，青年存在处于生命运动与社会运动的交错点上，处于历史与未来的叠合处。自然、社会与历史，历史、现实与未来，共同构成青年群体存在的完整序列与过程。

在经验感方面，需要在理论探索和历史视野方面做出不懈努力。理论的匮乏与历史的缺位，是青年研究的两大缺陷。理论匮乏的主要原因是缺乏理论热情和知识积累；历史缺位的主要原因则是由于理论的庸俗和知识的片面。而没有理论，没有历史，经验感将无从谈起。青年研究的理论建设固然需要多学科、跨学科的努力，以及范式的转换、规范的建立等，但最重要的还是知识的积累，需要在知识积累的基础上完成理论的不断升华和历史视野的不断拓展。尽管有研究者认为，就学科逻辑而言，青年本身很难成为相对独立的知识领域；将青年研究纳入学院知识生产的流水线中，而将其作为纯粹知识性的研究工作并不是青年研究的合理定位，①但就青年研究本身而言，知识积累仍是其存在与发展的必要和前提条件。这里所说的知识，既包括有关青年的一般经验知识，更主要的还是有关青年存在及其认识的科

① 陆玉林．青年研究：学科逻辑与问题意识——论对改革开放以来青年研究的反思[J]．当代青年研究，2007(5)；陆玉林．论青年研究的学科与路径问题——以英美的青年文化研究为例[J]．当代青年研究，2009(6)．

学知识、理论知识和历史知识。如果从比较广泛的意义上讲，或将涉及生命科学、生物学和生物社会学、进化理论以及考古学、神话学、艺术史、宗教学、民俗学等多学科领域的知识、理论和方法。

在总体性方面，需要建立一种新的青年观以及关于青年的历史观和思维方式。青年研究诉诸社会的，是一种认识青年的世界观、价值观和方法论，一种实现对青年理解和认知的历史观、未来观，同时也是一种包含对现实乃至历史、未来的理解和认知的青年观。我们需要一种新的青年观，它的核心思想，也是它所追寻的最终目标——人类世代的和谐。青年研究，应该是人学王冠上的那颗最耀眼的明珠，因为青年存在本身总是人类现实的、历史的和存在的最令人激动的时刻。青年研究或许就是开启人学奥秘之门的那把钥匙。青年是希望、是未来，这应该在青年研究中得到最彻底的解释。在人的自然性、社会性与历史性相统一的前提和基础上认识青年，既是青年研究总体性特征的必然要求，也是其思维方式的一个重要方面。

## 四、儿童史研究的经验与借鉴

儿童研究与青年研究有着比较密切的关联。一是，由于一般儿童后期研究与青年研究多有交叉，如阿利埃斯的《儿童的世纪》常将儿童与青少年，甚至青年的概念并列或交互使用，年龄跨度上限有时可能达到20岁。二是，儿童与青年都属于近现代历史上的一个重大“发现”，儿童与青年受到社会和相关学科关注几乎在同一时间。就其各自发展的情况看，儿童研究的学科化水平似乎要高于青年研究，但在社会影响力方面，青年研究似乎明显高于儿童研究，特别是20世纪60年代之后，青年研究达到一个巅峰状态。这可能与儿童和青年本身在参与社会方面的程度与表现上的差异有关。儿童研究与青年研究的内在关联，使二者之间的比较成为可能，也有着实际的意义。

### （一）儿童的概念化与概念的历史化

西方学者认为，在儿童概念的形成中，有众多价值系统在发生作用；儿童作为一个永远处于“正在形成(becoming)”状态中的存在,可以成为对成人世界的一种反省和再创造,而这也正是儿童这个概念的价值来源。还有学者围绕“儿童”这一“文化想象辨析了这一历史时期对流逝过去的缅怀、对个人原初的执念,以及对个人发展某些理想化的想象如何附着于儿童的复杂过程”,而且正是在这一过程中儿童才被发现和创造出来。这里将儿童概念的形成、发展、建构、创造置于广阔的历史和文化背景与语境之中,从而赋予儿童概念远比其年龄特征更为丰富和深远的意义。阿利埃斯将儿童概念置于现代语境和背景下加以考察和建构,探讨关于家庭生活的现代观念和对儿童本性的现代认识的历史过程,成为将儿童概念历史化的一个典型案例。中国学者对儿童概念的历史化也有着比较深入的研究和思考,认为“现代的儿童话语是那些为数不多的国家话语成功地自然化、合理化的概念之一”“要了解当下中国的儿童话语,我们必须先把历史上有关儿童与民族国家话语之间关系建立的过程梳理清楚”。[①] 儿童的概念化与概念的历史化,是儿童研究在整体性和历史感上不可或缺的两个方面。儿童研究对儿童的概念化与概念的历史化的经验表明,对儿童的历史认识与把握,是概念化的前提条件之一,而这种历史认识的关键点并不在于儿童是在哪个历史时期或哪一阶段上被发现的,而是儿童在历史上是如何被理解以及如何发展变化的。

还有一点值得特别注意,即现代儿童研究的概念化与历史化是在对现代化理论和观念反思和批判的基础上进行和完成的。以往儿童研究更多地依照“理想儿童”的标准(诸如儿童应该怎样或某些基于美好愿望的主张)来描述儿童的现状,并试图提出一些相关的政策措施以培养或塑造这些“理想儿童”。但是,这与儿童生活世界的真实状况往往相差甚远,现代社会儿童的真实存在,既有“天堂美景”,也有“地狱噩梦”,在这两者之间还有那些既不完美也无痛苦的儿童,以及那些依据人类科学和儿童知识培养出来的儿

① 徐兰君,[美] 安德鲁·琼斯. 儿童的发现:现代中国文学及文化中的儿童问题[M]. 北京:北京大学出版社,2011.

童，或仅存在于历史中的儿童。所以，任何依据某些范例或学科方法所做出的对儿童的解释，都不能令人满意。现代社会与科学的发展，提出和产生了一系列新的儿童问题，包括许多棘手的道德问题、宗教问题、法律问题或思想、理论问题。所以，“科学进步促使当代社会快速发展，但当今社会却不能对这些问题做出合理回答”。另外，新的思想也愈益使人们意识到，“儿童史并不是一部进步史，原因很简单，因为成人的历史并非单线进化的”。历史是可以倒退的，由于灾荒、战争、暴力、犯罪、社会冲突、社会断层等原因，可能会使某些人类野蛮行为重回我们的视野，并对儿童造成现实的危害。然而，无论是媒体传播还是儿童研究本身，对这一切的反映都是“最含混不清”“也从来都是不透明的”。一个明显事实是，“儿童被遗忘的程度或许比其他任何社会科学研究对象都严重。一切都需要重新建构，但首先要做的就是消除我们所传播的既有印象”。这种印象即是被广泛传播的关于儿童的“矫揉造作的虚假历史”。①

无论如何，阿利埃斯的儿童史研究迄今仍具有不可替代的经典性地位，《儿童的世纪》激发了20世纪70年代以来西方社会儿童研究的热情。在阿利埃斯看来，正是在现代社会分裂的进程中，儿童的身份才逐渐凸显出来。这首先得益于家庭和学校将儿童从成人社会中分离出来。他的研究方法是从一个现代问题出发，然后对历史进行追根溯源。这种研究方法类似于玛格丽特·米德关于青春期的人类学研究，即在某种理论预设的前提下去寻求经验的证明和展开逻辑的推演。因而，也正如米德一样，阿利埃斯的研究在后来也不断受到质疑，一度遭到学术界的冷落和广泛批评，而且“这种遭遇无情猛烈批判的命运是任何一本奠基性书籍都会经历的”。由此，人们也越发感到儿童和儿童史研究的艰难：重构一部关于儿童的从起源到现在的连续史“是可能存在、可以想象的吗？”“儿童是一个极难理解的历史客体”。②但是，在这种批评和质疑中，人们对儿童和历史的认识无疑都向前推进了一

①② ［意］艾格勒·贝奇，［法］多米尼克·朱利亚.西方儿童史（上卷）［M］.卞晓平，申华明，译.北京：商务印书馆，2016.

步：西方儿童史研究在"给历史一个年龄的面向"的同时"将儿童史放进历史"，而不是将儿童作为历史的附加物，将儿童史定位为对意识形态与权力或主流历史的"批判史"，力图通过这种批判而赋予主流历史新的定义。儿童或青年，都不应视为历史的附加物，这体现的是一种基于新的历史观的新的儿童观或青年观。

（二）"以现代为中心"儿童研究的批判与转向

20 世纪 60 年代和 70 年代的儿童史研究存在着以我为中心、以感情为中心和以现代为中心的倾向，这些倾向一度受到研究者的批评。

"以我为中心"指研究者基于自己的主观偏向或根据自己的主观需要选择资料，不是根据客观材料得出科学结论。"以感情（或态度、观念）为中心"，即对事物的判断只有一个标准，即感情或态度，而不去注意现实生活的方方面面。特别值得注意的是"以现代为中心"的研究方法。这种方法指绝对地以现代的眼光看待过去，用"现代"的框框筛选资料，符合要求的留下来，一切不合要求的被剔除掉。"以现代为中心"是"以我为中心"的另一种形式，都是有选择地观察，对那些与当代相关的、先兆性的有助于解释自身的历史因素、事件或事物表现出极大兴趣。与"以我为中心"有所不同的是，"以现代为中心"的研究，常常通过历史比较的方法将自己或现代置于一种历史的优势甚至是至上的地位，将注意力集中在历史上与现在所经历的事情最有比较效果，或对自己所处时代有特别重要意义的事情上。

阿利埃斯的研究即明显带有"以现代为中心"的倾向。他的《儿童的世纪》最初是作为心态史而非社会学著作发表的。在谈到写作方法时他讲道："心态史，不论承认与否，它总是比较史和回溯史。我们必须从我们熟知的当代人的行为出发，构建原始模式，然后用这一假设模式与过去的材料进行比较，借助过去的材料构建出新模式，再重新回到现在，修正我们在出发点上形成的原始模式。"①他研究儿童史的目的是要回答家庭观念的现代性问

① ［法］菲力浦·阿利埃斯. 儿童的世纪——旧制度下的儿童和家庭生活[M]. 沈坚、朱晓罕，译. 北京：北京大学出版社，2013：20.

题，寻找现代家庭、儿童观念的源头。正因如此，阿利埃斯更多地用现代的儿童观念作为标准去观察和解读历史，并把不合现代标准的说成是传统的，将符合现代标准的贴上"现代"的标签，而"传统的"往往就意味着粗野、落后、暴虐，"现代的"则意味着文明、开化、人性。这种倾向被批评者认为是"放纵现代历史学家的主观性""让当代人随意地去支配过去""用历史的材料来证明现代的意识形态和社会理论的诱惑"。在20世纪60年代和70年代，以现代化理论和观念套解历史，或以历史证明现代化理论，是一种比较流行的做法。E. P·汤普森斥责"现代化理论"是一种"在很多美国的大学校园里很有市场的伪知识"。在这里，传统与现代成为对立的二元结构或模式，而从传统向现代的转变则是通过现代化来实现的，这即是现代化理论的基本观点或思维方式。20世纪70年代开始的对现代化理论的反思和批判，使儿童史研究已不太有人坚持"传统"和"现代"的二分法，以及从传统到现代的线性演进思路，而更多地注重历史的连续性。① 现代与传统的二分法，既是对历史本身的连续性的割裂与否定，也是对客观历史知识和认识的误导与扭曲。有研究者指出："在儿童史研究的新潮流中已不太有人坚持'传统'和'现代'的二分法，以及传统到现代的线性演进思路了。奥茨曼说，越是深入地探究历史上的家庭生活，就越能发现前工业化时代的家庭中具有'现代性'，而现代的家庭看上去有更多的'传统性'。"②

（三）儿童史研究的经验与启示

现代化叙事的儿童史，亦即儿童的解放史和社会的进步史，儿童从传统走向现代，从受虐者到受爱护者，儿童的历史由一部苦难史而成为现代社会进步的一幅温馨画面。儿童史成为现代性的合理性与合法性的一个佐证，证明现代社会变迁使"社会和父母对孩子的态度从冷漠、疏远、忽视向着更为人性与更为亲近的方向发展"。③ 毫无疑问，儿童史的现代性书写仍有其

---

① 俞金尧. 西方儿童史研究四十年[J]. 中国学术，2001(4)；俞金尧. 儿童史研究及其方法[J]. 国外社会科学，2015年.

② 俞金尧. 儿童史研究及其方法[J]. 国外社会科学，2001(5).

③ 俞金尧. 西方儿童史研究四十年[J]. 中国学术，2001(4).

积极性与合理性的一面，阿利埃斯的《儿童的世纪》作为"儿童史的圣经"仍未完全过时。最有意义的还是其后关于儿童史的各种争论和新研究路径的探讨，正是在这一过程中儿童史研究得以不断向前推进，也为青年研究提供了可资借鉴的经验与启示。儿童的发现是一个持续不断的过程。阿利埃斯《儿童的世纪》的一个基本命题是：中世纪的西方人没有儿童的观念，现代儿童观念的出现是在18世纪中叶。这一认识的局限现在已被突破，古希腊罗马时期的儿童、中世纪的儿童，都成为儿童史研究的对象。① 有关中国儿童史的研究认为，汉代是中国历史上"儿童发现"的一个重要时期。儿童的发现，或将带动"少年""青年"的发现。王子今在秦汉儿童研究方面颇有建树，而他同时也发现，秦汉少年，是一种"社会力量"，"少年"作为一种特殊社会力量受到重视始于先秦时期。秦汉少年体现一种"时代精神"，是中国"游侠社会的基础"，对后世会党运动具有"先导性的影响"。王子今认为，这一时期的所谓"少年"，大约指30岁以下男子。② 对"少年"的这种认识和评价，已超出以往对少年的一般理解，这里的"少年"与现在所说的"青年"已经具有高度的同质性。

（四）从儿童文化到儿童文化史

西方儿童史研究主张"将儿童史放进历史"而不是将儿童作为历史的附加物，这种关于儿童的历史书写，已远远超出儿童自身的意义而进入一般社会思想文化史层面。在儿童文化史研究中，这一主张得到更充分的表达与体现。从"儿童"到"儿童文化"，实际上是对儿童在人类文化史上的地位、价值与意义的肯定与承认。研究者认为，儿童不应该被历史遗忘，抑或作为成人史书写的注释和配角，应该承认他们像成人一样拥有成为文化史书写主体的合理性，而不仅仅是文化的容器或传承者。按照霍尔在《青年期》中提出的复演论观点，儿童文化在某种意义上也可视为人类总体文化发展的复

① ［意］艾格勒·贝奇，［法］多米尼克·朱利亚. 西方儿童史（上、下卷），申华明，卞晓平译，北京：商务印书馆，2016.

② 王子今. 说秦汉"少年"与"恶少年"［J］. 中国史研究，1991.

演；儿童文化的生成、发展、演变极有可能透露出人类文化总体发展的趋势和命运。因此，儿童文化就不能单纯地视为一种过渡性文化而贬低其价值，而是要看到儿童文化的诗性、整体性等特征中所显示出来的一种还有待挖掘和有助于克服后现代文化弊端的重要理论启示。[①] 不同主题的儿童文化史研究，试图发现儿童史背后的意义。这表明，儿童史的研究已经跨越了一般史实和经验研究的层面而进入从文化的视角审视儿童的历史存在及其价值。“儿童史，无言的历史？”[②]这一发问似乎已无须再做回答。青年研究也需要做出这样的历史追问。

在历史中发现青年，在青年中发现历史。青年研究不能脱离现实，脱离现实将没有实际存在的价值；同时，青年研究必须走进历史，否则不能构建自己的知识谱系和完成自己的知识积累，而没有自己知识基础的任何理论研究都将是没有前途的一种学术自恋和话语虚构。本雅明说：“只有当我们把生命赋予一切拥有自己的历史而非仅仅构成历史场景的事物，我们才算是对生命的概念有了一个交代。在我们最终的分析中，生命的范围不是由自然来决定，更不是由感官刺激或灵魂这类贫乏空洞的因素来决定，而是必须由历史来决定。哲学家的任务在于通过更为丰富多彩的历史生活去理解自然生命。”[③]青年研究要走出历史虚无与理论空虚的双重困境。在历史方面，它需要超越现代性的局限而走向“大历史”；在理论方面，它需要摆脱传统社会学和现代化理论的局限走向本土青年的社会实践。

---

① 郑素华.从儿童到儿童文化：思想、观念与取径的转变[J].浙江师范大学学报(社会科学版)，2012(5).

② [意]艾格勒·贝奇，[法]多米尼克·朱利亚.西方儿童史(上卷)[M].申华明，卞晓平，译，北京：商务印书馆，2016：1.

③ [美]汉娜·阿伦特.启迪：本雅明文选[M].张旭东，王斑，译.北京：三联书店，2014：83.

# 关于青年的历史叙述与解读

当青年研究被作为一种理论形态来建构时，有关青年历史的叙述与解读自然便成为其中一个不可或缺的重要环节。但青年存在本身的特殊性和以往青年研究及传统史学的某些局限性，却未能将青年与历史适当地联系起来。这在一定程度上势必造成青年研究在理论和实践上的缺憾，乃至影响到青年研究的理论建构和学科命运。要改变目前的这种状况，需要从青年和历史两方面在认识论和方法论上做出必要的调整，借鉴和运用人文社会科学研究的一些新观点和新方法，结合青年历史和现实的实际，在关于青年的历史叙述与解读中，构建起一种相对完整的青年研究理论图景。

青年研究最缺的是历史。[①] 这包括两方面的含义：一是有关青年的历史（青年史）及对青年的认识的历史（关于青年的观念史）研究和著述的缺乏；二是在现有的青年研究中普遍缺乏历史的观点和方法。这种状况将严重制

---

① 在《"谁是青年"与"青年是谁"——关于青年研究的几个问题》一文中，笔者提出目前我国青年研究"最缺的是'历史'"。但在文中仅限于有关青年的历史著述的缺乏及其对青年研究实践和学科建设的影响问题。原文载《当代青年研究》，2007 年第 7 期。

约和影响青年研究的学科建设和学术建树所企望达到的水平。青年史和关于青年的观念史研究，是青年研究学科建设的基础性工作，也是不可逾越的一道学术门槛，但对于目前青年研究学科建设和学术发展来说，强调历史的观点和方法在青年研究中的应用，似乎是更为紧迫的任务。①

## 一、“青年”有历史吗

“青年”有没有(或应不应该有)自己的历史?② 不同的研究者依据各自对历史的理解，会做出不同的回答。但无论肯定还是否定，都是以“历史上有没有青年”为前提的。所以，在论证的逻辑上，应该首先确认后者，即“历史上有没有青年”作为问题的真实性。

但问题似乎又没有如此之简单。什么是“青年”? 什么是“历史”? 这又成为论证过程的逻辑前提。年轻(或者就其年龄段做出清晰界定)的就是“青年”吗? 历史就是已发生(并被叙述或记叙)的事吗? 以往人们对这样的提问一般很少表示异议。也正因为如此，对于“历史上有没有青年”的问题，许多研究者都给予肯定的回答，只不过在表述方式或具体的历史阶段划分上有所区别。例如，有的研究者将其分为古代或传统社会中的青年和现代青年，有的以史前青年与近现代青年相区别，有的甚至直接提出“人类原始社会中的青年观”问题③等。同样，也有研究者出于对青年和历史的不同理解而否定历史发展早期阶段青年的存在，例如有研究者认为，在老年统治的远古氏族社会“青年实际上并不存在”;在原始社会“不存在社会特别注意并赋予某种社会价值的青年形象”。④

在上述对“历史上有没有青年”的回答中，无论是持肯定还是否定态度，

---

① F·马赫列尔在《青年问题和青年学》中开篇即提到，“青年的历史和对青年认识的历史”“值得和有必要进行单独的研究”(参见该书“绪论”部分);“建立青年学首先意味着分析它的研究对象即青年的历史和对青年认识的历史”(参见该书第一章)。该书中文版由陆象淦译，社会科学文献出版社 1986 年版。

② 需要特别说明的是，这里所谓的青年的历史，是指在整个人类进化和文明演进过程中青年的历史存在及其表现，而不局限于某些编年史或断代史中关于青年的历史记述和论证。

③ 金国华. 青年学[M]. 北京：中国青年出版社，1999.

④ [罗] F·马赫列尔. 青年问题和青年学[M]. 陆象淦，译. 北京：社会科学文献出版社，1986：9.

我们都会发现其中存在着对青年与历史的片面理解，乃至对二者之间关系的人为割裂（或者是将青年与历史进行简单的嫁接或联结）——这样问题就被简化为：历史上的青年就是“过去”的年轻人；青年的历史，就是年轻人的“过去”。其结果显而易见，即：如肯定前者，那么历史上必然有青年（因“年轻人”自古就存在）；如肯定后者，那么，青年必然无历史（因为这种“过去”没有被记述）。毋庸置疑，这种简化消解和淡化了问题的意义层面，是对青年历史叙述和解读的一种幼稚表现（但在否定远古氏族社会和原始社会青年存在的观点中，却包含较多关于青年与历史关系意义层面的深入的思考）。

历史一词在英语中为 History，在法语中为 Histoire，二者同源自希腊语的 Histria，其本意为“征问”“问而知之”。“问”是过程，“知”是目的。历史文本的书写在本质上是一种意义阐释和知识建构过程。如果说对“谁是青年”的追问，主要是关于青年存在的本体论和主体性的思考的话，那么，对“什么是青年”的回答，则主要是依据知识论和历史观对青年的意义所做的种种理解和释读。于是，我们关于青年的发生学以及历史演进性质的观点都将会由此而出现一些微妙的变化——不是去人类文明的源头寻找原初的青年形象，也不是在历史进程中探究、描述青年发展变化的踪迹（乃至某些所谓的规律性特征），不是试图发现青年在所谓的“史实化的过去”中被赋予的某些本质，进而证明青年的历史演进过程迎合某种规律性或目的性假设，而是要发现青年的历史内涵或其历史构成性质，即具有某种“反观性”的特征——在当下的情境中对青年做历史的观照，对某些（与青年有关的）事件进行历史诠释，即使过去的“事实”变得有意义，也使现实的“事实”获得历史感。这是意义的建构，而非目的的预设。或言之，是旨在说明关于青年的历史或历史中的青年我们到底知道了一些什么，即获得了哪些关于青年的知识，而且这些知识是被认为、被证实是真的并可能成为人的某种信仰和理性。

青年研究需要在研究过程中强化对历史的关注，强调历史感、历史意识、历史自觉、历史方法。然而，这并不意味着我们要建立所谓的青年史学（毫无疑问，专门的青年史学研究是尤为必要的，只是目前我们尚不具备这样的条件。因此这里所谓的“史学范式”甚至无关乎青年史本身的书写与编纂），更不奢望借此形成一种新的“学科规训”——将对象强制纳入历史学的学科规范、体系框架、概念范畴以及专家系统，进行精致的剪裁、加工、模塑，建立一种标准化、专业化、精细化的所谓的知识生产机制。青年研究，是（并永远是）人文社会科学的“公共领域”。在青年研究中引进“史学范式”，首先是扩展其历史视野，在历史中观察到青年的“出现”，其次是对“出现”做出解释。按尼采的意思，“出现总是在诸多力量构成的某种状态中产生的。对出现的分析必须描述各种游戏及其方式，包括这些力量相互发动的斗争，或针对不利环境发动的斗争，或那些企图通过这些力量的分裂、使之互相争斗而避免退化，并重新获得力量的努力”。“出现是诸多力量登场的入口，是这些力量的爆发，从幕后跃到台前，每种力量都充满青春活力。”[①]青年的“出现”，即青年的历史“出场”和“在场”。这样，关于青年的历史，将被引导走进远古的神话、传说或宗教经典、考古学、艺术史。在《圣经·创世纪》中，我们会看到人类创造的第一个青年形象亚当出现了。亚当没有童年的经历，也没有血缘的传承，甚至没有性别（因为在夏娃出现之前没有女人），但有年轻人的全部特质：对世界的好奇心，对知识的渴望，对权威的反抗，对性与爱的冲动和执着，旺盛的生命力……亚当和夏娃这对青年因违背了上帝的意志而遭到惩罚，承担了人类原罪千百年的重负。青年历史的销歇，在亚当和夏娃被逐出伊甸园那一刻。神性主宰了人性，理性主宰了自然，权力主宰了神性和理性，而神性和理性又异化为权力的普遍性，并直接由此进入现代性——这就是自亚当和夏娃被放逐之后人类历史上青年的命运。同时，它似乎也是

① 刘小枫. 尼采在西方：解读尼采. 上海：上海三联书店，2002：289 - 290. 另据维克多·特纳在其人类学著作《仪式过程——结构与反结构》中所做的研究，印度教吠陀信仰中也有“宇宙游戏”之说，即认为宇宙是从众神欢娱的爱情游戏和大胆创造行为中产生的。特纳在对非洲恩丹布仁的研究中发现，在这个原始部落中，存在着“敢拼敢闯的青年人”与“独裁专断的老年人”的冲突，由于母系制度与从夫居并存而产生性别间的对抗。这些表现为矛盾、对立、紧张的冲突几乎无处不在，但大多数具有“超越性、下意识性、重新认知性”，在某种意义上实际是“不同力量之间的一种游戏”，所以，这种对抗与冲突的结果并非一定是产生必然的紧张和压力，相反却可能成为一种具有积极性质的作用力和有益的原则，使社会得以存在和延续，并为社会生活增添许多色彩。这或可作为尼采观点的一种人类学的证明。该书中文版由黄剑波，柳博赟，译，中国人民大学出版社 2006 年版.

人类为自己设定的难以挣脱的历史宿命。

但在古希腊神话中，青年的出现及其寓意有着不同的表现。在那里，天神是创造者，也是父王和君主。神的世界有等级森严的制度，有各种力量的争斗与抗衡。对父权的挑战是奥林帕斯山最古老的传说——宙斯从父亲克洛诺斯手中夺得权力，克洛诺斯又曾推翻父亲天神乌拉诺斯的统治。父权是最原始、最古老的权力形式，而对父权最强烈的反抗和最直接的挑战则来自他们自己的年轻后代。阿波罗的诞生，为世界带来光明。他是太阳神，为从事伟大的事业而诞生。在古希腊人的心目中，阿波罗是创世纪的英雄，是神灵世界中最优美的神，“他的青春灿烂、健美、力量犹如晴天之朝霞……”“在他的雕像中，成年的力量与优美的青春期的温柔形式结合在一起。这些形式以其充满青春活力的统一而显得雄伟……他不是在树荫中游惰度日的维纳斯的情侣，不是在玫瑰花丛中为爱情之神拥抱的美少年，他是品德端庄的青年，为从事伟大的事业而诞生。”[①]在阿波罗的身上，人类不仅看到青春的活力、强健的体魄、类似天使的美，而且看到人类未来的希望。至此，人类对自己的历史有了另一种描述形式：当他历尽千辛万苦终于找到自己祖先的家门，开门迎接他的不再是一只猴子，而是太阳神。青年被喻为太阳，而不只是原罪的象征。

历史总是充满悖论。但青年的出现和在场，他们作为一种“力量”和具有“青春活力”的种种历史表现，又总是赋予历史无限的创造性想象和快乐(美、艺术、情欲、爱、享乐等)，而人类进化所奉行的即是创造、想象和快乐的原则。[②] 按照这一原则，我们或许能够对欧洲18、19世纪青年掀起的浪漫主义、狂飙突进运动，以及20世纪60年代西方青年的反文化运动做出一些新

① [德]约翰·亚奥西姆·温克尔曼.古代艺术史[M].世界艺术与美学(第二辑)，北京：文化艺术出版社，1983：374.

② 在人类历史书写中，创造与想象被赋予崇高的地位，物质文化史和艺术史成为历史叙述的主题，但“快乐原则”被忽略甚至扭曲了，甚至成为某种“罪感”文化的替代物。理安·艾斯勒指出：“痛苦和快乐在文化的进化中，发挥着核心的然而奇怪地被人忽视的作用。人类进化出高度发达的感受性快乐和爱的巨大快乐的能力，这正是这个星球上非凡历史的转折点。”引文参见理安·艾斯勒《神圣的欢爱——性、神话与女性政治学》，黄觉，黄棣光，译.北京：社会科学文献出版社，2004：3.

的理解。

理论不仅需要实践的检验，也需要历史的检验。同时，历史也需要理论的沉思，在沉思中祛除某些被历史扭曲的东西，发现某些被历史遮蔽的东西，凸显某些被历史忽略的东西，找寻某些被历史舍弃的东西，总之，尽可能地还历史的本来面目——历史的"客观性"不是在历史本身，而是在历史学家的理性思考之中。

客观的历史（史实）是感性的，建构的历史（文本）是理性的。历史，永远游走在感性与理性之间。在这一意义上，历史具有美学的属性——人类既用审美的眼光观照自我，同时也对历史的审美价值表现出极大的兴趣。"无韵之离骚"，是中国人对历史之大美的向往。对青年的历史解读，需要强调感性，更需要审美的观照和深度的人文或人性关怀。对青年的历史关注，可能会有惊人的发现，或野蛮、荒诞，或神奇、妙曼，或痛苦、惨烈，或舒畅、快乐，总之，其间神性、灵性、人性与本性，情性、感性与知性、理性之间会不时发生近乎奇特的转换，于是，历史在这里成为一种诗性的叙述。皮亚杰把探求"规律"的学科称为"正题法则"科学，而"把那些以重现和理解在时间的长河中展开的社会生活的全部画卷为己任的学科称为'人文历史科学'——它涉及其所作所为曾对社会生活发生过影响的个人，这一类人的著作，那些产生过某种长远影响的思想，技术与科学，文学与艺术，哲学与宗教，各种制度，经济及其他交流，以及整个文明。历史包罗一切与群体生活有关的东西，既涉及社会生活的可分离部门，也涉及那些相互依存的方面"。要"把历史科学同正题法则科学区分开来而不把它当作后者的一个部分"，因为前者运用的主要是"必要的抽象法"，后者则是"对具体的复原，而复原也是人类认识的一个头等重大的职能"。但这里所说的历史"不是简单地重建发生的大事，而是就各种不同人文科学研究的每一个领域的历时方面进行跨学科研究的历史"。[①] 关于青年的历史研究，即应属于这种"人文历史科学"范畴，

① ［瑞士］J. 皮亚杰. 人文科学认识论[M]. 郑文彬，译. 北京：中央编译出版社，2002.

是一种涉及范围广泛的跨学科研究。它不排斥抽象，但更注重“具体的复原”，并在“复原”中不断形成新的“人类认识”。在某种意义上说，它要使青年研究获得一定的历史感，这种历史感可以是一种历史意识、历史视角或历史方法，但更主要的还应该是对于青年的历史感受，以及在此基础上建立起的对青年的天性、自然性、人性的人文或历史关怀。历史感，对青年研究来说，首先是一种历史情感。它是历史从传统的形而上学（还应包括近代以来社会科学中的精确计算和实验）思维中解放出来的产物。

“历史，是刻在时间记忆上的一首回旋诗。”诗人雪莱曾这样写道。按此说法，有关青年的历史应该是人类历史中最生动、最感人的部分。但事实上并非如此，而且恰恰相反，青年的历史无由地被浩瀚的历史海洋所屏蔽和淹没。于是，需要我们回到历史中去发现青年，并历史地予以叙述和解读。

对“青年有没有历史”和“历史上有没有青年”的回答方式，将影响或决定青年研究实践中所采取的不同路径和策略，进而对青年和历史做出不同的阐释和解读。然而，事实上，无论是肯定还是否定的回答，本身并不是最重要的，重要的是研究者想借此告诉人们什么，或人们能够从中知道什么，以及研究者和其他人从中感悟到什么。

## 二、青年期是人类进化史上的重大事件

“青年”应该有自己的历史。青年的历史应该与人类社会的进化史和发展史呈同步状态。从考古学中我们可以发现，早在原始社会人类就有了关于年龄与性别的自觉意识。年轻人（特别是年轻女性），是原始艺术（还应包括某些宗教经典、神话传说、古老习俗等）表现最多的主题。这一主题蕴含着丰富的人类学、文化学意义，人类关于生命价值、生命历程、代际传承、权力等级等观念和制度形式在其中孕育，年龄、性别和代际关系，作为最基本的社会制度在这里被初步建构成型。这是人类最原始的社会制度形式，同时也是其后续在几千年人类文明和社会制度演化过程中，最稳固也最具衍生能力的文化遗传基因。由此或许可以推定，青年的历史具有人类史的原

型意义和价值。

青年期，是关于青年历史研究的关键词之一。对青年期的历史研究，最初是由（文化）人类学开始后被引入历史学的。而人类学对青年期的关注，在其本来意义上并非出于对青年进行专门研究的需要，而是由对“人类本质”以及人类发展进化过程中，文化因素的作用及其性质作何种解释所引发的。美国女人类学家玛格丽特·米德关于萨摩亚人青年期的人类学研究最为著名。特别是她关于“代沟”和代际文化的观点，在我国青年研究领域产生了广泛的影响。但米德文化决定论的理论受到越来越多的挑战和质疑。[①]由生物决定论到文化决定论，再到基因—文化协同进化论，人对自身的理解在不断深入，而这不可能不影响到人对青年、青年期及其历史的认识和理解。

在关于青年期的认识方面，有研究者将其上溯到“人猿揖别”的那一时刻，并提出“青春化”的概念，用以描述青年期的史前史和人类文化与社会的进化史。

所谓“青春化”，包括两方面的含义。一是对青少年个体和群体本身来说，青年期的益延长早在原人进化阶段（400 万年前）就已出现，并“成为原人进化过程中的一个重要特点”。在这一阶段，原人的大脑、智力和文化发展到较高水平，“社会文化的复杂性绝对需要一个较长的童年”。同时，“大脑进化过程中的进步又是与青春化过程中的进步分不开的”。但青年期在这一时期还没有成为一个具有独立和完整意义的社会现象，青年人或青年群体本身也由于他们的依附性地位而不能成为一个“阶级”或“自我组织”。然而，这并没有使青年期的社会价值和意义被消解和削弱，相反，却因为得到

① 澳大利亚人类学家德里克·弗里曼在近 40 年时间里先后 6 次深入萨摩亚，经过大量调查后完成《玛格丽特·米德与萨摩亚：一个人类学神话的形成与破灭》一书，于 1983 年出版。书中指出了米德 1928 年出版的那本曾轰动欧美人类学界的《萨摩亚人的青春期》，在资料上的严重失实和理论上的重大失误，反驳并否定米德所主张的文化决定论观点，认为萨摩亚人的青春期表现并不是人们普遍认为的青春期矛盾紧张的反例，“人类行为中的青春期的表现形式，或者是任何其他时期的基本表现形式都是由生物的和文化的不同因素所决定的，任何把其中一个因素排斥在外的观点都是没有根据的，先天与后天因素对人的生长都是不可缺少的。”该书的出版被认为标志着文化人类学学科进入了成熟期（中译本由李传家、蔡曙光翻译，光明日报出版社 1990 年版）。

一定的强化而凸显出来：“青春的品质在社会中活跃和发展着。比年轻的类人猿存在时间更长的年轻的原人被游戏、探索、新鲜事物吸引。在吸收成年人的知识和技能的同时，他们还能够对之加以修改、完善和创新。很可能正是他们在玩弄火石和做发声的游戏时，点燃了火和发明了语言。”“这样，青年人的半社会化，他们和成年人的关系，使得社会有可能直接享受创新和发明之利。此外，青少年的特点如友好、好玩、求新，甚至发明的能力也愈益维持到成年的年纪，青春化变成了一个人类学现象。青年人被‘融合回收’，而他们的在类人猿社会中处于边缘地位的品质现在却浇灌着原人社会。”①这样，青春化，成为人类进化史上的一种重要的动力机制。“青春化在开始时促进了童年时期的延长，以后它同时促使成年世界进入青春期（学习技术、狩猎、社会规则）和使青春期进入成年世界”②，促进了社会文化的复杂化并向更高阶段进化。

二是作为人类学现象“青春化”的社会学和政治学含义。“在变成成年人的时候，男人‘压抑’他曾经浸润过的妇女文化和青少年文化，但这种压抑不一定是持久的和全面的。因此，可能从原人社会开始而在更进化的和现代的社会中越甚，我们看到男人身上浮现出妇女的方面和青少年的方面。毫无疑问，在我们看来，通过发展他身上的遗传学和文化的女性因素以及在成年生活中发展他身上的青少年因素，人变得‘人性化’起来。当然，这个人性化过程在今天还远远没有完成。”③青年作为一种社会现象，青年人与成年人、与社会的冲突、协调与同构，与人类进化的历史一样久远，而且要远比我们想象中的情况更复杂、更深刻——青年使人的“人性化”成为可能，同时也将使这一过程获得更充实的内容。

人类学的研究发现，灵长类社会把雄性和雌性维持在同一空间，而把“青年猴”分隔在不远的周围，“青年猴”地位卑微，处于社会的边缘。但“青年猴”喜玩耍，好探索，他们常有新的发现和创新。这些最初只在“青年猴”

①②③ ［法］埃德加·莫兰.迷失的范式：人性研究[M].陈一壮，译.北京：北京大学出版社，1999.

群体中传播的发现和创新，随着“青年猴”上升为成年猴，由于社会整合机制的作用而被社会所吸纳，“一个随机行为的结果作为崭新的要素被整合到复杂的社会秩序中”——“它们（‘青年猴’）的存在构成了整个社会开放的边界，变化的因素通过这里发生”。[①] 在这里我们看到社会制度最初的原型——年龄制度。几乎在同一时刻，性别制度诞生了——男性统治成为社会权力秩序的基本表征，并以父权制的形式固定和延续下来，同时也决定和塑造了人类财富、权力、知识等传承的代际模式。但是，长者和父权的统治以及代际关系模式，并非能够完全遮蔽青年的历史存在、历史地位和历史作用。青年一开始就被建构在一个严整的社会秩序和权力关系之中。然而，从最初的情况看，这与其说是社会对青年的一种压制，不如说是人类进化史上的一个必然结果。因为，无论何种形式的年龄或性别制度以及代际关系，都是基于人类的自然本性和进化规律逐渐演化和发展而来，这是一个合规律和合目的的自然历史过程。我们在人类早期历史中，不难发现种种“青春崇拜”的遗迹，青年人自然天赋的创造力、想象力，使他们比其他年龄段的人拥有更加强盛的劳动力、生殖力、战斗力，一度成为当时人们和社会崇拜的对象。在各民族的神话中，那些太阳神、酒神、山神、林神、农神、爱神、战神等，几乎都是健壮、聪颖、俊秀的青年男女形象。但在当时这种青春崇拜并不足以使一个独立的青年社会群体或“青年阶级”产生和存在，因为“这是这样一个社会，其中只存在着一个生物—社会阶级，它统治着一些生物—社会阶层”；“青年人的阶级在出生前就被粉碎了，而青春的品质在社会中活跃和发展着。”[②] 青春化，是人类进化和发展历史过程中一个最古老、最持久、最富生命力的人类学现象，同时也是一个重要的社会政治事件。

回过头看，“青年”诞生在“人猿揖别”的那一刻。这也是人类社会产生的时刻，是原人向智人进化的阶段，大约在距今 400 万～500 万年前后。如果说原人尚处于幼稚的孩童期的话，智人则是一个年轻的、精力旺盛的“狂

①② ［法］埃德加·莫兰.迷失的范式：人性研究[M].陈一壮，译.北京：北京大学出版社.

徒”:“这是一个不时地微笑、狂欢、哭泣的感情强烈和不稳定的生物,一个焦虑和惶惶不安的生物,一个享乐的、陶醉的、痴迷的、暴烈的、多情的生物,一个充满想象力的生物,一个知道死亡但不愿意被它降伏的生物,一个制造神话和巫术的生物,一个被精灵和神祇附身的生物,一个被幻觉和奇想滋养的生物,一个自身与客观世界的联系总是含混不清的主观主义的生物,一个注定犯错和漂泊的生物,一个产生无序放纵的生物。”①然而,“真正的人存在于智人—狂徒的辩证法中”。② 人类的青年期由此开始。在今天年轻人身上,我们不难发现智人狂徒的种种特征——这决定于人类的遗传特性,因为,人的本性不应也不能与人类的历史对立,反之亦然。同时,激情与活力、创造与想象、躁动与易变……这也是人类和社会进步本身的内在要求——“智人—狂徒的辩证法”反映的是人类进化和发展的生物—社会学逻辑。如精神分析学家拉康所说:“不仅没有疯狂的人类存在不能理解,而且如果它不在自身中含有作为自由的极限的疯狂,它将不是一个人类存在。”或许正因为如此,古希腊人才将阿波罗和狄俄尼索斯一并请进了德尔斐神庙——两个年轻的神(日神和酒神),共同构成完整的人性,使理性与狂热集于一身。

历史社会是不稳定的。这种不稳定在远古社会就已存在,种姓、部落、氏族等社会组织和社会群体内部和外部的竞争、对抗、融合,共同构成了在不断动荡与变迁过程中演进的历史“复杂化的逻辑”。但这不稳定性中也存在着进化的源泉,亦即解体—重组的源泉。青年—青年期—青春化,是历史进程中的诸种不稳定因素之一,是人类进化史上的一个重要事件。一方面,“青春化是一个总体的和多方面的过程,它的每一个方面都与大脑的进化密切相关,涉及族类的遗传性质、文化的社会性质和个人的感情和智力的性质。它既保障了社会文化自我再生和自我发展的更为优越的条件,也保障了个人从出生直到衰老在感情上、智力上和创造性上发展的更为优越的条件。”③ 另一方面,青春化使得人类的进化和社会历史进程充满创造力、想象

①②③ [法] 埃德加·莫兰. 迷失的范式:人性研究[M]. 陈一壮,译. 北京:北京大学出版社.

力和青春的活力，从而使以往那种连续性、直线性、机械性的进化观和历史观为一种随机的、偶然的和不确定的原则所支配——创造和想象总是带有随机性、偶然性和不确定性。青春化，是青年、青年期的概念内核与深层蕴涵。

## 三、青年史的建构与想象

20 世纪 30 年代，一位美国史学家写道："也许，再过五十年，人们将会看到历史学一个时代的终结，高尚的梦想将最终破灭，历史学失去了存在的理由，除非它变成娱乐的工具或社会控制的工具。"①在大众文化（还有特定时期意识形态背景）的濡染和侵蚀下，传统史学目前正在逐渐丧失它的高贵与严肃性质。另外，或许更为严重的是，传统史学正受到来自社会科学（如历史哲学、后现代理论等）的挑战。"历史学的主体从人周围的环境转向环境中的人；历史研究的问题从经济和人口转向文化和感情；对历史学发生影响的学科从社会学、经济学和人口学转向人类学和心理学；历史研究的对象从群体转向个体；解释历史变化的方式从直线式的单因素因果关系转向互为联系的多重因果关系；方法上是从群体计量化转向个体抽样；史料的组织上是从分析转向描述；历史学的性质和功能则从科学性转向了文学性。"②对于叙述史的复兴、语言学的转向、新文化史的兴起等，即使一些史学家无所适从，也使一些史学著述面目全非。在这样的史学背景下，如何建构青年史，首先成为一个理论难题。

但是，尽管史学界关于"什么是历史"以及如何编纂历史聚讼纷纭，首要的问题都是确定一个"对象"，然后选择一种方法，继而建构一个文本。对象决定方法，也决定着文本的形式和面貌。

青年作为历史叙述的对象（一般说来，传统史学作品都是叙述史。20 世

① ［美］彼得·诺维克. 那高尚的梦想——"客观性问题"与美国历史学界［M］. 杨豫，译. 北京：三联书店，2009.

② ［英］劳伦斯·斯通. 叙述史的复兴［J］. 史学理论，1989(1)：33－34.

纪 70 年代以来"叙述史的复兴"并不是对传统史学的简单回归，而是把叙事体、可读性与科学分析和理论概括相结合，这对于青年史的建构将具有特殊的意义)，与一般的史学叙述对象具有显著的差异性质。在青年身上，人的自然属性仍占有很大的优势，社会性对青年的意义是在自然属性的基础上发挥作用的，而且这种作用在青年期的不同阶段上表现出完全不同的意义。这是就青年的个体和青年作为社会存在的一般特点而言的。再从人类进化和文明发展的不同阶段的情况看，青年期(包括青春化)对于社会(和社会之于青年期)的意义也是动态变化、极不稳定的，在原人(原始社会)和阶级社会，直到现代社会(还可以引申到所谓的后现代社会)，这种变化可能达到令人难以理解和把握的程度。

另外，还有非常重要但却最容易为人所忽视的一点，即青年自身的历史记忆和历史感受的变化——今天的青年在多大程度上将自己看作"太阳神"的化身？太阳神缘何没有能够超越人类文明的时空隧道而在历史中迷失了自己？当"青年"仅仅成为现代人的一种空泛而美妙的修辞、隐喻和象征时，青年如何实现自我的价值认同？在"对峙和抗争、边缘化、非传统文化、对峙的权力、青年的文化"[①]等咄咄逼人的字眼面前，青年人如何感受和证明自己的历史存在及其意义？"对于任何一个拥有集体认同的社会群体而言，必然有一种对事件和经验的共同诠释，而这个群体就是在这些事件和经验中逐渐形成的。有时，这包括对该群体起源的共同信念，就像许多民族国家的情况一样；或者突出一些明显的转折点和一些具有象征意义的时刻，它们强化了该群体的自我认同和共同的发展抱负。"社会记忆，创造一个群体的认同。群体需要有关过去的知识和经验记录，还需要一种有关过去的认识，并借此对现实做出解释和辩护。[②] 关于青年自我的历史认同，是青年史叙述中不可缺少的内容——这关涉青年的历史在场问题。然而，这部分内容在以往"自

① 联合国教科文组织出版办公室. 八十年代世界青年问题[M]. 刘朴，等，译. 北京：中国对外翻译出版公司，1985.
② [英] 约翰·托什. 史学导论——现代历史学的目标、方法和新方向[M]. 吴英，译. 北京：北京大学出版社，2007：2－5.

上而下”的历史书写中，却被强行地遮蔽和抹杀。

青年史的建构和叙述，首先是关于人的自然史、进化史、文明史的“具体的复原”，是青年的历史出场和在场的“复演”及其意义的揭示。马克思、恩格斯指出：“任何人类历史的第一个前提无疑是有生命的个人的存在”，而“有生命的个人的存在”又必须有一定的“自然基础”；这个自然基础包括“人们自身的生理特性”和“各种自然条件——地质条件、地理条件、气候条件以及其他条件”。因此，“任何历史记载都应当从这些自然基础以及它们在历史进程中由于人们的活动而发生的变更出发”。[①] 关注青年的历史，要关注青年的“自然”（这里所说的自然，与青年天性方面的某些因素相一致）。西方自启蒙运动以来政治哲学的争论，始终围绕“自然”与人、与政治、与社会的关系来展开。青年现象（在考古学和人类学意义上，青年现象的自然属性远大于其社会属性）伴随人类历史和文明发展史的始终，而且其价值属性和重要意义随着社会的发展进步将愈益凸显出来。人类诞生之初，面对的是自然之谜；文明的进步，人面对的是自身之谜。而人类对自身的认识，始终割不断自己与自然（包括人自身的自然和外在的自然界）的联系，人类最后的自由和解放，是将自己从对自身的自然压迫中、对外在自然界的对抗关系中解放出来。

同时，要关注在变化、动荡的历史过程中青年是如何被叙述的，或因为何种原因被遮蔽，或出于何种目的及采取何种形式被“嵌入”在历史的文本之中（例如希伯来文化之于亚当和夏娃，古希腊神话之于阿波罗，文学艺术塑造的青年形象，现代社会之于嬉皮士、性解放、青年亚文化、青年反抗运动等），以及这些历史叙述所依据的理论模型（如人类学的“过渡仪式”、社会学的“社会化”和角色理论、政治学的“承认”与“抵抗”、教育学的“规训”与“教化”、文化学的“适应”与“冲突”、现代化理论中的发展与进步等）。另外，还必须注意到不同时期人们对青年及青年对自身认识的变化。这与青年的观

---

① ［德］马克思．马克思恩格斯选集(第1卷)．北京：人民出版社，1972：24．

念史有关,但不局限于一般的观念史(以往观念史的研究和撰述关注的是伟大人物的伟大思想,或主流社会的主流思想),还包括一些传统、习俗及日常的有关青年的社会心理和思想意识等,即"那些对普通人产生影响的思想",是青年社会记忆和历史认同的一部分重要内容。

青年史不再仅仅是青年的人物传奇或英雄史诗,它是人类进化史和文明史的一部分,是人的自我和人的自然解放的历史,是人类由压迫、对抗关系走向和谐、伙伴关系的历史①。这或许可以认为是青年史建构的一种理论上的价值取向。在以往的历史中,作为生物学意义上的儿童、青少年在度过短暂的人生阶段后,将步入成人社会,但作为特定的年龄等级制度中的一个特殊群体,他们却永远长不大,永远摆脱不了对这种等级制度的依附性地位,作为这种等级制度的权力形式的父权制永远对这一群体实行天经地义的控制、摆布和规训。这就是以往历史中青年从自然到社会的必然命运。现代社会的自由精神和民主制度,使青年有可能从这种历史宿命中解脱出来,进而使人类在进化发展过程中的代际和谐成为可能。如果说女性缺席的历史只是对人类一半人口的片面记叙的话,那么,没有青年的历史将是没有青春活力、没有想象力、没有希望和未来的历史,是在岁月的长河中永远承受衰老的痛苦折磨的西比尔的历史②。人类的理性必将引导人走出这种历史,而青年史的建构与书写,将为推进这一历史进程在理论和知识上做出必要的准备。

20 世纪 70 年代,美国出现"公众的历史学"。"公众的历史学"的特点是

---

① [美] 理安·埃斯勒的《圣杯与剑——男女之间的战争》一书,借助考古学资料揭示了人类男性暴力统治取代古代世界和谐的、崇拜女神的、高度发展的文化的历史,提出了伙伴关系和统治关系两种完全不同的人类社会组织模式,认为人类进化正处在十字路口,走向一种伙伴关系的未来将是进化的突破。该书被称为"自达尔文《物种起源》以来最重要的一本书"。伙伴关系也因此成为理想的代际关系的新模式(事实上,人类基于一定的年龄制度而构建的代际压迫,亦被称为老年政治、老年文化、父权制,并不比"男性暴力"稍微温和,甚至在某种程度上更为普遍和严重。但这一点并未引起理论界的更多关注)。该书中文版参见程志民译,社会科学文献出版社 1995 年第 2 版。

② 西比尔是古希腊神话中的女先知,与天神宙斯关系亲密。宙斯为回报西比尔,答应给她一件任何她想要的东西。西比尔要了"永生",但没有同时要"青春"。西比尔得到了永生,但在无尽流逝的岁月中她逐渐变得衰老不堪,无法走动,只得终日萎缩一团待在坛子里以泪洗面。当一群孩子见到她问她还要什么时,她回答:"我要死。"

在大学校园外开展各种活动，从事这些活动的历史学家不以专家和权威自居，他们自称为“推动者”，“任务是帮助每个社会群体都成为他们自己的历史学家”，促进广大公众“参与建构自己的历史”，他们“相信公众中的每个成员最终都将成为他们自己的历史学家，并帮助他们形成对自己的认识”。“公众的历史学”被誉为“民主、民有和民享的历史学”。[①] 青年史的建构特别需要这样一批史学界的热心“推动者”。因为，青年史必然是民主、民有和民享的历史，而不是史学权威和学术精英依据所谓的“普遍论”原则（真理是唯一的，历史的规律、本质及其一般表现形式是适用于所有历史叙述对象的）建构的宏大历史叙事中的一个可有可无的组成部分或点缀。

就目前的情况来看，对青年的历史叙述在我国尚未受到史学界的更多关注，青年研究领域的一些研究成果也缺乏较强的历史感，而且，我们更缺少上文提到的那种具有社会和历史责任感、活跃在广大公众之中并为公众建构自己的历史而努力的“推动者”（但那些近年来活跃在国内媒体中的一些讲经说史者绝不能混同于这里所说的“推动者”）。在某种意义上，这是一块有待开垦的处女地，它每前进一步都将冒一定理论和实践的风险和代价。青年史的建构与叙述，需要理论大胆的创造与想象，同时也需要在文本形式上进行艰苦的探索与实践。但是，涉足这一领域，首先需要的是一种道德的、理论的勇气和责任感，如海德格尔所说，历史并非是对事实的追寻，我们拷问过去，为的是使过去具有意义的东西能够开花结果；历史学家有义务替那些被剥夺了自己说话机会的人们代言。亦如法国政治学家雅克·朗西埃所言：历史学家的使命就是替历史上的匿名者代言；他们的声音被权势者所剥夺，而代言的最好办法是将社会科学的洞见整合在既是科学和文学的，又是政治的历史叙事当中。或者如有的研究者所说：“生命应该如何度过？男人与女人应该是什么、做什么？此类信念是道德研究的对象；而问题一旦转到群体和种族——实际上是作为一个整体的人类，则称之为政治哲学，也就

① ［美］彼得·诺维克．那高尚的梦想——“客观性问题”与美国史学界［M］．北京：三联书店，2009：699－700.

是应用于社会的伦理学。”[①]青年史的建构与研究者对青年的平等权利及伦理、政治关怀密切联系。

青年史的学科属性(如果它可以作为一个学科并最终能够成为一门学科的话),应近乎历史社会学,“是介于历史学和社会学之间的一个模糊领域”,其鲜明特征是“关注现代性的形成和转型”,其“定位在研究现在”,而“现在”“既被过去所塑造,又塑造着过去”,并“将现代性的形成视为当下的本质”。[②] 同时,青年史的建构应属于后现代理论或历史社会学后学科阶段的历史叙述和书写形式。后现代理论给传统史学造成的冲击是显而易见的,它颠覆精英主义的史学垄断,揭示了以往历史文本关于真实性和客观性的一些被遮蔽的真相,关注被隐藏、被改变、被抹去的历史,主张讲述和重述不为人所知的历史,这些无疑为青年史的建构创造了空前巨大的想象空间和生长空间。而后学科时代学科界限的模糊,既有多学科的渗透,也有多元化的扩张,或向其他学科的转向,更为青年史的建构提供了方法论、认识论、知识论以及学科敏感性、灵活性等理论和实践方面诸多的便利条件。总之,关注现代性,关注当下,定位在“现在”,在多学科借鉴、融合的基础上向多学科、多元化方向扩张,是关于青年史建构的学科想象的根本所在。借用福柯谈谱系学的话说,青年史将“不是纪念碑式的历史”,而是“一种狂欢地参与的历史”。青年史是一项充满光明前途和自由民主精神的事业,它将使过去有意义但却被历史遮蔽的东西在现代开花结果。

“人猿揖别”,沧海桑田,历史成为岁月时光留下的不可磨灭的痕迹。但是,“人类的过去不会完全消失无踪。人也许会忘记过去,但过往的历史却总还潜伏于人之中。因为,往事是任何时代乃至更早时期的产物与缩影。内省自身,人类可以从中找到并区分出每个不同的时代遗留于人类心中的

① [英]以赛亚·伯林.扭曲的人性之材[M].岳秀坤,译.南京:译林出版社,2009:6.

② [英]杰拉德·德兰迪,等.历史社会学手册[M].李霞,李恭忠,译.北京:中国人民大学出版社,2009:1-2.

痕迹”。[①] 恩格斯在早年曾说:“历史就是我们的一切。”在晚年,他又说:“必须重新研究全部历史。”这意味着,历史将揭开人类社会的斯芬克斯之谜。我们要真正认识和理解青年,也必须先回到历史——包括“人猿揖别”的时刻。青年研究缺乏对历史的关注,研究成果和学术建树缺乏深厚的人文历史关怀和历史感,对于其所谓的学科建设来说,将是一个比较严重的缺憾——因为,“我们身边的每一处能够被言说、被体悟的事情,如果不能够获得历史解释,它都无法进入理性的思索之中”。[②]

① [法]菲斯泰尔·德·古朗士.古代城市:希腊罗马宗教、法律及制度研究[M].吴晓群,译.上海:上海人民出版社,2012:36.
② [德]哈拉尔德·韦尔策.社会记忆:历史、回忆、传承(序二)[M].北京:北京大学出版社,2007.

# 青年研究的史学范式与理论图景

缺乏对历史(包括史学方法、历史观等)的必要关注和理解，是青年研究带有一定普遍性的理论缺憾。[①] 如何引入或借鉴史学范式，以勾画青年研究具有一定历史蕴涵和史学价值的理论图景，是青年研究学科建设过程中必须解决的一个问题。作为青年研究理论形态建构的一个重要环节，这涉及青年的历史、有关青年的观念史、青年研究的史学方法和历史观，以及相关的文献学、史料学、发生学等诸多学科领域，将是一个庞大的知识工程。由于以往历史学和传统史学观对青年存在本身的无由遮蔽与扭曲，使这一知识工程的展开具有相当的难度和风险，但同时也使得这方面的研究更有着特殊的理论和实践意义。

---

① 笔者曾提出，目前我国青年研究"最缺的是'历史'"(参见《当代青年研究》2007 年第 7 期"'谁是青年'与'青年是谁'")。此前也有研究者指出，在青年研究中很少有人把青年既作为一个社会群体同时又作为一个重要的人生阶段放到历史的进程中来加以考察和认识，青年历史的研究被局限在青年运动史一隅(参见《青年研究》1987 年第 7 期陆建华"青年的历史进程"一文)。国外关于青年史的研究自 20 世纪初以来一直受到关注，但仍有研究者指出，关于青年的研究很少涉及历史观的问题(参见[法] 让-查尔斯·拉葛雷. 青年与全球化——现代性及其挑战. 陈玉生，冯跃译. 北京：社会科学文献出版社，2007).

## 一、青年的历史“发现”及其认识价值

在以往的青年研究中，对于青年是否属于一种历史的存在，或青年是不是历史地存在着的，以及这种历史究竟可以追溯到离人类文明进程的源头有多远，人们的看法一直有着较大的分歧。具体地说，这种分歧主要集中在两个方面：一是在工业社会到来之前是否有青年存在；二是古代社会（甚至可以包括远古神话传说时代）的“年轻人”在现代人文社会科学以及青年研究中究竟具有何种意义和价值。

现代工业社会的到来，使人类社会发展的历史驶入一个迥异于以往任何时代的快车道。恩格斯当年曾谈道，“……要注意研究历史，学会正确对待人类命运中永不停息的变革，知道在人类的命运中除了不固定本身之外没有任何固定的东西，除了变化本身之外没有任何不变化的东西”“……注意观察历史的不可阻挡的进程，看到历史的车轮是怎样无情地驰过一个个帝国的废墟、常常毫不惋惜地毁灭整整一代人”“在这个时代里，蒸汽和风力、电力、印刷机、大炮和金矿的联合作用在一年当中引起的变化和革命要多过以往整整一个世纪”。技术进步引发的生产力的快速发展必然导致社会生产关系和人的一般社会关系发生巨大变化。这种变化无疑带有“异常革命的性质”，而且变化不仅仅表现在社会历史进程中发生的重大革命事件上，恩格斯同时特别提醒人们注意那些“起着革命作用”的“平凡而明显的历史事实”。①

现代青年的产生应属于这样的一个“平凡而明显的历史事实”，但它无疑具有某种革命的性质——伴随一个个旧帝国的坍塌和旧时代的毁灭，新时代的到来和新世代诞生将是历史的必然。早在青年时代，恩格斯就曾为此而欢呼：“我们的未来比任何时期都更多地取决于正在成长的一代”“让青年人走自己的路吧，他们会找到自己的道路的，谁要是迷了路，那只能怪他

① ［德］马克思．马克思恩格斯全集（第9卷）［M］．北京：人民出版社，1961：37.

自己。要知道新的哲学是青年人的试金石;他们要以顽强的劳动去掌握新的哲学,同时又不丧失青年人的热情。谁害怕思想之宫所在的密林,谁不敢持利剑冲进密林又不敢以热吻来唤醒沉睡的公主,谁就得不到公主和她的王国;他可以到他想去的地方,可以成为一个乡村牧师、商人、法官或者他希望要做的人,顺应天意娶妻生子,但是时代不会承认他是自己的儿子。”(青年人)“不要害怕开动脑筋,因为只有这样的热情才是真正的热情:它像苍鹰一样,不怕思辨的乌云和抽象顶峰的稀薄空气,朝着真理的太阳飞去。这就是对现代赋予最大的信任,相信现代的命运不取决于畏惧斗争的瞻前顾后,不取决于老年人习以为常的平庸迟钝,而是取决于青年人崇高奔放的激情。”①

现代工业社会的青年群体以前所未有的姿态登上历史舞台,确实是人类文明史上的一个重大事件。作为一种崭新社会力量的青年群体的性格,在恩格斯的时代就被称为“时代的性格”②。这种“时代的性格”在资本主义全球化的历史进程中被不断渲染和广泛传播,以至被认为是现代社会青年性格的一种普遍表现或共性特征。而它所产生的特定历史背景和时代条件,也被认为是具有普适性和规律性的某种不容置疑的必然性(就这一点来说,无疑存在一定的历史误解)。

青年,与其说是历史地发生的,不如说是一种历史的发现。但这种历史的发现首先需要的是历史的观念与方法,而不能是一种简单的形而上学抽象或机械地套用和照搬某些现成的观点。西方工业社会青年群体,与西方社会的历史文化传统有着渊源联系,而其成为现代社会文明进程中的一种独特现象,是必然和偶然双重因素作用的结果。大工业生产的要求、现代教育特别是国民教育的兴起、先进的信息传播手段、政治民主化进程、市民社会的到来、公共福利和社会服务制度的完善、大众文化和消费增长的刺激等,这些因素共同构成一种社会的、历史的力量集合,催生了这一群体的诞

① [德]马克思.马克思恩格斯全集(第41卷)[M].北京:人民出版社,1982:175.
② [德]恩格斯.伊默曼.回忆录[M].马克思恩格斯全集(第41卷).北京:人民出版社,1982:175.

生，同时也成为它来到世界的接生婆。这是就其必然性因素来说的。在偶然性方面，有诸如社会运动（如 18 世纪欧洲浪漫主义、狂飙突进、法国大革命、欧洲革命与社会主义运动等）、新思潮（如人文主义、宗教改革、启蒙运动、黑格尔哲学、民族主义等）、新科学（如政治学、社会学、教育学、心理学）等因素的共同促动作用。西方青年的历史发现，是一个复杂而曲折的历史过程，绝非一个简单而突兀的历史事件。

西方在历史中发现了青年，但这不能代替我们对青年的历史发现。在我国曾一度流行关于青年发生的"工业化"说，认为是现代大工业造就了现代人的"青年期"并由此产生了现代社会学意义上的青年。实际上，这是西方在现代化理论背景下关于青年的一种认识，它隐含的是西方关于社会与人的发展的一种片面理解。现代化的客观历史进程与现代化理论并非完全是一回事。现代化的客观历史进程起源于西方近代并流布于全世界，而现代化理论却是于 20 世纪 60 年代在西方兴起，并且它的理论目的并非就现代化或全球化的客观历史进程进行理论的总结和探索，而是与当时第三世界的兴起以及 20 世纪民族解放运动，对西方国际政治战略的冲击密切相关，西方世界要以发展和进步的名义制造一种具有普世价值的理论，来为西方的战略服务，是一种"西方中心论"的理论模式，是"冷战"的产物。这一理论模式今天即使在西方也已经遭到批判。西方关于青年发生的观点需要我们再认识。马克思说："历史不过是追求着自己目的的人的活动而已""谁用政治经济学的范畴构筑某种思想体系的大厦，谁就是把社会体系的各个环节割裂开来，就是把社会的各个环节变成同等数量的互相连接的单个社会。其实，单凭运动、顺序和时间的逻辑公式怎能向我们说明一切关系在其中同时存在而又相互依存的社会机体呢？"①对西方的一些关于青年的观点，我们的态度是要追寻它的"问题史"，要重新返回历史做出再认识。回到历史，是坚持这种态度并开始新的研究的不可缺少的前提。但不可否认的是，关于中

① ［德］马克思，恩格斯．马克思恩格斯选集（第 1 卷）［M］．北京：人民出版社，1995.

国青年的历史发现，无论在学术著述还是在日常学术实践上，我们都还处于起步阶段。

对青年的历史发现，无论在西方还是非西方，都可以追溯到更久远的历史。有研究者将人类的青年现象追溯到400万年前的原人进化阶段，并发现在那一时期即已存在人类的"青春化"——人类进化史上的一种重要的动力机制，是保障社会文化再生，促进智力和创造性发展的更为优越的条件。[①]考古学家发现在古希腊的帕特农神庙周围的浮雕是青年人的形象，他们认为这里的青年是神人分界的权力的象征。古希腊人还发现阿波罗青春、灿烂、健美，犹如晴天之朝霞；中国古代史籍中不乏青年的记载，神话、传说、传统诗歌中也多有青年形象的描述，"青春"在汉语词汇中古老而寓意丰富，是人的理想形态的隐喻和表征。在人类文明的历史上，青年的发现永远是一个不断地发现与再发现的过程。这与人类对自身认识的不断深化过程紧密联系，在一定意义上，是人类自我认识发展的一个环节，是人类自我意识的一种逐渐完善和历史确证，是人对自己历史的不断再发现和进行新的建构与书写的过程，或者可以说，这即是历史的创造。

尽管青年是历史地存在着的，但在很长的一段历史时期内，青年的历史存在要么被现实社会生活所漠视，要么被历史书写所遮蔽或扭曲，没有真正成为被叙述的历史。所以，青年需要历史的发现。历史的发现，一方面需要历史的契机，另一方面需要知识条件。西方的工业革命、中国近代历史上的民族危机，都是发现青年的重要历史契机，而且这一发现本身也具有"异常革命的性质"，它无疑为现代人理解在新的生产力和生产关系条件下人的社会关系、世代关系、家庭关系等方面的变化，以及在社会剧烈变革过程中各种社会力量、阶层和群体的崛起以及它们之间的复杂关系，提供了必要的警醒、借鉴和理性的思考。在中国近现代历史上，这一革命性的发现更具有特殊的意义，从维新派的"中国少年"到新文化运动中的"新青年"，他们作为一

① ［法］埃德加·莫兰. 迷失的范式：人性研究［M］. 陈一壮，译. 北京：北京大学出版社，1999：57－63.

支新生的革命力量，在一定程度上塑造了中国革命的历史风格和政治风貌。而现代人文社会科学（特别是文化学、人类学、社会学和历史学）以及相关的一些自然科学的发展与进步，则为这一发现提供了必要的认识工具和思想方法。西方人文社会科学在19世纪后期的发展，为之做出了重要贡献。同时，有关青年的知识创造与积累也为相关科学领域和学科的发展提供了有利的条件（如人类学对部落民族青春期的考察，有关青春期的心理学、心理分析学研究，社会学对于青年期反抗与叛逆的研究，以及文化学和政治学关于青年亚文化和青年社会运动的研究等）。在现代社会，青年的历史发现在某种意义上实际也是科学的发现，是人类关于自身认识的知识创造和学术积累。这既弥补了人类对自身历史认识的裂隙，同时也将人类认识自身历史的目光引向更遥远的过去和未来。在历史中发现青年，是人类自身认识不断发现和科学知识的不断积累的过程。

## 二、在青年中发现历史：对历史与社会的新解读

在历史中发现青年，就其本来意义而言也是对历史的发现或再发现。因为，对青年的历史发现，绝非一般意义上的某种特殊社会现象的发现，而是对这一现象所蕴含的历史意义和社会价值的发现或再发现，因此这一发现也是对历史与社会的一种新的解读，亦即在青年中发现历史。

在青年中发现历史，是青年研究所需承担的重要社会责任和理论使命。以往有关青年的专门研究或其他相关著述所取得的重要成果，几乎无不在这方面表现出一定的理论旨趣并收到良好的客观效果。

人类青春本性的发现，及其对人类进化和文明进步重要意义的揭示，可以看作是这方面研究的典范。通过对人类进化和文明发展历史的考察，研究者发现“青春化”是人类大脑进化和文化产生与发展过程中一个特别重要的环节。“青春化”的概念揭示了“青春的品质”在青年作为一个“阶级”（自我组织的社会群体）产生前的原人社会中就“在社会里活跃和发展着”，这既是人类的生物学本性，同时也是“一个人类学现象”。在青年不断成长为成

年，加入成年群体的过程中，青年人连同他们的革新、探索本能和创造、发明成果被成人社会“融合”与“回收”，他们的存在“构成了整个社会开放的边界，变化的因素通过这里发生”“他们在类人猿社会里处于边缘地位的品质现在却浇灌着原人社会”“青春肯定是青少年的特点，但它的特征不再严格孤立存在于‘青少年阶段之中’”；青春化在开始时促进了童年期的延长，而后来它起着“促使成年世界进入青春期”和“使青春期进入成年世界”。总之，“青春的品质”在人类社会诞生之初即已存在，它促进了人类大脑的进化，而“青春化”则是人类“文化的发展和不断增长的社会复杂性”的重要动力和源泉之一。“历史社会”是继原人社会、原始社会之后人类社会的第三次诞生，民族、阶级、国家机器、城市、宗教、技术、艺术、科学都出现了。人类建立了文明，改变了地球。但历史社会的最大特点是不稳定，文化变成多核心的、开放的、爆裂的，原人社会的无序、危机、狂热经常肆虐，原始社会被控制和束缚的疯狂力量得以释放，解体—重组成为进化的源泉和进步的条件。人类期待第四次诞生，这是“真正的人”的诞生。“真正的人”，不只有一幅“制造工具的人”的技术性面孔，也不只有一幅“智慧人”的理性面孔，他“存在于智人—狂徒的辩证法中”。这需要“一个关于组织的超级复杂性的理论”“以和谐的方式整合人类现象不和谐的方面”和“合理地设想非理性的东西”。这是一种新的人类学或人类—社会学研究，它将“整合人的灵长类的阶段、原人的阶段、智人的阶段、历史人的阶段”“能够从遗迹和征象出发，重构出标志原人进化过程各阶段的社会”“因为智人的最后的发展可能性是最能说明问题和最具有揭示性的”。这里最值得注意的观点是：“人的本性不应与人的历史对立，人的历史也不应与人的本性对立。历史是智人潜在性的半随机的实现和变化的芜杂的接续。”①如果不被认为是牵强和武断的话，我们可以就以上的研究和主要结论作如此概括：人类的青春品质和人类社会早期的青春化现象，是人类历史进步的带有根本性的动力机制和力量源

① ［法］埃德加·莫兰. 迷失的范式：人性研究[M]. 陈一壮，译. 北京：北京大学出版社，1999：68－72.

泉。青春是发展、和谐与进步的象征。青春—青春化，将永远使人类社会和历史不断获得新生。

代际关系研究中有关青年与社会冲突的解读，同样具有重要的理论价值。“历史不外是各个世代的依次交替。”[①]这主要就人类文化传承和历史延续的一般过程而言。但现代社会科学的研究却发现，世代交替正是新的社会结构和权力关系建构的关键环节之一。一般认为，在原始社会，这一交替过程是平滑而顺利的，多通过一些象征仪式来完成。然而，这其中却隐含着尖锐而激烈的权力争夺与冲突。在微观层面上，世代交替是在从青年过渡到成年这一过程中完成的，所以所谓的“代沟”又具体指青年与成年和老年的隔阂与冲突。在宏观层面，世代交替总是在各种复杂的社会结构和权力关系的背景下进行。从人类进化史和文明史来看，青年期的出现既与特定年龄段上人的生物学特征有关，青年期又总是被整合到一定的社会制度或结构之中，赋予青年期特定的社会含义。青年期的本质因此发生了根本性的变化，成为一种年龄等级制度，成年礼成为成人社会权力的象征，成为对青年期阶段的人的自然、自由和自我的一种剥夺和压迫，并且以制度化的形式赋予其合理性的解释和合法性的地位。古代和传统社会中的青年即是作为年龄等级制度中的一个被压迫被剥夺等级而存在的。建立在一定年龄制度基础上的以父权制为代表的社会权力关系由此而被建构成型，并成为人类后来全部历史中最稳固的社会结构形式之一。正如有的研究者所指出的：“在经典社会学著述中，在工业时期发展的社会学中，年龄是社会分层的一个重要因素”“年龄是权力关系维度中的一个重要的因素，任何社会之组织和建构都有赖于此。”[②]古希腊帕特农神庙周围的浮雕是青年人的形象，考古学家认为这里的青年是代表人的权力向神挑战的象征（阿波罗也是青年人的形象，具有同样的象征意义）。青年具有神性，而神力是人力所不能抗

① ［德］马克思，恩格斯．马克思恩格斯选集（第1卷）［M］．北京：人民出版社，1972：51.

② ［法］让-查尔斯·拉葛雷．青年与全球化——现代性及其挑战［M］．陈玉生，冯跃，译．北京：社会科学文献出版社，2007：366.

衡的，所以人敬畏神和青年，而敬畏神和青年的目的则是为了现世的人的权力和统治，是人界主宰神界的一种形式。所以青年期崇拜不是青年地位本身的提升，相反却是青年作为人的价值的丧失。现代社会，青年期在根本上仍未脱离年龄等级的属性或性质（现代社会学关于青年期社会化的理论，即是基于这种年龄等级意识和传统观念，所做出的一种类似“青年期崇拜”的规训方案）。正因为这种深层次的原因，青年的社会反叛和抗争才屡屡发生，成为一种社会常态却又为世人所不解。实际上，在代际造成隔绝和分裂的是一种等级压迫制度。米德所谓的“代沟”，没有对青年期的这种本质属性作出必要的说明，所以她的结论只能够解释有限的现象，而不能继续做出理论的或逻辑的推演。

对于代际关系的研究，使得社会冲突的一个重要根源被发现。基于代际关系的社会冲突具有一定的恒久性，因为这种冲突有着最为深刻而稳固的历史、文化和传统的根源，而且深深植根于人的年龄、性别等自然属性之中。人类社会要走向和谐，首先要解决的是代际和谐问题——因为，这是最根本、最本源的问题。这一问题现在已引起政治学、伦理学等学科的特别关注，并进一步在更广泛的意义上提出“代际正义”的概念，它所涉及的不仅仅是现实生活中的代际关系问题，而且是当代人如何处理与未来世代的关系。但是，这同样是一个空前的理论难题。如罗尔斯所说：“将正义延伸到包括我们对未来各代人的义务（包括正义储存的问题）”，是他的正义理论所遇到的四个难题之一；代际正义问题使“伦理学理论受到了即使不是不可忍受也是极严峻的考验”。[①] 有研究者指出，在青年历史研究中不必拘泥于青年和青年群体的自然年龄，而应把注意力放在代际与社会、世代与时代的关系上，可能更容易接近青年的本质。这一观点对于理解青年研究与历史研究的关系有着重要的启发意义。[②]

在青年中发现历史，对于青年研究来说，旨在使之向更广阔的历史和社

---

① ［美］约翰·罗尔斯. 正义论[M]. 何怀宏，等，译. 北京：中国社会科学出版社，2009：276－278.

② 这里参考吴端的一篇未正式发表的文章，谨在此向作者致谢。

会文化等领域延伸。而对于一般人文社会科学来说，则意味着对人本身以及对社会发展进步的动力机制（包括反作用力）的一些新的认识和理解。青年，既是人生的一个重要阶段，更是一种重要的社会力量，代表人类对未来的希望和理想。但是，当这仅仅成为一个社会或一个时代的一种美妙修辞和隐喻，而不能真正赋予它实在的历史内涵和现实解读的话，那么，这种种说辞将是没有任何意义的空谈。

## 三、青年研究的史学范式与理论图景

有关青年的历史研究，将是一个十分庞大而艰难的知识工程。史料收集是第一个不可逾越的障碍。有关青年的历史（特别是现代社会之前阶段）记载芜杂、琐碎，“嵌入”在浩如烟海的各种历史文书、档案、笔记、典籍以及神话、传说、诗歌、小说等之中，需要爬罗剔抉、钩沉辑佚的功夫和独特的“青年”视角方可获得些许收获。如果以重建青年史为目标，这番功夫仍是不可避免的。

在有关青年的历史研究中，青年史是其中的一部分重要内容。在传统史学背景下，青年史的书写是不可能的事情。在大众文化（还有特定时期意识形态背景）的濡染和侵蚀下，传统史学目前正在逐渐丧失它的高贵与严肃性质，受到来自社会科学（如历史哲学、后现代理论等）的挑战。“历史学的主体从人周围的环境转向环境中的人；历史研究的问题从经济和人口转向文化和感情；对历史学发生影响的学科从社会学、经济学和人口学转向人类学和心理学；历史研究的对象从群体转向个体；解释历史变化的方式从直线式的单因素因果关系转向互为联系的多重因果关系；方法上是从群体计量化转向个体抽样；史料的组织上是从分析转向描述；而历史学的性质和功能则从科学性转向了文学性。”①叙述史的复兴、语言学的转向、新文化史的兴起……当代历史学正从经典的、宏观的形式走向微观史、文化史和日常生活

① ［英］劳伦斯·斯通. 叙述史的复兴[J]. 史学理论，1989.

史，是不争的事实。这或许可为青年史的研究和著述提供一个良好的学术环境，同时由于大众阅读偏好的变化而获得更多的读者关注。

涉足这一领域，首先需要的是一种道德的、理论的勇气和责任感。如海德格尔所说，历史并非是对事实的追寻，我们拷问过去，为的是使过去具有意义的东西能够开花结果；历史学家有义务替那些被剥夺了说话机会的人们代言。亦如法国政治学家雅克·朗西埃所言：历史学家的使命就是替历史上的匿名者代言；他们的声音被权势者所剥夺，而代言的最好办法是将社会科学的洞见整合在既是科学和文学的，又是政治的历史叙事当中。或者如有的研究者所说：“生命应该如何度过，男人与女人应该是什么、应该做什么，此类信念是道德研究的对象；而问题一旦转到群体和种族——实际上是作为一个整体的人类，则称之为政治哲学，也就是应用于社会的伦理学。”① 青年史的建构与研究者对青年的自由、平等权利及伦理和政治关怀密切联系。

关于青年的历史研究，还需要一种历史的批判精神。在社会科学诸多研究范式中，批判理论的影响可谓广泛而持久，且对许多学科既有范式具有极大的渗透力和消解力。在批判理论复杂的话语系统中，“反思”是其最重要的关键词之一。批判理论认为，许多已有“知识”都是值得并且需要反思的。这对于已有知识形态乃至知识系统来说，构成了严峻的挑战和颠覆性威胁。反思首先是面对历史的反思，而且研究者的价值观影响和决定着这种反思的路径、策略和深度，以及最终的研究目的。批判理论强调，研究的目的就是为了唤醒人们在历史过程中被压抑的真实意识，逐步解除那些给人们带来痛苦和挣扎的偏见，提出新的问题和看问题的角度；检验或决定一项研究的价值或好坏的标准，即是看它是否能够消除参与者的无知和增加其能力。因此，批判的力量就是解放的力量，就是协助研究对象发现和表达他们生活背后的规律和可能的解放之路。② 批判理论作为一种研究范式，与

① [英] 以赛亚·伯林. 扭曲的人性之材[M]. 岳秀坤，译. 南京：译林出版社，2009：6.
② 佟新. 社会性别研究导论[M]. 北京：北京大学出版社，2005：247.

现代史学特别是后现代史学的观点是相通的。而面向历史，对既有历史知识的反思，对历史参与者的道德担当，则是其研究范式在认识论、方法论和价值论上的高度统一。对于青年的历史研究来说，这种批判精神具有特别重要的意义。破除历史形成的关于青年的旧的传统观念，反思现实社会生活中有关青年的种种制度和规范的合理性与合法性，唤醒青年和社会被压抑、曲解的青春热情，这一切都需要青年研究者一定的道德担当和理论勇气。

青年史属于人文历史科学范畴。皮亚杰把探求“规律”的学科称为“正题法则”科学，而把那些以重现和理解在时间的长河中展开的社会生活的全部画卷为己任的学科称为“人文历史科学”：它涉及其所作所为曾对社会生活发生过影响的个人，这一类人的著作，那些产生过某种长远影响的思想，技术与科学、文学与艺术、哲学与宗教，各种制度、经济及其他交流，以及整个文明。历史包罗一切与群体生活有关的东西，既涉及社会生活的可分离部分，也涉及那些相互依存的方面。但这里所说的历史，“不是简单地重建发生的大事，而是就各种不同的人文科学研究的每一领域的历时方面进行跨学科研究的历史”。①关于青年的历史研究，即应属于这种“人文历史科学”范畴，是一种涉及范围广泛的跨学科研究。它不排斥抽象，但更注重“具体的复原”，并在“复原”中不断形成新的“人类认识”。从某种意义上说，重建青年史并非是有关青年的历史研究的唯一使命，甚至不是它最重要的使命，它真正的目的是要重现和理解在时间的长河中展开的青年社会生活的全部画卷，要使青年研究获得一种历史感。这种历史感可以是一种历史意识、历史视角或历史方法，但更主要的还应该是对于青年的历史感受，以及在此基础上建立起来的对青年的天性、自然性、人性的人文及历史关怀。历史感，对青年研究来说，首先是一种历史情感。它是历史从传统的形而上学（还应包括近代以来社会科学中的精确计算和实验）思维中解放出来的产物。

---

① ［瑞士］让·皮亚杰. 人文科学认识论[M]. 郑文彬，译，北京：中央编译出版社，2002.

在青年研究中引进“史学范式”，在研究过程中强调对历史的关注，强调历史感、历史意识、历史自觉、历史方法，但这并非意味着要建立所谓的青年史学(甚至无关乎青年史本身的书写与编纂)，进而形成一种新的“学科规训”——将对象强制纳入历史学的学科规范、体系框架、概念范畴以及专家系统，进行精致的剪裁、加工、模塑，建立一种标准化、专业化、精细化的所谓的科学生产机制。如上所述，它是要展示在历史长河中青年全部社会生活的画卷，并使人们对它能够给予深刻理解和情感认同。史学范式是史学家研究历史的范型和模式，是历史观和方法论的统一，是史学观点、史学范畴和史学方法等的有机集合体。这也是青年史研究所遵循的一般原则。但史学范式对于青年研究还有着更特别的含义，它是研究者关于青年和历史的一种新的世界观和方法论。它将为人类更全面地认识和理解自身，自觉地意识到人自身的自然独特审美性质和崇高价值，保持人类宝贵的“青春的品质”并使之成为人类社会中最活跃的因素，建立和谐的世代关系，实现人和社会的协调发展与共同进步，从而建立起一幅美好的历史图景。

20 世纪 30 年代，一位美国史学家写道：“也许，再过五十年，人们将会看到历史学一个时代的终结，高尚的梦想将最终破灭，历史学失去了存在的理由，除非它变成娱乐的工具或社会控制的工具。”青年重返历史，能否唤起社会新的历史热情，给人类重现一幅崭新的历史图景？

有现代神学家说：以往是人寻找上帝，现在是上帝寻找人。还有人说，数字时代是没有尽头的青春期；赛柏空间是现代青年人的伊甸园。没有人的上帝是孤独的，没有亚当和夏娃的伊甸园是寂寞的。但现代青年人重返伊甸园，他们成了自己的上帝，重建了自己的乐园。人注定游走在人性与神性、自然性与社会性之间，并在其中创造新的神话、欲望和快乐。这或许就是历史所昭示给我们的一切。但在人们没有发现青年，没有发现青年的历史之前，人不能享受到这种介于神性和人性之间的快乐，他将永远背负着沉重的十字架期待来自上帝或自我的救赎。青年研究的历史使命，能否揭示这一真理？这取决于它自身在理论和实践方面的诸多努力，包括冒险。

青年的历史叙述与解读，对于我国的青年研究还是一个鲜有涉及的话题。无论对青年研究还是一般人文社会科学研究，它的意义都是重大的，但毫无疑问它的难度同样也是巨大的。在历史的时空隧道中，青年已化为无数的碎片，形成一团团迷雾，如何穿越迷雾，发现它那高贵的“青春的品质”，唤回人类的青春热情，构建崭新的、和谐的代际和世代关系，将是青年研究沉重的历史使命。

# 青年学的想象力

## ——读C.赖特·米尔斯的《社会学的想象力》

青年学如果作为一门学科，将不同于一般意义上的青年研究，是对青年存在的终极追问和探寻，可能与某些所谓的“本质”或“规律”有关，但更重要的是对青年的人性、天性或人类性问题的深刻洞察与理解。它首先诉诸青年，提升青年的“心智品质”和“社会学的想象力”，将青年的“个人困扰”转化为“公共论题”。从青年“人本身”亦即青年的天性和自然出发，以历史为主轴，关注“人的意象”“人性的一般观点”和人的“历史形象”。青年的生命现象和“人的自然”，需要历史的理解和解读。青年，处于生命运动与社会运动的交错点上，正是在这一交错运动的过程中，人类的生命形式呈现出无限丰富的多样性。因此，青年学特别需要一种关于青年、社会与历史的想象力。

历经半个世纪，米尔斯的《社会学的想象力》已然成为社会学乃至一般社会科学的经典之作。青年学在中国以自我命名的方式宣示诞生近三十年后，也终于见到成为一门学科的可能。在规范建制的学科意义上，青年学，如何真正成为可能？见仁见智，众说纷纭。需冷静思考的是，作为一门学科，无论在广义（作为相对独立知识体系的学术分类）还是狭义（专业学科分类及设置）上来理解，首先是一种基于科学精神和社会责任的理想追求。就这一点来说，米尔斯的《社会学的想象力》，或许给我们诸多有益的启示。

## 一、米尔斯的"社会学的想象力"

"社会学的想象力"，作为社会学的著名概念之一，启发了社会学以至社会科学研究的诸多想象。那么，这种"社会学的想象力"到底是什么？

顾名思义，"社会学的想象力"，必然是关于"社会学"的。但从通篇文字看，米尔斯并未完全或单纯属意于社会学学科范围的论证和阐述，即使在更一般意义上论及"社会科学"，也并未纠缠于学理、概念、范畴、观点和方法等，而是极力主张和倡导一种具有更广泛和普遍意义的"想象力"，进而阐释这种想象力的意义和价值，及其在日常生活、社会活动、社会学或社会科学中的地位和作用，以及激发这种想象力的种种途径和方法。

因此，米尔斯所谓的"社会学的想象力"，首先不是社会学、社会学家或社会科学家关于学科本身的种种想象力。尽管作者的论述首先诉诸社会学或社会科学，但他的写作目的则有更高的立意，即为提升"普通人"的"心智品质"，确立社会科学"对于我们时代的文化使命所具有的文化含义"而付诸努力。正是基于这两方面的意义，米尔斯认为：社会学需要想象力！

在米尔斯那里，"社会学的想象力"不是某种神秘而玄虚的东西，而是"普通人"理解个人经历及其与社会结构互动关系的一种重要"心智品质"。"这种品质可以帮助他们利用信息增进理性，从而使他们能看清世事，以及或许就发生在他们之间的事件的清晰全貌。我想要描述的正是这种品质，它可能会被记者和学者、艺术家和公众、科学家和编辑们所逐渐期待，可以称之为社会学的想象力。"①

人们为什么需要这种想象力？因为没有这种想象力或"心智品质"，人

① ［美］C. 赖特·米尔斯. 社会学的想象力［M］. 陈强，张永强，译. 北京：三联书店，2005：3.

们就不可能理解个人生活历程与历史、社会结构之间的互动关系。“社会学的想象力对不同类型个人的内在生命和外在的职业生涯都是有意义的，具有社会学想象力的人能够看清更广阔的历史舞台，能看到在杂乱无章的日常经历中，个人常常是怎样错误地认识自己的社会地位的。在这样的杂乱无章中，我们可以发现现代社会的架构，在这个架构中，我们可以阐明男女众生的种种心理状态。”①米尔斯在这里所说的“社会学的想象力”，是“普通人”的一种具有社会学特征的想象力。它既是一种认知能力，也是一种心理素质；既是一种理性思维，也是一种感性直觉。这种素质和能力构成人“领会人与社会之间，个人生活与历史之间，自我与世界之间相互作用不可或缺的心智方面的品质”。同时，它也是一种文化，一种社会意识，一种科学方法，但在根本意义上，它是一种想象力，一种关于社会的“社会学的想象力”，而这种想象力的激发，无论对个人还是对社会学家，都具有特别重要的意义——对个人而言，它有助于人们逃脱那种“跌入陷阱的感觉”而对生活充满信心；对社会学家而言，将使其致力于提升“我们时代人们的生活质量”。而社会学或社会科学的责任和使命，则在于如何提升、激发人们的这种想象力。

显而易见，米尔斯着力强调的是社会学对人及人的生存状态，人的现实和历史状况，以及人们如何用“合适的方式”表述、感受和克服时代精神的“焦虑与淡漠”等问题的关注。这些既是“公众的主要论题”，也是“个人的关键性困扰”。米尔斯寄望于社会学的想象力，并提出了一个社会研究的方法论问题，即如何将个人困扰与公共议题结合起来，实现在宏观与微观之间的穿梭，这构成了社会学研究独特的“心智品质和洞察能力”。在这一基础上，米尔斯将两个基本问题，即对社会变迁可能性的探寻，与对现代社会中人的意义的关切，密切联系起来。

米尔斯批评美国社会学缺乏这种想象力，指出它的一些“不祥的趋势”：

① ［美］C. 赖特·米尔斯. 社会学的想象力[M]. 陈强，张永强，译. 北京：三联书店，2005：3.

某些所谓关于“规律性”的发现和阐释，实则成为“使人类历史的材料被强迫套入超越历史的紧身衣”；某些关于“本质”的概括和论说，实质成为一种“精致却毫无生气的形式主义”；某些所谓的经验和实证研究者堕入“社会科学中一个打零工的人”并“包容了对学术剩余物形形色色的研究”。这些看似繁荣的社会学研究丢掉了社会学“真正宝贵的遗产”和传统。① 米尔斯还着重批判了社会科学研究的几种偏向：“宏大理论”构造的“概念王国”，实则成为“毫无意义的空中楼阁”；抽象经验主义被方法论“迷住了自己的心窍”，和宏大理论一样逃避了社会科学的使命；由于功利性的依附或实用性的目的，“形形色色的实用性”丧失了社会科学研究的独立性；科层制使社会科学研究成为“流水作业线”并将这种程式法则化，“学术行政官和研究发起人”成为“奇怪的新型官僚”和“思想的经理”②；对科学哲学的批判，米尔斯提出：“我们应将它作为解放我们想象力的一种手段，一种启发程序的源泉，而不是对我们问题的限制。”方法和理论，“二者的主要目的是澄清观念、简化程序，而目前最重要的是：解放而非限制社会学的想象力”。③

米尔斯对社会学或社会科学的“不祥的趋势”和种种偏向的批判，归结到一点，即任何对“社会学的想象力”的压抑、遏制和损害，都将使社会科学偏离自己的责任、使命和中心任务。在米尔斯看来，对于社会科学研究，“人们只有将富有想象力的思想潜入社会现实中，才能真正有所收获”。④

关于社会科学的前景，是米尔斯重点关注和论述的问题所在。米尔斯认为，为纠正社会科学的混乱状态，需要一种富于建设性的、甚至是纲领性的关于社会科学前景的思想。为此，米尔斯分别从三个方面，即人类的多样性、对历史的运用、理性和自由，阐释了他关于社会科学发展的思想。米尔斯强调，社会科学必须关注人类的多样性，利用历史，注重对理性与自由的分析，同时，社会科学家应当以自由和理性为价值，履行自己的教育和政治职责。

---

①②③④ ［美］C. 赖特·米尔斯. 社会学的想象力[M]. 陈强，张永强，译. 北京：三联书店，2005.

## 二、青年学：何以成为可能——心智与想象

青年学，何以成为可能？心智与想象，或许是首要或关键因素。因循米尔斯的《社会学的想象力》——在1997年世界社会学大会上被认为仅次于马克斯·韦伯的《经济与社会》，位列20世纪最有影响力的社会学著作的第二位，我们是否可以尝试对青年学做一种学科想象？

《社会学的想象力》开篇即指出，现代社会的私人生活“充满了一系列的陷阱”，而这种“跌入陷阱的感觉”来源于社会生活结构中出现的种种“似乎非个人性的变化”，这些变化给人带来在日常世界中“战胜不了自己的困扰”——生活世界与社会历史被割裂开来，人既不能把握自己，也不能理解他人，更不能摆脱具体环境的限制。而且，更可怕的是，“他们对超越其切身所处环境的进取心与威胁越了解——不管这种认识多模糊——就觉得似乎陷得更深”。① 这就是米尔斯所谓的“个人困扰”。

在米尔斯看来，这种“跌入陷阱的感觉”没什么值得奇怪的，因为人们已为“一种滑入陷阱的感觉所笼罩”。米尔斯认为，要逃出“陷阱”，摆脱“困扰”，个人需要的不只是信息，尽管在现今信息非常重要；也不仅仅是理性思考的能力，尽管为获得这种能力已付出极大的道德努力。“他们需要的以及他们感到需要的，是一种心智的品质”，一种“社会学的想象力”。对社会科学家来说，他们的“政治职责”是将这种“个人困扰”转化为“公共论题”，并将公共论题转换为对不同类型个体的人文意义，“培养并支持那些公众和个体，以使他们发展出有关个人与社会现实的充分定义，并以此去生活、行动。”②社会科学是作为一种“公共智力的工具”而“关注公共论题、私人困扰以及潜存于二者之下的时代的结构性趋势”。③这是社会科学家的“心智品质”和洞察力，也是一种想象力。

青年学能否给我们这个时代的青年人以一种“心智的品质”或“社会学

①②③ [美] C. 赖特·米尔斯. 社会学的想象力[M]. 陈强，张永强，译. 北京：三联书店，2005.

的想象力”？无论是对青年，对社会，抑或对时代而言，这都将是十分重要的。它将使青年在日常生活中感受和领悟历史、社会和自身的意义和价值，个人与社会、历史不再是割裂开来而是紧密联系的，个人的焦虑和困扰不再为公众所漠视，而成为“公共论题”的重要内容之一。按米尔斯的说法，心智品质或社会学想象力的第一个成果，体现为社会科学的“一个思想”，即在时代和“历史序列”中，在“社会的发展和历史的演进”中，理解和把握自身的命运。第二个成果是“可以让我们理解历史与个人的生活历程，以及在社会中二者间的联系”，并在这一基础上理解“他的使命与前景”。① 对社会科学研究者来说，这属于方法论范畴；对作为“普通人”的青年来说，则是一种人生观和世界观。青年学研究的方法论，青年人的人生观和世界观，在这里寻找到了一个可能的接合点。对青年学来说，这无疑是一种可贵的学科“想象”！

吉登斯将“社会学的想象力”的实质，看作是社会学分析过程中不可或缺的一种“感受力”。“要理解由当今工业社会——指最初形成于西方的当今社会——所产生的社会世界，就必须借助于三种社会学想象力，它们是历史的感受力、人类学的感受力和批判的感受力。”②吉登斯将问题提得更直接，将想象力等同于一种“感受力”，而且这种“感受力”直接来自对历史的“重构”和“重新显现”，来自“人类学的洞识”和“对现存社会形式的批判”。吉登斯将“社会学的想象力”—— 历史的感受力、人类学的感受力和批判的感受力，置于其系统而严谨的现代社会理论体系的核心价值与方法论之中。套用吉登斯的话：“社会学的实践需要唤起 C. 赖特 · 米尔斯所谓的‘社会学的想象力’”，我们或许可以说：青年学的实践，更需要唤起这种想象力！

从另外的角度说，青年是感性的——他们浪漫无羁、朝气蓬勃；青年的想象力是最丰富的，对人生、社会充满希望和梦想，因而青年学也应该是感性而富有想象力的。这种感性与想象力，需要一种特殊的感受力去把握、去体验、去描述。米尔斯也谈到，“社会学的想象力正成为文化生活的主要共

① ［美］C. 赖特 · 米尔斯. 社会学的想象力［M］. 陈强，张永强，译. 北京：三联书店，2005：4.
② ［英］安东尼 · 吉登斯. 批判的社会学导论［M］. 郭忠华，译. 上海：上海译文出版社，2013：10.

同尺度和特征”，但作为一种心智品质，许多研究者对于获得这一品质仍然显得有些迟钝，还有许多人对此根本还不了解，因为他们似乎还不知道这种心智品质和想象力对于做出一流的研究非常关键，而且更不知道由于不能培养和运用这种想象力而无法满足社会的文化期待。心智品质与想象力“已成为学术探讨和文化理解的核心特征”，这不是一个什么“时髦的玩意”，“它是一种心智的品质，它似乎能戏剧性地让我们理解我们周围的现实与更宏观的社会现实的联系。它不只是当代文化理解范围内的心智品质之一，对它更广泛更巧妙的应用提供了一个前景：即所有这些理解力，事实上，即人类理性本身将在人类事务中发挥更大作用”。① 青年所蕴含和呈现出的旺盛生命力、丰富想象力和巨大的创造力，这些极富感性形式的历史和现实存在本身，亦将决定着青年学叙事的风格化特征。这一点，几乎所有关于青年学的论说与想象都未给予应有的注意。

## 三、本质、规律，抑或天性与自然

翻检一下过去近三十年国内青年研究的出版物，所有以“青年学”命名的著述(包括有关青年研究学科建设的一些专门论述)，几乎无不以揭示所谓的“本质”“规律”为己任。对青年本质的追问，对青年发生发展规律的探寻，这种宏大的理论担当，固然体现了研究者执着的理论追求和浪漫想象，但事实上，在高扬的“本质”“规律”旗帜之下，鲜有对“本质”“规律”的深刻揭示和科学阐释。当然，这种追问和探寻并非完全没有意义。它表现了研究者的一种理论热情和终极关怀，正如人类最初仰望星空所引发的种种遐思与畅想，成为人类认识自然、自我、社会和世界的一个起点一样。神奇的遐思与想象，执着的追问与探寻，是科学发现之母。因此，对青年的本质及其发生发展规律的理论探索，仍是有一定价值的。②

① [美] C. 赖特·米尔斯. 社会学的想象力[M]. 陈强，张永强，译. 北京：三联书店，2005：13-14.

② 关于“青年本质”问题的研究，可参阅姜丽霞，李长松. 青年本质研究综述[J]. 北京青年政治学院学报，2009；黄冬霞. 青年本质研究综述[J]. 北京青年研究，2015.

不过，我们怀疑这样的说法：青年的本质是青年学的逻辑起点；更不认为青年学的责任和使命就是揭示某种规律。这是否意味着我们主张放弃对“本质”“规律”的追问与探寻？实际上也未必。这里只是提请研究者慎言“本质”“规律”，因为并非所有的科学研究都以揭示“本质”“规律”为旨归，并非所有的研究者都有能力去揭示这种“本质”和“规律”。理论的谵妄（这里借用精神病症临床用语，指研究者耽于幻想、情绪激动、注意力不集中、思维不连贯等）和思想的乖张常常是同一问题的两个方面。对青年学来说，青年不是验证“本质”“规律”的标本，“本质”“规律”也不是“青年”的萃取物。青年学的研究对象，就是青年“人本身”，青年学所有的任务、目标、宗旨等都将以这个“人本身”为出发点和归结点。方法论问题，归根结底是思想方法问题而不是研究方法或范式问题，尽管后者对任何科学研究来说都是至关重要的，但任何方法或范式的选择和应用，都受制于一定的思想方法。

回到青年“人本身”，或许是青年学学科建设的当务之急。马克思在《黑格尔法哲学批判》中提出了“人的根本就是人本身”的命题，强调不应该在“人本身”之外，而应该在“人本身”之中去寻找人。这个“人本身”不是人的抽象，甚至也不是某种先验或假设的“本质”或“规律”的载体，而是活生生的人的存在和人的实践，是历史的也是“现实的人”。马克思在批判以往关于人的充满幻想、虚构、教条的理论的基础上指出，要想真正理解人，就必须从现实的、有生命的个人这一“人本身”出发，同时强调，作为“现实的人”也是一种历史性的存在，要把对人的理解放到历史之中来考察。由此可见，对马克思来说，重要的不是对人的本质做出什么样的理解，而是如何去理解人的本质。

与“原则”一样，本质，不是研究的出发点；关于青年“本质”的任何玄想，都不可能作为青年学的逻辑起点。“理论只要彻底，就能说服人。所谓彻底，就是抓住事物的根本。但人的根本就是人本身。”①

“只有以青年为本，对青年状况和问题的描述与解释、说明才是客观的，

---

① ［德］马克思，恩格斯．马克思恩格斯选集（第1卷）［M］．北京：人民出版社，1972：9．

青年研究基本的目的和功能才能够实现。从青年出发、以青年为本位，意味着青年的在场或出场。"[①]"青年研究无论采取何种路径，都需要对其保持批判性的自省。青年研究的真正问题，既不是学科也不是路径，而是在研究中如何再现青年现实。"[②]青年学的"真问题"即是"青年"，即是如何认识、理解、解释以至解构青年。[③] 以青年为本，青年研究回归青年"人本身"。在这一点上，人们在认识上并无多大分歧，而且多年的研究实践似乎也是沿着这一条路走下来的。但结果是人们仍在抱怨：看到学科的地方看不到青年；看到青年的地方看不到学科。至于其中的原因，或是归诸青年研究似乎没有找到自身关于青年的本质性规定，或是由于研究者未能从学科的视野专业地、科学地对问题做出分析和判断，或者是某些"元问题"，如研究对象、研究方法、方法论、理论体系、学科架构与体系，以及根据学科对象而建构出独特的理论及其方法等问题没能得到很好解决。[④] 问题林林总总，答案各有千秋，但仔细品味仍然觉得没有说到点子上。青年，就其"人本身"来说，到底是什么？如果将青年"人本身"作为"元问题"，那么，它到底意味着什么？这可能是问题的根本所在。

青年"人本身"，即是青年的自然和天性；青年"人本身"作为"元问题"，即是青年的自然和天性所蕴含的旺盛生命力、丰富的想象力和巨大的创造力。这种自然和天性，这种生命力、想象力和创造力，隐含在青年生命、历史及其多样性的社会呈现之中，这一切，或许真正体现着"人的本质的全部丰富性"。[⑤] 自然(physis)，在早期希腊思想中即指从自身绽放或涌现，从某种原始的掩蔽状态绽放出来。青年或青春的生命形态及其隐喻，与此有诸多暗合之处。青年学或青年研究，需要借助米尔斯所说的"心智品质和洞察能

---

① 陆玉林. 青年研究：学科逻辑与问题意识——论对改革开放以来青年研究的反思[J]. 当代青年研究，2007(5).

② 陆玉林. 论青年研究的学科与路径问题——以英美的青年文化研究为例[J]. 当代青年研究，2009(6).

③ 黄海. 从青年研究到青年学——一种真问题与真学问相结合的文化人类学反思[J]. 湘潭大学学报(哲学社会科学版)，2005(6).

④ 沈杰. "青年研究"何去何从[J]. 中国青年研究，2002(1).

⑤ "人的本质的全部丰富性"，是借用马克思《1844 年经济学哲学手稿》中的一句话。[德] 马克思. 马克思 1844 年经济学哲学手稿[M]. 北京：人民出版社，1985. 见刘丕坤译本，北京：人民出版社，1979：79.

力”，去发现它和感受它。不是本质和规律，而是天性和自然，构成青年学研究的逻辑起点。“社会科学家关注历史的顶点是他逐渐把握了他所生活的时代思想；社会科学家关注个人生活的顶点是他开始理解了人的基本天性，以及历史发展过程对人之改造所设的限制。”“人性的本质”亦即“人的基本天性”。① 按马克思的说法，“人是属人的自然界”“历史是人的真正的自然史”“全部所谓世界史不过是自然向人的生成”。② 在历史学家看来，人类的认识，终将由理解自然而迈向理解历史。在理解历史的过程中，人也在加深对自然的理解，“一个人除非理解历史，否则他就不能理解自然科学；除非他知道历史是什么，否则就不能回答自然是什么这个问题。我们从自然的观念走向历史的观念”。③ 人的天性自然，是康德启蒙理性自然观的一个重要维度，它凸显人类对自身自然性的合理肯定，表达了人类主体性的展开。青年学应建立基于青年“人的自然”的一种关于青年的自然观，这一自然观主要围绕年龄、性别和世代三个维度展开——基于“人的自然”的年龄而形成最初的青年人的年龄群体（有研究认为这是父权以至一般社会等级制度的起源），年龄制度和年龄意识的历史变化反映的是一种独特的人的“自然史”；基于“人的自然”的性别差异，男女青年进入青年期后被建构为一定的社会角色，而这种社会角色的建构方式反映着文明社会的历史进程；世代，是青年进入历史的根本途径，他们在代际更迭过程中将新的元素带入历史，以进化、累进或青春化的方式或缓慢或急进地塑造和改变着历史。④ 青年学的想象力，理应包含对青年“人的自然”和天性的心智与想象。

## 四、历史的主轴与青年的再发现

米尔斯认为，社会科学要想取得成就，最重要的一点就是必须关注“人

① ［美］C. 赖特·米尔斯. 社会学的想象力[M]. 陈强，张永强，译. 北京：三联书店，2005：179.

② ［德］马克思. 1844 年经济学哲学手稿[M]. 刘丕坤，译. 北京：人民出版社，1979：84 、119、122.

③ ［英］罗宾·柯林伍德. 自然的观念[M]. 吴国盛，柯映红，译. 北京：华夏出版社，1999：195.

④ 笔者在《文化与思维》（海天出版社，2000）中分别就年龄、性别和代际关系三个主题，从文化传承的角度对这一问题进行了专门探讨。

类的多样性""这种多样性构成了人类过去、现在和未来分别生活于其中的全部社会世界"。人类的多样性,包含着个体的多样性。人类的多样性和个体的多样性,都需要被社会学的想象力所把握和理解。① 在这种人类及其个体的多样性中,自然也将包含青年人。青年无疑是人类多样性历史和现实最生动、最直观的表现。

对人类多样性的广度和深度的理解,需要一系列建立于问题之上的观点,这些观点"必须足够简要,使得理解成为可能;又必须足够的综合,使我们在观点中能包含多样性的广度和深度。为获得此类观点而努力,是社会科学首要和恒久的目的"。为了研究这些问题,为了认识人类的多样性,就要求我们根据不同的主题,而且首先是根据问题使研究专业化,并在此过程中,利用"将人看作历史行动者的所有研究"(着重号为引者所加)所具有的视角、思想、材料和方法。②简言之,米尔斯在这里所反复强调和说明的,即是关于人类多样性研究全面的、综合的、历史的观点与方法。这种观点与方法,既要求研究过程具有一定的广度和深度,也要体现全面性和历史性;既要反映人类的多样性,也要密切联系现实生活小环境中个人的意义;既要根据不同主题、问题选择专业化的研究方法,又要坚持"将人看作历史行动者"的思想和原则。

上述关于人类多样性研究的思想、观点和方法,对青年学研究来说无疑是重要的。人类的多样性,既是观察、理解青年的一个视角,也带有方法论的性质。特别是对历史的关注,将为青年学研究开启一扇新的窗口,因为,对于目前乃至回溯更长一段时间的中国青年研究来说,历史,始终未能真正进入研究者的视野。③

历史,是"社会研究的主轴"。个人生活历程、历史和社会,"是方向正确

①② [美]C.赖特·米尔斯.社会学的想象力[M].陈强,张永强,译.北京:生活·读书·新知三联书店,2005:142-143;144.

③ 关于青年研究的历史视角与方法问题,可参阅笔者另外两篇文章:《青年研究的史学范式与理论图景》,载《当代青年研究》2009年第6期;《青年与历史——关于青年的历史叙述与解读》,载《中国青年政治学院学报》2009年第5期。另外,还可参考笔者《复杂性视域中的青年与青年问题——埃德加·莫兰的思想、方法及其启示》,载《当代青年研究》2012年第5期.

的人的研究的坐标点”。米尔斯就此进一步谈道:“我们时代的诸种问题,现在包括人的本质这一问题,如果不能一直把历史视为社会研究的主轴,不能认识到需要深入发展以社会学为基础、与历史相联系的关于人的心理学,就不可能得到充分的描述。如果不运用历史,不具备心理事件的历史感,社会科学家就不可能对现在应成为研究定位点的那些问题进行完整的表述。”①米尔斯指出:“每一门社会科学,或更确切地说,每一门考虑周全的社会科学,都需要具备观念的历史视野以及充分利用历史资料。”米尔斯将这种“简单的思想”作为自己提出的“基本思想”。这里还值得特别注意的是“观念的历史视野”这一概念。米尔斯更特别指出:“社会科学本身就是历史科学。所有名副其实的社会学都应该是‘历史社会学’。”②

历史,对青年学研究到底意味着什么?现代社会学及其他相关学科关于青年的研究,几乎无不视青年为近现代社会西方资本主义工业化、城市化或现代化进程的产物。这种关于青年的历史观的根本错误在于,它将青年仅仅看作一种现代社会亟待应对的问题,或认为青年社会群体属于一种相对独立的社会实体而割断其与人类文明漫长历史的联系,或者将青年世代作为一种不可替代的社会力量而简化了它的历史内涵,总之,这种观点将青年简单地看作一种现实的存在、一种实体的存在,是关乎未来而与过去无关的存在。这是关于青年的一种极端狭隘的历史观。人类多样性的观点表明,人不仅是现实的存在,更是历史的存在;人的存在不仅有现实的广度,也有历史的深度;人,不仅是实体性的存在,也是一种观念性(或精神)的存在。青年研究需要这种“观念的历史视野”,需要将这种“简单的思想”作为自己的“基本思想”。吉登斯也特别强调:“作为人类,我们不仅仅生活在历史之中,我们对历史的理解本身构成了历史及其未来面貌的内在组成部分。”③米尔斯、吉登斯都谈到“社会学的想象力”中的“历史感”。借用吉登斯“人类学的洞识”和“人类学维度的社会学想象力”,我们不仅可以发现在“刚刚消逝

①② [美]C.赖特·米尔斯.社会学的想象力[M].陈强,张永强,译.北京:三联书店,2005:154、157.
③ [英]安东尼·吉登斯.批判的社会学导论[M].郭忠华,译.上海:上海译文出版社,2013:9.

的世界"中现代青年的崛起，而且可以将青年的历史追溯到更为久远的过去，以至人类进化的源头，进而发现，青年的诞生是人类进化史上的一个重大事件。这将形成一种完全新型的关于青年的历史观。用吉登斯的话说：将历史的感受力和人类学的感受力结合在一起，"社会学的想象力将使我们摆脱那种仅仅从眼前的社会类型出发进行思考的限制"；历史的感受力和人类学的感受力与第三种社会学想象力直接联系——"这种想象力关注的是未来的各种可能性"。① 历史、现实与未来的统一，正是关于青年历史观的一个明确表述和根本特征。

青年研究以及任何有关青年论述的根本价值，仅仅在于它对青年的发现。这种发现，可以是诸如"本质""规律"之类的，也可以是某种事实或观念。发现，是科学的使命，也是科学对自身的证明。卢梭在对启蒙理性的质疑中，发现了人的"第二次诞生"，发现了青年期的存在。在卢梭看来，正是作为"自然人"的儿童，开启了"人性"的历史，揭示了人性变化的根源，提出了关于青年身心发展的自然法则。G·斯坦利·霍尔在他被称为现代青年研究奠基之作的《青年期》中，发现了青年作为美国的希望和未来的重要价值。在霍尔看来，"正处于青春期"的美国，蕴藏着无限的青春与活力，这正是这个国家及其工业发展的主要特征。他看到了美国年轻的国家形象，坚信美国"可以用无与伦比的自由和机会吸引全世界的年轻人"。霍尔告诫研究者："为了充分了解生活，年轻人需要闲适、安逸、艺术、神话、浪漫和理想，总而言之就是人本主义。"②埃德加·莫兰在人类文明进化的源头中，发现了"青年猴"，是"青年猴"最早从森林走向草原，"青年猴"在嬉戏玩耍中发明了火、创造了语言，"青春性"和"青春化"是人类文明最重要的文化基因……但近现代历史上对青年做出最伟大发现的当属黑格尔，他在"绝对精神"漫长而艰辛的旅程中，在古老神话中的那些年轻女神、阿波罗

① [英]安东尼·吉登斯.批判的社会学导论[M].郭忠华，译.上海：上海译文出版社，2013：16.

② [英]乔恩·萨维奇.青春无羁：狂飙时代的社会运动(1875—1945)[M].章艳，等，译.长春：吉林出版集团有限责任公司，2010：65－68.

等“青年神”中发现了青年。黑格尔认为：“解释历史，就是要描绘在世界舞台上出现的人类的热情、天才和活力。”[①]黑格尔赋予自己的思想和哲学以深厚的历史感和强烈的时代感，他将这种历史与时代的精神称为“青春化”：“我们的使命和任务就是在这青春化和强有力的实体性基础上培养起哲学的发展。”在黑格尔看来，青春化是一种“真诚的感情和新的实体性精神”，一种“青年的精神”。他热诚呼喊：“对于这种真诚的精神的黎明，我致敬，我欢呼。”[②]

黑格尔的青春热情激发了马克思和恩格斯。恩格斯曾说，黑格尔的“新的哲学是青年的试金石”；从黑格尔学校毕业的青年人，“像苍鹰一样，不怕思辨的乌云和抽象顶峰的稀薄空气，朝着真理的太阳飞去”，他们相信，“时代的性格主要是青年人的性格”“相信现代的命运取决于青年人崇高奔放的激情”。[③] 恩格斯坚信：“观念，人类的自我意识也就是那只奇异的凤凰，它用世界上最宝贵的东西筑起自焚的柴堆，从化旧事物为灰烬的火焰中恢复了青春，重新冉冉升起。”[④]

狄尔泰认为，只有历史研究才能揭示人究竟是什么，只有在人的本质历经几千年的发展中，只有通过从人的总体性存在的深处涌现出来的经验而不是通过某些普遍有效的概念才能发现和阐明人究竟是什么的问题。“只要生命存在于过去并且已经进入了理解过程，那么，这里就存在历史。而且，只要历史存在，它的所有各种变体就都包含着某种意义。”[⑤]青年无疑应当属于狄尔泰所谓的各种历史变体之一。精神分析学家走到历史最深邃之处，他们的这种感受可能更为深刻：“当史学家造访过自己的地界，看到‘缺席者’留在社会滩岸上的痕迹，他像鲁滨逊那样被‘震撼’了，如此归来的史学家是被改变了的，但他不会悄无声息，陈述在当代人之间展开。他讲述的出发点是某种‘缺失’的东西，讲述产生的梦境和口误里保留着一个他者的

---

① ［德］黑格尔. 历史哲学[M]. 王造时，译. 上海：上海书店出版社，1999：13.
② ［德］黑格尔. 小逻辑[M]. 贺麟，译. 北京：商务印书馆，1980.
③④ ［德］马克思，恩格斯. 马克思恩格斯全集(第41卷)[M]. 北京：人民出版社，1982.
⑤ ［德］威廉·狄尔泰. 历史中的意义[M]. 艾彦，译. 南京：译林出版社，2011：121.

痕迹，一个有转化力的他性的痕迹。”[①]这个史学家发现的“缺席者”“他者”或“有转化力的他性”“留在沙滩上的痕迹”，有可能就是一代又一代青年的历史足迹。

历史，需要想象力。历史的想象，可能是最彻底的想象。西方的人类学和艺术史家发现埃尔塔米拉洞穴中几万年前留下的壁画中，有年轻人的形象和成年仪式的画面，这种近乎康德所谓的历史“臆想”，实际上也为人们提供了在历史穿越过程中获得的关于青年的历史想象。柯林伍德说：“历史就是心智自身的生命，若非存活于历史过程中且又有此自觉，就算不上心智。”[②]我们也可以说，历史的想象，与“心智”的品质和“社会学的想象力”本来就是相通的。没有对青年的历史想象，就谈不到任何意义上的青年研究或青年学，因为“我们身边的每一处能够被言说、被体悟的事情，如果不能够获得历史解释，就无法进入理性的思索之中。从历史中获取意义，获取人生在某个时刻具有的确定性和行动的立足点，这是试图了解历史的人所追求的”。[③] 对青年研究，这一点可能别具一番意味，青年的生命现象和“人的自然”，更需要历史的理解和解读，以洞察其中隐含的人类学、社会学、心理学等奥秘。本雅明的这句话值得记取：“只有当我们把生命赋予一切拥有自己的历史而非仅仅构成历史场景的事物，我们才算是对生命的概念有了一个交代。在我们最终的分析中，生命的范围不是由自然来决定，更不是由感官刺激或灵魂这类贫乏空洞的因素来决定，而是必须由历史来决定。哲学家的任务在于通过更为丰富多彩的历史生活去理解自然与生命。”[④]缺少历史的“主轴”，青年学绝无可能！

① [法] 米歇尔·德·赛尔托.历史与心理分析：科学与虚构之间[M].邵炜，译.北京：中国人民大学出版社，2010：127.

② [英] 迈克尔·斯坦福.历史研究导论[M].刘世安，译.北京：世界图书出版公司北京公司，2012：40.

③ [德] 哈拉尔德·韦尔策.社会记忆：历史、回忆、传承[M].张文杰，陈新(序二)，译.北京：北京大学出版社，2007.

④ [美] 汉娜·阿伦特.启迪：本雅明文选[M].张旭东，王斑，译.北京：三联书店，2014：83.

## 五、在生命运动与社会运动的交错点上

回到“心智的品质”，回到“社会学的想象力”，从历史的“主轴”看，可以断定，青年，处于生命运动与社会运动的交错点上。生命运动与社会运动的交错运行，是人类在漫长的生物进化和文明演进过程中所具有的一般特征。但对于青年来说，其特殊的生物学特性和生命表征，以及由此而决定的特殊的社会地位、价值和角色，决定了他们必然处于这一运动过程的交错点上。交错点，也是各种力量(包括自然的、社会的、历史的、文化的等)集中作用的焦点。正是由于处在这一交错点上，青年自身的诸种矛盾以及与社会的冲突，才表现得特别突出和激烈。或许也正因如此，青年的诸多社会表现才常常具有某种叛逆性、颠覆性或革命性。事实上我们经常可以看到，人类历史上的每次重大革命，都伴随着青年人生命力量的狂欢，从中国的陈胜吴广起义，到法国大革命，再到20世纪60年代的计算机革命。青年，在某种意义上或许就是自然史与人类史之间的中介与过渡，或许正是由于青年介入历史，才从另一个侧面印证了恩格斯所说的“永恒的自然规律也愈来愈变成历史的规律”①。因为在马克思看来，历史不过是一个个世代交替的过程。而青年对历史的介入，正是以世代的方式，是一代一代年轻人的想象和创造，推动着文明历史的车轮，这一过程被认为是人类文明或文化不断更新、进步的“青春化”机制②。正是在这一交错运动的过程中，由于青年的参与和作用，人类的生命形式，呈现出无限的多样性，人类的社会实践上演出无尽的历史悲喜剧，并给人类带来无限的憧憬和希望。米尔斯指出：“每个纪元时代，当它被恰当地界定之后，都是‘可以理解的研究领域’，该研究揭示了这一纪元时代中独特的构建历史的机制。”③青年研究所要做的，即是发现和阐释在作

---

① ［德］马克思，恩格斯. 马克思恩格斯全集(第20卷)[M]. 北京：人民出版社，1973：581.

② ［法］埃德加·莫兰. 迷失的范式：人性研究[M]. 陈一壮，译. 北京：北京大学出版社，1999. 莫兰所谓的青春化，是指“青春的品质”作为一种文化基因对于“作为我们社会繁衍的基础结构”和再生机制的文化的复杂影响、作用过程，是与青少年密切联系的一种人类学现象。

③ ［美］C. 赖特·米尔斯. 社会学的想象力[M]. 陈强，张永强，译. 2版. 北京：三联书店，2005：163.

为“可以理解的研究领域”的“每个纪元时代”中，青年如何以其独特的方式，以其旺盛的生命力、丰富的想象力和巨大的创造力参与和作用于历史机制的建构。

诸多关于青年的解释，之所以不尽如人意，其根本症结在于难以将青年的生物性存在与社会性存在联系起来，揭示它们之间的内在关系。而任何割裂青年的生物性存在与社会性存在的联系或片面强调其中某一方面因素的解释，都势必在客观上导致对自己认识对象理解的偏误——尽管人们的初衷并非如此。

在通常意义上，青年存在的第一性含义是作为一种特定生命现象（以生理年龄和自然年龄为标志）的存在。因此，无论从哪一角度来界定青年的概念，都鲜有例外地首先划定其年龄界限，并以青春期的到来为时间下限。问题在于我们如何去揭示青年生命运动形式及其过程（即青年这一生命现象存在的基本方式和运动形态）的社会含义和性质，如何从青年存在的“自然基础以及它们在历史进程中由于人们的活动而发生的变更出发”①，来阐明青年社会存在的全部内容及其实质，或者反过来说，我们是否将青年作为社会存在的全部过程看作一种生命运动与社会运动交错进行的过程，并力图去揭示生命运动与社会运动二者之间既矛盾冲突又协调统一的辩证关系。青年即发生在生命运动与社会运动的交错点上。这一看法旨在表明，青年的生命运动过程，既是一种相对独立的自然历史过程，同时又已纳入社会运动的运行机制之中。青年作用于历史，在个体、群体、社会三个层面展开，这三个层面可以是依次递进的，也可以是交错进行的，它们构成一个力的平行四边形。正如恩格斯所说：“历史是这样创造的：最终的结果总是从许多单个的意志冲突中产生出来的，而其中每个意志，又由于许多特殊的生活条件，才成为它所成为的那样。这样就有无数互相交错的力量，有无数个力的平行四边形，而由此就产生出一个总的结果，即历史事变，这个结果又可以

① ［德］马克思，恩格斯．马克思恩格斯选集（第1卷）［M］．北京：人民出版社，1972：67．

看作一个整体的、不自觉和不自主地起着作用的力量的产物。”①社会运动制约和影响生命运动，生命运动在这里已由原初的自在本能的形式提升到自由自觉的境界，是一种意识到了的本能，具体说，即青年认识到了自己的生命存在与价值，生命冲动的本能力量外化为一种具有合规律与合目的性的社会行动。其实生命运动并非是一种完全受制于外部条件或环境的受动过程，对于已进化到高级阶段的人类生命体来说，它具有高度发达的自调谐和自组织机能，并能够作为一种自然基础，来影响和制约人类社会的进步和发展。青年生命运动对于社会运动的意义也正在这里。

然而，社会越是对青年寄予最大的希望，就必然更强调青年对社会既定规范的认同；社会越是发展进步，青年对社会文化的适应就愈益显得艰难和困扰。人类文明的增长与青年社会问题的加剧，往往成正比发展。在现代社会，青年的躁动不安、偏离社会既定轨道、突出强化自我、对传统的反叛等，几乎成了一种难以克服和逆转的倾向。生命的张力与社会规范，构成青年与社会矛盾的潜在根源，也是青年生命运动与社会运动对立统一过程的基本形式。因此，冲突与调谐、适应与整合、体认与创造，将是研究青年与社会关系的永恒主题。

理论是灰色的，而生命之树常青。歌德在《浮士德》中说的这句话，更适合有关青年的研究。相对于青年存在本身，任何理论的描述与阐释，都将是灰色的，青年旺盛的生命力、想象力、创造力，是真正意义上的生命之树。青春，是青年意象最真实的含义，也是其永恒的象征。生命之树常青，只有在青年的身上，才能得到完整而深刻的解读。但是，对青年的认识与理解，需要思想的想象力、理论的创造力，甚至需要生命体验中那种莫名的冲动、浪漫与激情。如果说有所谓青年本质的话，那么这种本质只能隐含在青年的天性之中，深藏在青年的自然之中，它来自生命创造的本源，来自自然界和人类进化的源头和人类文明悠远的历史。对青年研究来说，青年，首先不是

① ［德］马克思，恩格斯．马克思恩格斯选集（第4卷）［M］．北京：人民出版社，1972：478－479．

一个思辨的对象，而是需要你用生命热情去体验、去感受的存在。在某种意义上，青年，如同青春的概念一样，是一个隐喻、一种象征、一部神话，或者是一种有关生命、理想、希望、未来等的信仰。所以，研究青年，并不完全甚至也不一定是为了发现青年本身，而是认识人类自己。

青年学，作为一门科学，或一个学科，必定不同于一般意义上的青年研究。它是关于青年存在的一种终极追问和探寻，可能与某些所谓的“本质”或“规律”有关，但更重要的是对青年存在本身的一种深刻洞察与理解，更进一步说，是关于青年的人性、天性或人类性问题的深刻洞察与理解，它要特别关注米尔斯所说的“人的意象”“人性的一般观点”和“人的历史的形象”。切记米尔斯的这段话：“一言以蔽之，你要不断研究并改变你对历史问题、人物问题以及包含着人物和历史交叉的社会问题的看法。抱持对个人多样化及时代变迁的宽阔视野，把你所看到和所想象的内容，作为你研究人类变迁的线索。”[①]因此，它特别需要一种想象力，更需要一种特别的想象力。否则，青年学仍然是一种人们通常理解的青年研究。

① ［美］C. 赖特·米尔斯. 社会学的想象力[M]. 陈强，张永强，译. 2版. 北京：三联书店，2005：244.

# 从“青年猴”到“宇宙猿”

## ——复杂性视域中的青年与青年研究

西方文化传统向来有着浓重的“青年”情结，始终对青年以及与青年有关的社会现象或问题表现出极大的兴趣和关注。不仅在西方古代的神话、造型艺术、史诗、戏剧中活跃着青年的形象，在古典哲学、政治学、伦理学、神学等经典著作中，也都不乏有关青年的话题。特别是进入近代社会以来，伴随持续而剧烈的社会动荡与变革，青年不断从社会的边缘地带尝试向中心和主流发起挑战，青年和青年问题引起社会愈益广泛和深切的关注，在思想文化、政治制度、道德伦理乃至历史传统等层面，青年问题在西方率先进入学术研究的视域，成为众多思想家、理论家（还应包括部分社会活动家）和诸多学科领域关注的对象。

西方学界有关青年的研究，几乎涉及所有的学科领域，直接促进了青年研究科学化、学科化发展趋向的形成。尽管直到目前为止，这种趋向还更多地，或仅仅是表现为一种学科，或学术愿景（事实上，青年研究至今仍未成为一个独立的学科领域），但人们对青年的认识无疑取得了明显而重大的进步，在有的研究中甚至昭示了青年研究广阔的学术前景。埃德加·莫兰的研究，或许是其中最独具特色的突出范例之一。

## 一、复杂性视域中的青年假说

人类对复杂性问题的思考古已有之，但关于复杂性的研究直到 20 世纪 80 年代才真正作为一门科学而兴起。21 世纪被认为是复杂性科学的世纪。复杂性成为当代科学的真正前沿；复杂性研究将开创人与自然、科学与人文的新对话；复杂性研究开创的新科学，被认为是新一轮的哥白尼革命；复杂性正日益成为一种引领人类未来的新思维范式；思考复杂性，是当下时代的重要任务……这种种议论，足以使各学科对复杂性理论给予相当的重视。

埃德加·莫兰在他 1973 年发表的《迷失的范式：人性研究》①一书中最早提出了"复杂性方法"的概念，可以说是这门科学的先驱人物之一。他在复杂性理论研究方面取得了卓越成就，以其六卷本皇皇巨著《方法》为标志，构筑了一个庞大而完整的理论体系，赢得了世界性盛誉。而今复杂性研究可谓学派纷呈且各有建树，但莫兰的思想仍独树一帜。② 不过，于青年研究而言，最为难得的还是，莫兰用复杂性的观点和方法，从多学科的角度，对青年和青年问题做了许多有价值的分析和论证。尽管莫兰对青年问题的关注并非完全出于研究青年自身的目的，但他所提出的关于青年和青年问题的独特见解，仍不失其重要的学术和思想价值，甚至在某些方面至今仍居于难以企及的高度，给人以无尽的启迪和思考。

### （一）复杂性、人类性与青年

复杂性的概念，至少涉及三个层面的问题，首先是复杂性现象，这些现象从宏观宇宙、自然界、生命世界到人类社会，可以说无所不包。其次是复杂性理论，即关于复杂性的认识。再次是一种思维方式，一种科学的世界观

① ［法］埃德加·莫兰．迷失的范式：人性研究［M］．陈一壮，译．北京：北京大学出版社，1999．莫兰在《方法》第一卷（中文版《方法：天然之天性》）的绪论中称"该书是《方法》的分支和早产儿"．

② 本文关于埃德加·莫兰的评传资料主要参考了陈一壮《埃德加·莫兰复杂性思想评述》一书中的部分内容，以及杜小真的"社会学的哲学思考"（埃德加·莫兰《社会学思考》中文版前言部分）．

和方法论。与其他复杂性研究流派不同的是，莫兰的复杂性思想是以时代问题为核心，定位在“思想结构的层次上”，以“进行思想改革”为目标，他的研究是从人类的或人类学的经验出发，在生物科学、物理学中汲取营养，进而通过构建“人类—社会学”，以“更接近于实践的和具体的人类问题”。①

莫兰思想的核心是复杂性思维方式。莫兰认为，“思考复杂性问题是对当代思想的重大挑战，它要求改革我们的思维方式”。② 关于复杂性的概念，莫兰区分了狭义和广义两种形式：“狭义的复杂性概念指通过对‘复杂系统’的研究，致力于找到对这种系统的数学表述，甚至是决定这些现象的超还原论的和跨学科的规律。但它不要求认识论的改革。而广义复杂性概念的内涵更加广泛，它包含前者，认为‘复杂性的挑战’要求我们认识方式的改革和复杂化，这引起了思维方式的变革。”③莫兰还进一步指出：“建立一种复杂思维。只有复杂思维能够加强和发展个人的思想自主和有意识的反思，只有复杂思维能够使每个人在自身建立一些元视点的瞭望台，只有复杂思维能够承认它自身的黑洞，只有复杂思维能够展开整体和特殊、部分和全体、科学客观性和哲学反思性的对话，只有复杂思维能够不遗余力地考虑全球视野以及全球视野之外的视野……”④正是在这种复杂性思维方式的导引下，青年的主题才进入了莫兰的理论视界。

《迷失的范式：人性研究》被认为是莫兰复杂性思想开端和复杂性研究的奠基之作。在这部著作中，莫兰明确提出了他关于复杂性研究的核心问题，也是他自青少年时代就开始思考而在后来一直“被阻止、压抑、窒息和丑化了”的问题，即人与自然界的关系，或“生物学和人类科学的连接点和断开点”问题，以破除以往种种建立在人的概念与动物的概念、文化的概念和自然的概念不仅分离而且对立的基础上的关于人占统治地位的观点。该书第一章引述莫斯科维奇的一句话作为引言：“一切都促使我结束关于一个非人

① 陈一壮. 埃德加·莫兰复杂性思想评述[M]. 长沙：中南大学出版社，2007：263.
②③ [法] 埃德加·莫兰. 论复杂性思维[J]. 陈一壮，译. 江南大学学报：人文社会科学版，2006(5).
④ [法] 埃德加·莫兰. 方法：思想观念——生境、生命、习性与组织[M]. 秦海鹰，译. 北京：北京大学出版社，2002：105.

类的自然和一个非自然的人类的观点。”这或许可以认为是莫兰关于复杂性研究的一个理论宣言。

人是莫兰学术研究的中心和出发点，莫兰的学术关怀在于人和当今人类整体生存环境两个方面。而对于人的研究，莫兰着力于对人的整体性、复杂性的探索，既涉及人与宇宙、人与生物圈、人与科学发展的关系等宏观领域，又深入到人与自身、不同属性的人之间的关系等心理及生理层面，总之，莫兰致力于对人进行全面的反思，尝试以一种“复杂思维范式”思考人与世界的问题。

在经验上把动物与人类、自然与文化焊接在一起，打破“人—兽”“文化—自然”的二元对立和“超自然的人文主义神话”，克服“岛屿似的人类学”或“关于人的岛屿似的概念”的矛盾，实现一场关于人、人性、人类性研究的范式革命，是莫兰复杂性研究追寻的重要目标之一。美国著名未来学家阿尔文·托夫勒认为，普利高津花费一生大部分精力所做的工作，“就是把生物学和物理学重新装到一起，把必然性和偶然性重新装到一起，把自然科学和人文科学重新装到一起”。[①] 普利高津的布鲁塞尔学派（以普利高津与斯唐热于 1979 年出版法文版《新的联盟》为标志，此书英文版 1984 年出版时改名为《有序来自混沌》，中文版译为《从混沌到有序——人与自然的新对话》）是复杂性科学发展的第二阶段（1984 年 5 月美国圣塔菲研究所成立为第三阶段）。普利高津的研究与莫兰的内在联系是清晰可见的（实际也应延伸到后来的圣塔菲研究所）。

莫兰宣称，《迷失的范式》是试图尽力重塑人的概念，重塑人的科学或人类学。无论莫兰在他思想探索的路上走多远，《迷失的范式》都是其最重要的理论生长点，是他打下的关于人类统一性的复杂性理论的第一根“桩基”。与普利高津等复杂性研究所不同，莫兰的研究紧紧抓住“自然之为自然”“生命之为生命”“人类之为人类”等带有根本性、终极性的问题展开他庞大而细

---

① [比]伊·普里戈金，[法]伊·斯唐热．从混沌到有序：人与自然的新对话．曾庆宏，沈小峰，译．上海：上海译文出版社，1987：5．

密的理论体系建构。在《迷失的范式：人性研究》中，莫兰于有意无意之间使青年进入了他的复杂性视域，因此，莫兰的复杂性理论做出了它独特的发现——青年的发现，具体地说，关于“青年猴”、青春性、青春化、青少年阶级，以及青少年文化与人的人性化，文化的创生与人的概念向生命开放等，这些崭新的概念或问题，被置于“生物学和人类科学的连接点和断开点”上，成为理解人类、人类学问题的重要节点。

正如有研究者所指出的，莫兰的复杂性理论不仅是一种跨学科方法论，还是一个具有普遍意义的世界观。这决定了莫兰的复杂性思想对于青年研究的一般价值和意义。但另一方面，莫兰的复杂性理论视域中的青年与青年问题，完全并非一个“随机的”“嵌入式”或“植入式”的问题，①而是一个关涉人类文化的起源以及人类社会未来发展变化的方向、前景与希望的重大的、根本性的人类性问题，他关于青年和青年问题的观点和思想与他的整个思想体系有着深度关联，在某些方面甚至属于其中不可或缺的环节和重要组成部分。青年或青年问题，在莫兰那里是一个“内涵式”的问题。因此，对于青年研究来说，莫兰的复杂性思想无疑具有一种世界观和方法论的意义。

莫兰的研究就其现实的和实践的层面来说是“人类问题”(特别是人类的“危机”问题)，其理论的基础层面则是植根于“人类性问题”。但无论是人类还是人类性问题，在莫兰那里都与青年问题有着极为深刻的渊源联系。而这种联系之所以能够建立起来，与莫兰的人生阅历与思考，与他的学术旨趣与品格，与他对人类和人类性问题的执着求索与探险精神，都有着复杂的联系。

---

① 所谓“随机”的和“嵌入式”的，主要指两种情况。一是在有的研究中会有意或无意涉及青年问题，而不是将其作为重要论题或基本观点的一部分重要内容，在马基雅维利、培根、维科、黑格尔、叔本华、尼采乃至马克思、恩格斯的著作中这种情况比较多见。二是对青年问题有着比较深度的关注，有代表性的是古希腊苏格拉底、柏拉图、亚里士多德以及卢梭、弗洛伊德、荣格、马尔库塞等人的著作。在一些神话学、宗教学、人类学、艺术学研究中，对有关青年问题的关注可以认为是“植入式”的，因为在论者那里这些问题虽然对学科本身并非完全不可或缺，但其独立性的意义往往显而易见，如人类学关于青年期的研究。但无论是随机的、嵌入式的抑或植入式的，对于青年研究来说都是非常宝贵的思想文化资源。还有一部分或者说更重要的内容，即历史学中关于青年的记述，虽多为或“随机”“嵌入”或“植入”式的“断简残篇”式的只言片语，亦弥足珍贵。

莫兰强调:“社会是生物系统自我组织的基本形式之一”;人类社会是“自然的社会现象的一个变种和发展的奇迹”。[①] 青年的人类性即人的统一性的表现。青年是最接近“人的自然”同时也最接近“社会化”(即莫兰所谓的“青年人的半社会化”)的成长、发展中的(这不能简单地以“过渡”的概念来说明和表达,因为“过渡”是有明确的、预定的目标指向的、建立在经典社会学的“社会化”理论基础之上的概念,尽管这一概念曾为人类学的青年期研究反复论证,但仍未跳脱社会学社会化理论的窠臼和陷阱),并永远带有“青年猴”特征和“天然的天性”的人,青年人永远是浪漫主义者。莫兰断言:“我们必须重返大自然才能重新找回我们自己的自然(本性),正像浪漫主义者们所感悟的一样,在简化主义风行的世纪里,他们是真正复杂性的守望者。于是,我们发现让我们远离大自然之天性的正是大自然的进一步发展,它让我们更进一步地接近了天然的天性。天然的天性就在我们的自然(天性)之中。我们对自然的偏离是自然之本性使然。”而且,“天然的天性永远不会在我们身上封闭,也不会将我们吞没”。[②]“天然的天性”是青年的典型特征之一,同时也是青年的人类性的具体体现之一。

莫兰明确提出:“我越来越坚信我们不应失陷在当下迫切的问题中,而应从中脱身,以便更好地思考它们的本质。”“我越来越坚信我们关于认识的原则会成为我们今后了解我们生死攸关的大问题的屏蔽。”“我越来越坚信那些用来构思我们社会(整个社会)的概念是残缺不全的,它们不可避免地导致人的思想残缺不全。”[③]在莫兰那里,青年的概念是关涉人类性、人类的青春性和人类的青春化的一个核心的而且内在相互关联(如果没有这种关联,青年概念的意义在这里将是有限的,甚至是可有可无的)的概念。

所谓人类性,是人类在漫长的进化史上形成的一种独特品质或特性,可以通过基因进行遗传,可以在环境中发生变异,但不会发生根本性的改变。

---

① [法]埃德加·莫兰.迷失的范式:人性研究[M].陈一壮,译.北京:北京大学出版社,1999:18.

② [法]埃德加·莫兰.方法:天然之天性[M].吴泓缈,冯学俊,译.北京:北京大学出版社,2002:405.

③ [法]埃德加·莫兰.方法:天然之天性(绪论)[M].吴泓缈,冯学俊,译.北京:北京大学出版社,2002:1-2.

它植根于人的一般生物学特征，在漫长的进化史上为人类文化、社会和历史的变革源源不断地提供动力(也包括反作用力)。青年的生物学和人类学特性具有人类性的意义(人从个体到群体、社会；从生物性成熟到社会性成熟；过渡与变化；生物学本性与族群繁衍、生存的社会规范或社会学性质的冲突与调适等)。人的人类性，按莫兰的理解应该就是人的“天性”，这种“天性”是“天然”的、自然的，“天然的天性就在我们的自然(天然)之中”。因此，“我们必须重返大自然才能重新找回我们自己的自然(本性)”。[①] 浪漫主义者向往、追求自然，他们既是“真正的复杂性的守望者”，同时也应该是人的“天然之天性”的真正守望者。浪漫主义自它诞生之日起，就一直是各种各样青年运动的旗帜，而它的源头则可以追溯到最久远的年代，直至“人猿揖别”的那一刻。

(二) 发现青年：经验与假说

莫兰的复杂性思想是他人生阅历和学术经验双重积淀的结果。他出生在一个犹太人家庭。犹太，一个饱经沧桑和忧患的民族。这是否在莫兰的心灵深处打下他所谓的“文化印记”或“模具压痕”？回答应该是肯定的：“文化印记从幼儿时期起就通过神经突触的选择性稳定作用记录在人的大脑中，这些最初的记录不可逆转地影响着个人的认知模式和行为模式。”[②]作为犹太人的经历，使莫兰“知道他人受侮辱受损害的痛苦”，正是《被侮辱和被损害的人》让他走向了陀思妥耶夫斯基。“对被他人轻蔑的恐惧，对于受侮辱损害的人们内心痛苦的情同感受，这些少年时的情感从来没有离我而去，我也因此感到自己仍然年轻。我想这正是我崇尚博爱，立志效力人类的原因之一。”[③]

9 岁丧母，莫兰“处于失望和希望的交战之中”，死亡与复生，这个深重的问题撕扯着少年的心灵，而这种复杂的感情也孕育了他复杂的理智。父亲

① ［法］埃德加·莫兰. 方法：天然之天性［M］. 吴泓缈，冯学俊，译. 北京：北京大学出版社，2002：405.
② ［法］埃德加·莫兰. 方法：思想观念——生境、生命、习性与组织［M］. 秦海鹰，译. 北京：北京大学出版社，2002：18.
③ ［法］埃德加·莫兰. 反思欧洲(自序一)［M］. 康征，齐小曼，译. 北京：三联书店，2005：2.

给了他无尽的关爱，但没有给他任何传统、知识、规范、信仰乃至宗教真理、政治原则方面的教育和培养。家庭对于少年的莫兰是一个“文化真空”：“我从既无文化又无真理而只有死者的缺席和死亡在场的生活出发。”[①]在思想自传中莫兰如是说。接下来，世界经济危机、希特勒执政、法西斯主义在欧洲蔓延、第二次世界大战爆发……“二战”期间莫兰参加了法国共产党领导的地下抵抗运动，并加入法共，这不仅使他亲历和目睹了战争的残酷，更使他在战后因社会主义阵营内部的种种变故和自己的不同政治见解而一度陷于困境和绝望。

1946 年，25 岁的莫兰出版了他的第一本著作《德国的零年》。在法国驻德第一军参谋部情报部门任职获得的第一手资料、独特观察视角和独立深入思考，使他得出“第二个德国的新生”的结论。这个结论在最初即意味着一种政治风险，并最终导致他政治厄运的真实降临。1951 年莫兰被法共开除，连续八天的哭泣、彷徨之后，他终于感到了自由和解放，成为一个自主的、自我认同的“识破幻象的革命者”，并表示永远站在左翼立场和群众与革命一边……莫兰始终保持着左翼知识分子的理想与情操。同时，莫兰继承了当代法国知识分子的“介入”传统，坚持干预社会、政治和人生的立场，与人类命运和时代脉搏息息相通，对社会和自身负有同样的责任感和使命感。

莫兰的复杂性思想，包含有他对生命、人生、社会、政治、时代的深刻感受、领悟和担当。而这一切都在莫兰的青年时代孕育并初具雏形。

1951 年，莫兰出版《人和死亡》一书。母亲猝死的阴影、战友牺牲的感伤、千百万人在“二战”中死亡的荒谬、人对死亡的恐惧和超越、死亡与人性以及生与死的辩证法……促使莫兰把死亡作为一个“整体人类学”现象进行研究，得出死亡意识是人对生物本能的超越，“文化萌芽于人对死亡的恐惧与超越”的结论。关于死亡的研究奠定了莫兰“复杂性方法”的第一块基石。在莫兰看来，人的生与死不仅是对立的，也是对抗的，生命的意义和价值就

① 陈一壮. 埃德加·莫兰复杂性思想评述[M]. 长沙：中南大学出版社，2007：21.

产生于这种对立和对抗之中。正是在《人和死亡》中，莫兰开始“探求生物学和人类科学的连接点和断开点”，试图在关于死亡的人类学研究中提出不同以往的生物学方面的论据。

在关于死亡的研究中，莫兰注意到在类人猿进化为人类的过程中发生的“人的胎儿化”现象，认为这使得人类善于模仿外界事物和产生更为广泛的对于环境的适应性。这其中预示着后来对“青年猴”和“青春化”的发现——人类在实践和精神的层面超越个体生命和族类特征的某些局限而获得“不死”的信念和超越的永恒。“轮回”(转世)和“副本”(灵魂)是原始社会关于“不死”的观念的两种基本形式。但按照莫兰的理论逻辑，实际上还应有第三种形式，即“青春”。葬礼是超越死亡的仪式。“轮回”和“副本”中隐含着人对不死、长生的向往。这种超越和向往在文明演进的漫长过程中，幻化为对青春的渴望。青春是超越死亡的信仰。守护生命，征服死亡，坚定信仰，是人类精神活动的基本内容。在《时代精神》《迷失的范式》等著作中，这一观点不断得到重申和论证。生与死的问题，在观念形态上与青年有着天然的联系，古老的青春期仪式总是死亡和新生的象征。但以往关于青春期的人类学研究并没有在人类进化及文化起源的发生学层面上对其予以关注。

莫兰在 20 世纪 50 年代中期发表的关于电影研究的著作中，继续发展他关于死亡研究的观点。他注意到在电影里涉及的“基本人类过程”的一个特殊方面，即“投影或异化”。这与他的“副本”说是吻合的：“存在着副本，即人的形象—幽灵。”而明星崇拜则有着深刻的人性根源。“人总是把他的欲求和他的恐惧投影到形象上。他总是把在生活中和在死亡中超越自己的需要投影到他自身的形象即他的副本上。”任何副本都是一个潜在的神，它酝酿了新的神话，而青年则是“关于明星的神话的主要负载者”。另外，电影通过死亡和犯罪的主题“迎合了青年人想通过死亡的危险和谋杀来正视自己长大成人的愿望”。① 死亡、神话与青年的主题在“电影”中相遇并沟通、连接在

① ［法］埃德加·莫兰. 社会学思考[M]. 阎素伟，译. 上海：上海人民出版社，2001：419.

一起。

还特别值得注意的是莫兰在20世纪50年代起对超现实主义的兴趣和关注。这场反叛传统文化思想的艺术运动是第一次世界大战后由一群法国青年发起的，其影响波及欧美其他国家，反映当时青年一代对现实的恐惧心理和狂乱的精神状态。直到20世纪60年代初这场运动已渐近式微乃至归于消寂的时候，莫兰仍强调："应该重新发现超现实主义的思想而不是小团体精神"，认为"它是一个建立在关于人的、全面的、根本的概念基础上的运动。可以被称为人类学(人本学)运动的第一次预演"，是预示了"人本政治"到来的"第一个诗意的—革命的人本学运动"。"人本政治"是莫兰关于人类政治的理想设计，而这种理想政治的"体现者"和"优先承担者"，正是作为一个"年龄阶级"的青年群体。[①]

在1962年出版的《时代精神》一书中，莫兰即对"青年一代"进行了专门分析(布尔迪厄曾在一次研讨会上当众把该书撕得粉碎)。该书提到"一个青少年的年龄阶级的形成"问题，认为当时"整个社会被拖入了解除老人统治的运动"。[②] 1963年7月，莫兰在应法国《世界报》之邀撰写的分析"疯狂的民族广场之夜"的评论中正式提出"生物—年龄阶级"的假设——一个"新的青年阶级"，出现在20世纪中叶。这是一个重新形成的新的年龄阶级，是"充满了表演和想象的资本主义不断刺激的结果。是刺激，而不是创造"。[③] 这可能是莫兰首次提出的"青年假说"。1968年5月，一场震惊世界的学生运动在巴黎爆发。莫兰认为自己大概是唯一在1968年5月运动中对事件进行现场即时分析和评论的人。他因当年5月中旬至6月底在《世界报》发表《学生公社》《面目不清的革命》两组分析评论文章而出名。莫兰将这场运动与以往青年文化和大学生暴动的各种表现和事件联系起来，指出：这些表现和事件"在形成与传统文明的'年龄阶级'或者现代文明的社会阶级不同的新

---

① [法]埃德加·莫兰.人本政治导言[M].陈一壮，译.北京：商务印书馆，2010.
② [法]埃德加·莫兰.时代精神[M].陈一壮，译.北京：北京大学出版社，2011：164.
③ [法]埃德加·莫兰.社会学思考[M].阎素伟，译.上海：上海人民出版社，2001：217.

型的青年阶级中，是一个阶段性的标志"。[1] "5月运动"是莫兰长期思考的一个事件，时过30年后他又写下《1968年5月：复杂性和模糊性》一文，将对青年问题的思考明确纳入他的复杂性范畴。

1973年出版的《迷失的范式：人性研究》，既是莫兰复杂性理论的开山之作，也是他第一本严格意义上的、或纯粹的人类学著作。另外，他也曾将其称为《方法》的"早产儿"和"分支"。在该书中，莫兰"试图尽力重塑人的概念，也就是说人的科学或人类学"，亦即探讨"人的统一性"问题。与以往的研究不同，莫兰首先不是去"建立个体与社会的衔接"，而是借鉴生物科学、动物行为学等学科关于灵长类的生态环境和史前猿人的研究，"把动物与人类、自然与文化在经验上焊接在一起"，实现"生物学领域与人类—社会学领域的衔接"。而这"需要一个极复杂的解释原则和一套自组织理论"。[2] 正是在这一过程中，莫兰发现了"青年猴"（这里所说的"猴子"包括类人猿和其他高级灵长类动物。归于"青年猴"这一群体的主要是雄性未成年猴），用复杂性思维改变了"猴子的概念"和"人类的概念"从而创造性地提出了"青年猴"的概念。"青春化"是莫兰在"青年猴"的发现基础上提出的又一个重要概念。"青年猴"和"青春化"可以看作是莫兰继青年"生物—年龄阶级"假说之后提出的两个最重要的"青年假说"。

2011年，莫兰发表新著《道——走向人类的未来》。这部著作被称为他的集大成之作，结合当代人类生活环境恶化和危机的现实，试图引导现代人走出现代性的精神桎梏，鼓励人们在对现代性进行反思的基础上，自觉地运用复杂性思维的方法，尝试把过去、现在和未来，从传统时间概念的单向单线结构转变成多向多维度的可能性，以人性的自然本质享受生活自由之美，创建一个适应于复杂性环境、并使其具有复杂性思维的现代人能发挥其才智的新社会。[3] 毫无疑问，青年人的状况对于实现这一目标非常之重要，而

---

① [法] 埃德加·莫兰. 社会学思考[M]. 阎素伟，译. 上海：上海人民出版社，2001：303-304.
② [法] 埃德加·莫兰. 方法：天然之天性(绪论)[M]. 吴泓缈，冯学俊，译. 北京：北京大学出版社，2002：2-3.
③ 乐黛云. 漫谈埃德加·莫兰的"复杂性思维"[J]. 中国比较文学，2012(2)：139-143.

“以人性的自然本质享受生活自由之美”，也是人类社会文明进程实现青春化的理想形式之一。在20世纪末，莫兰曾深深感慨：“从来生命和死亡、自由和奴役、认同和文化的问题都没有像今天这样与我们休戚相关，环环相扣，既令人心碎、难以预测又如此至关重要。”他也曾提示人们：“在20世纪，[青少年]这个年龄段覆盖了孩童世界和成人世界之间的一个长时段，因而是文明中薄弱的一环。”更值得深刻思考的是，莫兰提出：“为了拯救未来，必须拯救过去”，要“把人类精神从它的史前状态下解放出来”。① 这种拯救和解放，包括对青少年阶级、“青年猴”、青春化的理解，这是未来文明萌芽的“基础”和“抱负”，文化的开放与寻根——“重回源泉吸收营养”——总是联系在一起的。

（三）青年假说的意义

莫兰在他的思想自传中曾说，他的探究深入到可能被学科的分野所忽视的问题，如妇女和青年问题。妇女和青年是莫兰的社会学研究中一直特别关注的两个群体。“妇女和青年，他们既是我们社会中在文化上最未被融合的‘野蛮的’因素，又是现代性在文化上积极的力量”，莫兰接着说，“作为我们社会的最先进的和最落后力量的妇女和青年的问题，这个问题将在我以后的所有关于当代社会学的著作中被重新提起……”莫兰认为，青年和妇女由于其社会学的和人类学的条件，是最可寄托变革现存资本主义制度希望的社会群体。②

青年为什么是文化上的“最未被融合的‘野蛮的’因素”？为什么是“现代性的在文化上积极的力量”？为什么是“我们社会最先进的和最落后的力量”？循着“青年猴”、青春化、青少年阶级的思考路径，是否可以对诸如此类的问题做出进一步的阐释、论证和说明呢？对于青年研究，这些问题的提出即使放在今天，与其说深刻，不如说仍是沉重。莫兰在这方面并没有走多远，但却为后人留下了更多想象和创造的空间。

① ［法］埃德加·莫兰.反思欧洲（自序一）［M］.北京：三联书店，2005.
② 陈一壮.埃德加·莫兰复杂性思想评述［M］.长沙：中南大学出版社，2007：117.

在莫兰的研究中，青年首先被视为一种"复杂性现象"，科学地解释这一现象需要复杂性的理论和思维，需要一种新的世界观和方法论，他由此而将有关青年问题的思考引入复杂性范畴。

经验的事实需要科学理论来解释。但这种解释或因科学自身的局限而不能为实验所确证，或由于有待进一步检验而存疑，往往带有一定的假设性质。莫兰基于复杂性理论关于青年的某些观点的独到发现，即可谓之"青年假说"。莫兰的"青年假说"是在复杂性逻辑基础上关于青年认识的一种创造性想象，其经验事实部分主要来自古人类学和动物行为学的研究成果，还有他青少年时期的人生经历和学术旨趣，以及他所关注的人类世界和社会的种种危机、动荡和变革。在知识层面，则横贯人类科学、自然科学诸多领域，展开了关于青年存在和认识的宏大场景。

毫无疑问，这些"青年假说"是极富启发意义和认识价值的。但这种"青年假说"还只是一个初始的构想，不是一个严谨且系统的关于青年的理论。同时也需要理解，这种假说在莫兰的思想体系中还仅仅是构成其一些基本观点的支撑点或出发点。随着时代的变迁和科学的发展，它应该被不断补充、修正和丰富。另外，对于莫兰来说，复杂性与其说是一种理论，不如说是一种原则、一种精神、一种思路、一种构想……他所提出的几乎所有概念、范畴、假设都是开放的，都带有未完成的、可变动的成分、因素或特征。这也正如恩格斯所说："只要自然科学思维着，它的发展形式就是**假说**。一个新的事实被观察到了，它使得过去用来说明和它同类的事实的方式不中用了。从这一瞬间起，就需要新的说明方式——它最初仅仅以有限数量的事实和观察为基础。进一步的观察材料会使这些假说纯化，取消一些、修正一些，直到最后纯粹地构成定律。如果要等待构成定律的材料**纯粹化起来**，那么这就是在此以前要把运用思维的研究停下来，而定律也就永远不会出现。"①

还有一点值得特别注意，即莫兰的左翼知识分子立场也会在某种程度

① ［德］马克思，恩格斯. 马克思恩格斯选集(第3卷)［M］. 北京：人民出版社，1973：561.

上直接影响他对一些现实的青年问题的判断而使其带有某种异样的色彩，例如他 20 年后对“五月事件”销声匿迹再度反思，既认为不能对其用笛卡尔式的“明确的和清晰的概念”来思考，又不失简单地将其归诸“革命神话的破灭”和青年实用主义的选择。那么，该如何理解近年来欧美乃至中东地区青年发生的一系列骚乱和抗议行动呢？

## 二、“青年猴”：人类—社会学的发现

“青年猴”是一个重大发现。以往对于青年的发现只是一般意义上历史和社会学的发现，是在“人”这个笼统而模糊的指称中发现“青年人”。而“青年猴”的发现则属于人类学或人类发生学的一个特殊发现，是对人类进化史中的奥秘的发现——人如何进化为人和人类以及人类社会。或言之，“青年人”属于文明史上的发现；“青年猴”属于史前史上的发现。如果说“青年人”身上所负载的是人类文明的某种属性的话，“青年猴”则体现着人类文明的某种带有根性、源泉、基因性质的东西。

### （一）“青年猴”：认识与方法

“青年猴”的发现既是人的发现过程中的一个意外收获，也是人的发现的一个重要的阶段性前提。

重塑人的概念，重建人的科学或人类学，探讨人的统一性问题，既是莫兰复杂性理论的初衷，也应是其目标之所在。信息论和控制论，以及“生物学革命”、动物行为学等最新科学研究成果的出现和应用，为莫兰重塑人的概念，寻求对人的新的认识，或准确地说，寻求一种重新认识人的方法以实现其理论初衷和目标，提供了现实的可能性。把动物与人类、自然与文化在经验上焊接在一起，把人类—社会学领域和生物学领域以及这两个领域与物理学领域衔接在一起，亦即实现“物理学→生物学→人类—社会学”领域之间的“双重衔接”，是其理论上的第一个步骤。这也是“青年猴”发现的一个基本理论前提。

但事情并未到此为止，因为这其中还缺少一个必要的沟通和联结自然

科学和人类社会现实的环节，或莫兰所说的“人类—社会学”的向度。在逻辑上，如果缺乏这一环节或向度，所有关于焊接、衔接、沟通、联结的设想，将都是空泛、虚假的。然而，当与这一环节或向度有关的一些概念项共处一个相互依存的认识系统之中时，它们之间“相互蕴含的关系”却构成了“一个前后衔接的循环圈”，而澄清这个循环圈将面对着“逻辑的、认识论的和百科知识的高墙”。这几乎是一个无法完成的预定的使命。① 但莫兰同时认为，“设想循环，就是开启建立一种方法的可能性”，但“决不能打碎循环，而应该紧紧抓住循环。循环是我们的车轮，螺旋是我们的道路”。②这是“青年猴”的发现和人的概念重塑的基本思路，也预示着它的艰难。

在方法论上莫兰迈出了他发现之旅艰难的第一步。这使他得以在观念上打破“建立在人的概念和动物的概念、文化的概念和自然的概念不仅分离而且对立的基础上的”“封闭的科学”那种关于人的“贫乏的认识”和“封闭的范式”，将以往关于人的“岛屿似的概念”改造为“半岛似的概念”——既肯定人在自然中的特异性又不使人孤立于他的自然起源。生命的概念为之改变，与自组织和复杂性观念联系在一起；“自然”概念的崇高地位得以恢复，使人生根于自然；人对动物的观念也改变了，动物的行为同样具有组织的特性，人具有了动物社会的概念。最重要的是由此而引起的人的“社会概念的改变”，意识到社会不是人类的发明；“猴子的概念”和“人类的概念”也为之而改变。③

“猴子社会”是莫兰探索人类社会的一个重要的起点(但不是唯一的，更不是复杂性理论的逻辑起点)。自达尔文的进化论问世以来，对于“猴子社会”的研究受到许多人类学家、社会学家的关注，将对“猴子社会”的认识作为认识人类社会的一把钥匙。查尔斯·达尔文甚至说，那些了解狒狒的人，可以对形而上学做出比约翰·洛克还要大的贡献。动物行为学和生物社会

①② [法]埃德加·莫兰. 方法：天然之天性(绪论)[M]. 吴泓缈，冯学俊，译. 北京：北京大学出版社，2002.

③ [法]埃德加·莫兰. 迷失的范式：人性研究[M]. 北京：北京大学出版社，1999.

学等对猴子社会等级制度的研究已取得相当成就，但与这些研究者不同，莫兰发现了在猴子社会中"青年猴"的角色、地位及其蕴含的意义和价值。性别和年龄在猴子社会中的分布是相对稳定的。根据性别、年龄可以描述猴子的社会行为。这意味着在猴子社会中性别、年龄的自然属性已获得了一定的社会意义，并由此而形成了"一个生物—社会等级制度的雏形"。莫兰就此谈道："成年雄性、雌性和未成年者三个亚群体本来是生物集团和准生物阶级，他们的划分、互补和对立有着生物学分化的根源。社会组织与其说是单纯地在自身中反映这种性别和年龄的差别，不如说是社会的分化根据自身的需要利用了严格生物学意义上的年龄和性别的差异性。"①性别和年龄，既是社会群体划分的生物学依据，也是社会分化、文化生成、文明演进的某种必要条件和可能，或其初始条件。

"青年猴"(主要是已能够离开母亲独立生活的未成年或成年初期的雄性)是这一"等级制度"中的边缘群体，也是这一"准生物阶级"中地位卑微的成员，相对于成年猴(主要指成年雄猴)处于弱势地位。在森林社会，"青年猴"的性权利被剥夺。在草原社会，"青年猴"面临更激烈的生存竞争。这是一个边缘群体。它们受排挤、被放逐，长期处于社会下层地位，不能自由接近雌猴，而是否能够被融合到猴子社会则取决于其顺从、讨好、卑屈、效劳的行为表现。这个社会是不平等的，但这个社会又是变动的。年轻的终将变成成年的，成年的也注定要衰老，权力的更迭是不可避免的，尽管不是每个"青年猴"都有希望登上权力的顶峰，但总体上这一自然规律还是给青年以希望，同时给成年和老年为代表的特权阶层和等级制度以威胁。"青年猴"与成年猴的冲突不可避免。因为，发达的灵长类动物的社会一体化已经是复杂的了，"它包含着对抗和无序，而这些因素不是社会组织结构排除的残渣，而是组织结构本身所需要的具有局部建设作用的因素"。②

组织本身的对抗性在一定范围内是社会的复杂性所必需的。同样，无

①② [法]埃德加·莫兰.迷失的范式：人性研究[M].北京：北京大学出版社，1999.

序也是不可缺少的，“在一个纯粹有序的宇宙里，将不会有革新、创造、进化，也将不会有生物和人类的存在”。[①] 森林社会是一个集权化不强、等级制较弱的社会，个体和集体的对抗并不十分激烈。“但总的来说，还是存在着统治的中心群体和年轻的边缘群体之间潜在的对抗；在某些情况下，对抗通过驱逐不驯者或废黜统治者来解决。”[②]

对抗与无序，“青年猴”在这一过程中可能是命运多舛的。它们地位卑微，在等级制的边缘或外围地带徘徊；它们不断地发起挑战和抗争，作为无序的力量给予组织瓦解以永恒的威胁。个体的流动性可能使它们中的个别或少数跻身于中心，但群体的命运却似乎永远不得改变。它的表现是“生动的”，它的存在是充满生机的，而它的结果却总是被动的、不确定的、随机的。按惯常的思维来看，这或许就是青年的宿命，就是青年之为青年的自然命运和社会命运之所在。然而在“复杂性理论”的框架下来认识，这也正是其价值所在——来自生物世界的无序作为社会生活的有序、新生、再造的必要条件。生物—社会的二重性，在青年身上得到最完整、最充分的体现。

年龄与性别、生物—社会等级、对抗与无序、创造与进化，这些都是认识、理解“青年猴”的重要概念和范畴。循环的车轮、螺旋的道路，从“青年猴”到青年人，从原人社会到现代社会，人类社会在其中艰难地演进。在“青年猴”身上我们将发现多少人性？在青年人身上我们是否还将看到猴性？这确实是值得思考的。但现实的情况却是，人们更多地想到并努力实行的是如何在青年人身上如同祛魅一样根除猴性、否定猴性。自然的人性与人的自然性在现代社会是与人的社会性截然对立的。

### （二）文化创生、革新与再生中的“青年猴”

“人类的产生以环境的灾难、遗传的变异和社会的分裂作为序曲。”[③] 这并不是莫兰的重大理论发现，但做出如此明了且有见解的概括，还应是一种智慧的洞见。

---

① ［法］埃德加·莫兰.复杂性思想导论[M].陈一壮，译.上海：华东师范大学出版社，2008：94.

②③ ［法］埃德加·莫兰.迷失的范式：人性研究[M].北京：北京大学出版社，1999.

这里所谓的环境灾难，是指森林变成草原，发生在第三纪（新生代的第一个“纪”，距今6500万年至260万年）末期，地球的干旱使森林的面积缩小而草原扩大。人类进化的最初命运看来是在森林和草原的边际上被决定的。森林日益狭小，迫使过多的人口向森林边缘转移。但这个转移在一开始并不是整个种群的迁徙，它是一个排斥性过程，即群体中的弱势部分首先被排挤出资源有限、紧张的生存领地。生存竞争导致群体的再次分化，而且是以社会的结构性对抗的方式进行的——成年猴和未成年猴之间的社会紧张状态（还有青少年猴的探索的好奇心），促使“一些不守常规的小群体尝试到草原地带为生”。（人口的）压力和（探索的）引力，这双重力量使“青年猴”成为人类第一批从森林走向草原的探险者，它们迈出了人类从原人向智人进化的第一步。

所谓遗传的变异，是指在发达的灵长类动物那里基因自我复制过程中发生的变化（基因突变）。草原生活形成了两足行走的变异特征，同时创造了运用双脚、两手和大脑潜能的条件。双脚行走，站立的姿势解放了双手，手的操作解放了颌骨，为大脑的进化创造了条件。“青年猴”与成年猴的比较优势首先在于“脚”的矫健，其次是“手”的灵便，再次才是“脑”的智慧。尽管这仍不足以作为创造人类进化史上“青年猴”神话的生物学、生态学、社会学、文化学等的科学依据，因为人类进化应当被想象为是遗传、环境、大脑、社会和文化相互干预产生的多方面的形态发展过程，但从莫兰关于大脑进化与青春化关系的论述中仍不能忽视“青年猴”的作用。

所谓社会的分裂，即“社会自我再生过程中发生的变化——年轻的群体分裂出来建立原有地盘之外的新据点。因此看起来是不正常者、被抛弃者、无国籍者、探险者、反叛者成为原人革命的先锋。草原上的突变体以森林中的反叛者为前提条件，而森林中的反叛者要找到革命性的解决办法，还需要转变为草原上的突变体”。[①] 在这一人类进化和产生的关键时刻，“年轻的群

① ［法］埃德加·莫兰. 迷失的范式：人性研究［M］. 北京：北京大学出版社，1999：46.

体”是不可或缺的一个环节，它既是反叛者，也是开拓者；既是“革命的先锋”，也是进化史上的“突变体”。不正常者、被抛弃者、无国籍者、探险者、反叛者，既是“青年猴”的代名词，也是青年人的天性所在。“社会的分裂”，在最原始的意义上，是年轻与年长之间的结构性分裂，种群的延续、环境的条件和生存的压力，是导致分裂的根本原因，而年轻人探索和反叛的性格则使这种分裂充满戏剧性的色彩和竞争性的蕴涵。从森林到草原，人类最初命运的变化，同样昭示了后来一系列变化——从原人到智人，从猎人到农人，从奴隶到公民，从农业到工业，从乡村到城市……这些变化无论距其最初的时刻有多么久远，从中都不难发现这种原始的、分裂的基因，只是它已经隐藏在文化、社会、政治、集体无意识等深厚的历史层累和沉积之中了。

“青年猴”在“灵长类和人类之间的沟壑、空白和缺口的地方”（也就是“生物学和人类科学的连接点和断开点”）表现出自己特殊的意义和价值。这是自然和社会进步的一条曲线——学习、探索和创新，“青年”替换“老年”而走向权力的巅峰，同时又有一代一代新的“青年”出现，不断地循环往复，从而促动和推进了人类新的诞生。“比年轻的类人猿存在时间更长的年轻的原人游戏、探索、被新鲜事物吸引。在吸收成年人的知识和技能的同时，他们还能够对之加以修改、完善和创新。很可能正是他们在玩弄火石和做发声游戏时，点燃了火、发明了语言。”[①]火和语言，正是人类物质文明和精神文明的源头。虽然不能肯定地说是青年人点燃了火和发明了语言，但如果人类没有探索、求知和创新的品质，火和语言的发明将是不可想象的。在人类社会进化到今天的时刻，这一点被文明的种种面具所遮蔽了，但在“人类社会所特有的文化创新、整合和传播的史前史”中，这一点似乎再清楚不过了——“革新的过程从一个青年猴开始，然后迅速地在青年猴的边缘群体中扩散开来。随着青年猴上升到成年猴阶级，被吸收的革新就转变成了常规，并且随之而引起的一系列细小的革新也演变为常规。……好奇的青年猴喜

① ［法］埃德加·莫兰.迷失的范式：人性研究[M].北京：北京大学出版社，1999：57.

玩耍、好探索，虽然它们地位卑微，处于社会边缘，但是它们的存在构成了整个社会开放的边界，变化的因素通过这里发生。”由一个随机的事件转变为一项革新，进而逐渐变化为常规，变化的源泉即在这里喷涌而出。“革新的条件是在青年猴那里经常偶然发生的偏离正轨的行为，而这种行为从社会整体的观点来看就是‘噪声’或无序。于是我们活生生地把捉到一个‘噪声’转变为信息的过程——一个随机行为的结果作为崭新的要素整合到复杂的社会秩序中。”人类文化的黎明就在这一时刻到来。①

动物行为学的研究发现，感情和智力的发展是相并而行甚至是相互关联的。莫兰认为，“亲和的”与“互斥的”两条动力线的作用为个性的出现起到了积极的作用。“亲和的”产生友谊，“互斥的”造成冲突，“它们组合起来赋予个体之间的关系十分多样的色彩”。这也是两种类型的行为，而且它们“在起源上都和生物繁殖的领域相关(母子之间的亲和与雄性之间的互斥)；它们的分布和演变，前者主要是在青少年生活中，后者主要是在成年生活中。但它们一起构成了复杂的个性和复杂的社会要素”。最初这可能只是一种“青年人的帮派、团伙的亲和性”，后来扩展到与成年人之间的联系。“友谊在‘青年猴’之间，在‘被驱逐者’和地位不正常者之间，在高等集团的成员之间建立起来。”② 这些游离于主流社会之外的“青年猴”们享有比较充分的自由，它们“整天玩耍、学习、探索、创新”，成为人类个性自由发展的先驱。

莫兰指出，青春期的延长是原人进化过程中的一个重要特点。相对于以成年雄猴为首的“特权集团”和由雌猴组成的“女眷内室”，“青年猴”是最早产生的具有“自主性”的“青少年群体”，“而且有可能推动产生一个青年阶级”。但这并未成为进化史上的一个事实，这一新的“生物阶级”即“青年阶级”未能最终形成。然而，“青年猴”却在人类文化发生学意义上发挥了不可替代的作用：“青少年的阶级在出生前就被粉碎了，而青春的品质在社会里活跃和发展着。”③ 这是一个看似简单、普通但实质上具有重大意义的发现。

①②③ [法] 埃德加·莫兰. 迷失的范式：人性研究[M]. 北京：北京大学出版社，1999.

“青春的品质”，是人类最重要的品质之一，或许它可能是人类区别于其他动物的最关键的品质。这种品质与人类的生物、心理、社会、文化等各种复杂过程及潜能相联系，是人类进化过程中最活跃的因子，甚至可能正是由于它的作用才产生进化过程中的一些或一系列重要、关键的基因突变。

青年猴的发现与其说是人的发现，不如说是人的精神的发现，是对于“青年”的创造力和想象力在“文化的创生”中的“人类历史的发生学意义”[①]的发现。

如果我们要在人类的历史上寻找“青年”起源的源头的话，这或将会给我们以启示：母子之间的亲和性及由此而产生的人类最初表现在青少年生活中的友谊，青年作为“被驱逐者”的低下的社会地位及其与社会“特权集团”或“高等集团”的互斥，是青年作为社会群体出现的最原始的动力机制。“友谊”是温床，“互斥”是机缘，“个性”是土壤，“群体”是规范，而“生物繁殖”则是其自然的基础，所谓的“青年”，就在其中孕育和生成。这个过程是复杂的，生物的、社会的、个体的、群体的，多重因素在起作用，而且其作用和生成机制常常不能用简单的模式来说明。混杂、变动和随机性，或许是其最重要的特征。因为，“在表明地位、身份的等级制中，在普遍的社会团结中，总是存在着对侵犯、冲动和争斗的因素的相对的不完全的融合。而这种驳杂的和不确定的特点，这个永远不能成功地完全吸收或化解无序而需要无序因素的支撑和帮助来实现其组织作用的有序，就是复杂性的标志、征象”。[②] 青年的诞生，就在这种团结与争斗、可能性和不确定性、有序与无序，即复杂性之中。

（三）猴性、人性与青年的人类性

在原始社会中，男性阶级实行着等级性统治，青少年和妇女处于社会等级的下层。但这种统治并不是建立在经济剥削和政治集权的基础之上，男

① ［法］埃德加·莫兰. 方法：天然之天性［M］. 吴泓缈，冯学俊，译. 北京：北京大学出版社，2002：405. “人类历史的发生学”概念在莫兰《方法》第一卷的结论中提到，以说明其对从宇宙发生到现代人类社会，亦即从混沌到历史的复杂性过程及其意义的认识.

② ［法］埃德加·莫兰. 迷失的范式：人性研究［M］. 北京：北京大学出版社，1999：26.

性阶级并不是一个“异己的、高居其上”的“寄生性”的阶级，因此在原始社会既“没有经历深刻的内在矛盾，也没有经历会导致它的根本变化的破坏性的或创造性的动荡”，而且男性阶级的每个成员“都个别地与被统治者——妇女和青少年联系在一起”。[①] 这种联系既是亲情的、血缘的，但更主要是文化的，即由祖先、起源、家系主题构成的图腾、巫术、神话、礼仪、节庆等“精神线索”来确定个人独特的文化身份。对青年人的启蒙礼仪产生了，“运用启蒙的形式，成年男性阶级把青少年的生物学的连续过程腰斩为社会学上的两部分，因而完成了阻止形成青年人阶级的分解工作；它还对进入成年人世界的权力行使绝对的控制。男性阶级的权力用这种方式巩固自己，它被精灵和神祇参与其中的神话—宇宙学的运作掩盖着”。[②]

但这并不意味着青少年的历史断裂。生物学的腰斩和社会学的分割，这只是人类进化复杂性的一种形式而非其实质，但它的实质恰恰很容易被这种形式所遮蔽。“等级性统治”的非异己性和文化传承的连续性，以及这一时期相对于原人和智人社会的文明进步，或许将为青年提供更有利的发挥其想象力和创造力的机会。因为，基于青年生物学特性的青年“青春的品质”不会在根本上被这种人为的腰斩和割裂所摧毁，而生存竞争的日益激烈和残酷则可能更激发他们的创造力和想象力。

莫兰认为，人类诞生于世界和生命的残酷之中；生命“残酷地与世界的残酷做斗争，也以残酷抵抗生活的残酷”，生命本身就是抵抗残酷的力量。[③] 抵抗残酷，可以是残酷的手段，也可以是关于残酷的想象。在启蒙仪式中，青少年通过“死亡”的残酷而获得“新生”。在神话中英雄历经残酷，而神话中这些英雄历险的故事几乎无不以青年为主角，从宙斯到普罗米修斯，从释迦牟尼、亚当、夏娃到耶稣……并非青年创造了神话，而是神话以超自然的形式彰显了青年的创造力和想象力。人类的青春崇拜或许就诞生在这一过

①② ［法］埃德加·莫兰. 方法：天然之天性(绪论)［M］. 吴泓缈，冯学俊，译. 北京：北京大学出版社，2002.

③ 陈一壮. 埃德加·莫兰复杂性思想评述［M］. 长沙：中南大学出版社，2007.

程中。太阳神阿波罗是人类青春崇拜的象征。世界各民族都有关于太阳神的神话。如莫兰所说:“当我们的意识被点亮之时,我们就开始对太阳顶礼膜拜。我们是太阳之子,这团混沌是一个吐火喷火的机器,一连串的爆炸,不间断的协调,确立了太阳的秩序,确立了在它周围乖乖地、无差错地旋转着的行星们的秩序。太阳孕育我们的秩序,孕育我们这架再生繁殖机的重复,孕育社会的秩序。同时,它也孕育了我们的疯狂,我们的幻想,智人/蒙昧人的无序,社会与历史的无序。太阳四射的光芒是不可逆转的大放血,它孕育着我们的未来。”①人类不能没有神话(但莫兰反对现代神话的“毒性”)。“一切社会现实都包含有神话的一面,一切‘神话’都具体体现为社会的现实。”②但莫兰认为,对这种残酷的“唯一的抵抗力量存在于合作、交往、理解、友谊、共生和博爱的力量中,只是后者必须被洞察力和智慧所伴随,否则可能反而促进残酷的力量……它们总是最微弱的,但是依靠它们才有了可以共生的社会、相亲相爱的家庭、友谊、爱情、忠诚、慈善、同情、内心的激动……”③而这一切不正蕴含并凸显在“青春的品质”之中吗?

“青年猴”概念应当是莫兰社会—人类学或“整体人类学”中的一个基础性概念。在“青年猴”中,我们看到了史前人类社会的无序,看到了“一切发生的、生成的、创新的事物都离不开无序”。④无序、危机、狂热的涌现是历史社会不稳定性的重要根源。“但是在这不稳定性中也存在着进化的源泉,亦即解体—重组的源泉”,而且这个过程是“随机的、偶然的、被不确定性的原则所支配”。噪声和狂乱既不可避免也难以消除,历史在某种程度上成为一系列灾难的连续。但另一方面,人们也会看到,历史在复杂性逻辑中的不断新生和持续前进——噪声和狂乱被“回收”,“它也散发了繁殖的孢子”,破坏的力量在历史的“双重游戏”中被利用而成为进行再创造的力量。在这一历史的游戏中没有任何一方取得决定性的胜利,而似乎每一方都接近于取胜。

①④ [法] 埃德加·莫兰. 方法:天然之天性(绪论)[M]. 吴泓缈,冯学俊,译. 北京:北京大学出版社,2002.
② [法] 埃德加·莫兰. 社会学思考[M]. 阎素伟,译. 上海:上海人民出版社,2001.
③ 陈一壮. 埃德加·莫兰复杂性思想评述[M]. 长沙:中南大学出版社,2007.

历史的“无序、危机在包含着倒退的风险的同时，也构成进步的条件”。[①] 这对于理解现代社会中的青年和青年问题同样是适用的，也正因为如此，莫兰将人类新的文明和理想的“人本政治”产生的希望放在青年身上：作为一个“年龄阶级”的青年群体最值得期待，“尽管前后相继的青年运动的浪潮迅速瓦解，但是仍然存在着这样的期望——青年人当然不是由年龄决定的救世主，但却是人本政治使命的优先承担者。他们可能给人本政治输入斗争的能量”。[②]

猴性，在青年人那里或许就是一种人性化、本质化的特征。没有猴性的青年，或者是由于他晚熟而没有进入青年期，或者是由于他早熟而提前进入中老年人的阶段。但在各种文化传统和现实社会生活中，青年人的这种猴性是不被赞许甚或遭到规制、抹杀的。孙悟空是中国“青年猴”的典型，但从“老不看三国，少不看西游”这句俗谚中却可以窥见一种文化传统对这个猴子的态度。

“在历史社会中，异端者、脱离正轨者、叛徒大量滋生。”[③] 在文明的进步和历史的发展过程中，有一种越来越明显也越来越普遍的将青年划归为社会的“不稳定”（制造“麻烦”、引发“骚乱”）因素的倾向。这与其说是出自一种社会的或政治的、文化的偏见，不如说是一种关于青年的无知。但更主要的应该是一种思维方式的缺陷，是用一种简单化代替复杂性的思维，用一种将青年与社会、青年的生物性特征与社会性特征、青年人与成年人相对立的方式来定义青年的结果。人类的认识活动，人对外部世界的感知和对物体及生命的识别，“都遵循着先天的辨认图式和文化的辨认图式的结合”，都在“生物—人类（大脑—心理）—文化圆环的不间断过程中形成”。大脑和社会文化两个“超级复杂的机器”决定了人类认识的“总体复杂性”特征。人类的认识，“不仅是身体中大脑的认识，不仅是文化中精神的认识，也是一个精神/大脑在此时此处以生物—人类学—文化的方式所生成的认识”。[④] 这将为

①③④ ［法］埃德加·莫兰. 迷失的范式：人性研究[M]. 北京：北京大学出版社，1999.
② ［法］埃德加·莫兰. 人本政治导言[M]. 陈一壮，译. 北京：商务印书馆，2010：95.

我们认识和理解青年提供一个新的视角和方法。

恩格斯指出，进化论思想为我们"追溯人类精神的史前时代，追溯人类精神从简单的、无构造的，但有刺激感应的最低级有机体的原生质起到能够思维的人脑为止的各个发展阶段"提供了基础。而且，"如果没有这个史前时代，那么能够思维的人脑的存在就仍然是一个奇迹"。① 莫兰关于"青年猴"的认识在方法论上将给我们以深刻启示。在原人进化的复杂过程中产生了文化，但被淹没在自然的发展史中；文化，是在灵长类和人类之间建立起的经验联系，在其中"可以看到人类化的动物、动物中的社会和与生物进化相联系的文化的创生"。然而这也曾经是一个"概念的黑夜"，一个未曾也不可思索的其中既无人类也无动物、既无文化也无自然的"深渊"。② 现在，这个"概念的黑夜"被复杂性的思维穿透了，这个不可思索的"深渊"为一种新的思想所照亮。但发现的结果往往是简单的：在"人猿揖别"的关头，在文明曙光初露的时刻，矗立着一个"青年猴"！

"为了拯救未来，必须拯救过去。"③

人类的诞生是"在技术上和社会组织上从一种或几种其他灵长类动物所达到的水平出发继续向前发展"的结果。④美国人类学家格尔兹说：每个人有生日，而人类没有生日。莫兰认为，人类经历过"多次诞生"。"多次诞生"，这一观念表明：人类没有生日，人类进化和进步是一个连续的、没有止境的过程。可能人类的奥秘就蕴藏在这一过程之中，或者就是这一过程本身。但如果真的要给人类确定一个或多个生日，也并非完全不可能，这个生日就是每一代新青年或新人诞生的时刻。

## 三、"青春化"想象与人类文明演进

"青春化"是莫兰在"青年猴"的发现基础上提出的又一个重要概念，也

---

① [德] 马克思，恩格斯. 马克思恩格斯选集(第3卷)[M]. 北京：人民出版社，1973：527.
②④ [法] 埃德加·莫兰. 迷失的范式：人性研究[M]. 北京：北京大学出版社，1999.
③ [法] 埃德加·莫兰. 反思欧洲[M]. 北京：三联书店，2005：124.

是其关于青年的假说之一。

莫兰所谓的青春化，是指“青春的品质”作为一种文化基因对于“作为我们社会繁衍的基础结构”和再生机制的文化的复杂影响、作用过程。如果说关于“青年猴”的假说主要是建立在有序或无序的复杂性理论基础之上的话，那么关于“青春化”的复杂性的主要特征则体现在自组织方面，而自组织也正是莫兰复杂性理论的核心。因此，青春化的概念，对于理解莫兰的复杂性理论及其“青年假说”可能有着更为重要的意义，但情况也可能更为复杂。

（一）自组织与青春化

复杂性理论的核心是自组织。但这种自组织不是泛指一切基于“物理—化学系统的自组织”的从无序到有序、从低级有序到高级有序的演化现象的广义的、属于“保守自组织”的概念。复杂性科学研究的是“进化的自组织”。与保守自组织比较，进化的自组织遵从的不是一般意义上的物理—化学规律，而是“耗散结构”定律，因此又可以称之为“耗散自组织”。圣塔菲研究所“人工生命”学科的开创者朗顿的比喻可以简单区分这两种自组织概念：将一块石头抛向空中，它因受制于物理定律的作用会呈一条漂亮的抛物线落下；一只小鸟被抛向空中，它则会向某一个地方飞去。石头和小鸟同样都受外界力量的作用，但它们运动的方式、方向和结果却完全不同。石头的降落是一种“保守自组织”现象，小鸟飞向远方属于“进化的自组织现象”。当今复杂性研究的目标和重点日益指向包括生物、生态、社会、经济等更复杂系统的、更高级的自组织对象，这些自组织是有生命、有意识、会学习且能动的、自觉的自组织。[①]

“自组织”作为莫兰复杂性理论的核心，主要包括以下内容：首先是“生物的逻辑”。生物具有更新、重建、再生，亦即自我修复的能力，另外它可以伴随着一部分“噪声”运行。“生物遵循着一套完全不同的运行和发展的逻辑——在这套逻辑中不确定性、无序和偶然性作为高级组织或自组织的要素发挥着作用。”[②]大自然被看作一个总的有机体和统一体，一个自我组织的

① 陈一壮.复杂性理论研究的核心问题是什么[N].学习时报，2006-11-20(7).

② ［法］埃德加·莫兰.迷失的范式：人性研究[M].北京：北京大学出版社，1999：11.

整体。而且，大自然作为一个母体，“也被她的亲生孩子们所创造，另外她也是一个残忍的母亲，有时会用毁灭和死亡作为调节手段”。[①] 生物的逻辑比人类理智的逻辑更复杂。

其次是社会—文化的再生逻辑。基于对生物逻辑自组织的认识，社会（包括动物社会）被设想为“生物系统自我组织的基本形式之一”，而人类社会则被设想为“自然的社会现象的一个变种和它发展的奇迹”。社会和文化都是一种“自我再组织”系统。“任何个性都是生物性和文化性这两个再生原则相互干预的产物”，这是一个关键的人类学现象。“文化系统作为再生系统保障一个社会的复杂性的自我延续，亦即它的永久的自我产生或自我再组织”，而且这种永久的自我产生尤其决定了文化系统在每个个人身上的再生。[②]但是，由于社会—文化的复杂性决定了在再生过程中必然充满“组织本身的对抗性”，并在对抗中实现新的再生。“无序（随机的行为、竞争、冲突）的作用是含混不清的：它一方面是社会秩序的构成因素之一（多样性、变动性、灵活性、复杂性），另一方面它又保持着无序，也就是说构成组织瓦解的威胁。不过进一步看，无序所维持的永恒的威胁给予了社会复杂和生动的特点：永恒重组。”[③]在某种意义上，这种“社会—文化的再生逻辑”也是对抗的逻辑。

再次是“焊接”的逻辑。“焊接”的逻辑首先是莫兰复杂性理论方法论的一个构想，同时也是他思想实践的一个复杂过程。在经验上把动物与人类、自然与文化焊接在一起，需要一种复杂性思维方式，需要完成一种“范式革命”。在理论上，“照亮”人类进化史上那个“五百万年前到一千万年间的巨大缺口”和“深不可测的概念的黑夜”，进而思考和说明那些“人类问题”或“人类性问题”，无疑是一个十分艰巨的过程。需要“焊接”的东西太多，不仅是动物与人类、自然与文化，而且无序与有序、竞争与合作、生命与死亡、破坏与重组、噪声与信息、复杂与简单、对抗与融合……都需要“焊接”在一起。

①②③ ［法］埃德加·莫兰.迷失的范式：人性研究[M].北京：北京大学出版社，1999.

"青春化",是在"自组织"概念的基础上运用"生物的逻辑"、社会—文化的再生逻辑和"焊接"逻辑所作出的一个重大发现。"青春化",在"重塑人的概念"中有意无意间重塑了青年的概念,在阐释人的复杂性的同时阐释了青年的复杂性以及青年—社会关系的复杂性。

（二）青春化：从生物—心理—社会学到人类—社会学

"一个明显的事实是人不是由生物—自然层和心理—社会层这样两个层次重叠构成的;任何万里长城也不能分隔开他的人类部分和他的动物部分;每个人都是一个生物—心理—社会学的整体。"①这是在"人的统一性"基础上认识、理解青春化的重要思想前提之一。

青春化的生物学特征是其与人脑进化的联系。人脑进化既是青春化现象产生的前提,同时也是它的后果。青春化作为一种社会—文化现象,同样需要发达的大脑,需要生物学上高度进化的生命才能存在。这也反映和体现了人类进化的一般规律。

但是,"大脑进化过程中的进步又是与青春化过程中的进步分不开的"。这主要基于以下两个方面的理由：一是由于学习的需要,青春化意味着个体发育放缓,亦即幼年和少年阶段的延长,"社会文化的复杂性绝对需要一个较长的童年";二是较长的童年对于家庭核心关系(母子、兄妹关系)和"感情世界"的培养和延续是必要的,它有利于"童年的感情世界在成年生活中扎根,使这种感情在以后采取友情、亲情和爱情的形式指向新的伙伴"。学习的需要、情感的需要,在客观上使青春期延长,"原人在生物进化过程中获得了幼态持续的特点",即在成人身上仍保持有幼童或青少年的一些特征。"这种赋予成年人某种胎儿或幼兽特征的年轻化现象在生物学进化上常常具有丰富的意义,主要是它把新生的族类从为着适应某一特殊的环境而产生的狭隘的特性中解放出来;并且如果这个年轻化的现象与脑的发育相伴而行,还有利于发展出全面的能力和多重的品质。"②"幼态持续的特点"与

①② ［法］埃德加·莫兰.迷失的范式：人性研究[M].北京：北京大学出版社,1999.

“年轻化现象”，可以说是互为因果的，前者使后者成为条件与可能，后者使前者合理而必要。“青春化过程”在这里具体化为一个动态的、积极的、循环的、演进的系统过程。

“族类的青春化首先是脑的青春化，这意味着在成年人甚至老年人那里可能有着青年人的智力和感受性。”[①]这不仅适用于对原人进化的理解，而且具有普遍的意义——无论就人类进化还是脑进化而言，无论对现代人类还是对人类未来来说，都将处于一种“未完成状态”，学习新的知识，适应新的环境，掌握新的技能，接受新的事物，不断地探索、求知、创新，这就是人类文化的宿命，也是人类青春化命题最基本的含义和旨归。青春，是人类文化生生不息的源泉；青春化，为人类社会—文化的进化和历史演进提供源源不竭的动力。

莫兰认为，青春化是与青少年密切联系的一种人类学现象。青少年时期是社会系统“再生文化的根本和社会的模型”的一个重要时期（尽管这还仅限于男性身上）；“青少年因素”是使“人变得‘人性化’起来”的与遗传学因素同等重要的因素之一。文化作为一个高度复杂性的再生系统，包含文化在每个个体身上的再生和文化的自我再生两方面的含义。文化在个体身上的再生犹如生物有机体通过细胞再生机制以使自己延续下去一样，而文化的自我再生则需要青年的推进，“涉及一个在文化上被培养起来的青年群体在脱离了原有的社会之后再生出一个新社会。通过这后一种社会自我再生的途径从一个共同的主干繁衍出许多社会群体。高度复杂的社会繁衍只能通过这种文化的自我再生的方式实现，因此‘直立人’的原人社会能够保持着它的高度复杂性在古代世界分布开来”。因此，“我们应该清楚地认识到文化并不是凭空产生的，它以前文化的原始复杂性为基础。前文化的复杂性就是灵长类社会的复杂性，它被最初的原人社会所发展”。文化在开始时不是社会的基础，以后它变成社会的高级复杂性的基础。[②]青春化、青年、“青少年文

①② [法]埃德加·莫兰．迷失的范式：人性研究[M]．北京：北京大学出版社，1999．

化"，是人类、文化和社会的进化和自我再生过程中不可替代的要素和角色。

总之，"青春化是一个总体的和多方面的过程，它的每一个方面都与大脑的进化密切相关，涉及族类的遗传性质，文化的社会性质和个人的感情与智力的性质。它保障了社会文化自我再生和自我发展的更为优越的条件，也创造了个人从出生直到衰老在感情上、智力上和创造性上发展的更为优越的条件"。[①] 青春化，由此而从生物—心理—社会学进入人类—社会学（亦即莫兰所谓"人的科学或人类学"）的范畴。

（三）"青春的品质"与青春化进程

"青春的品质"是人类在进化过程中形成的一种最优秀的品质。它意味着人类不断地探索、求知和创新，象征着人类在复杂的历史过程中不断走向发展和进步。

青春的品质在"青年猴"那里已初步形成。但在"青年猴"身上，这种品质更多地仅限于一些生物—心理学特征，诸如好奇心、顽皮而不守规矩、善于仿效和学习、个体之间的感情、对成年猴的冒犯、对异性的追逐等，带有较明显的动物游戏的性质或属于一般的"异常思想"或异常行为。然而，这些品质仍然是宝贵的，是文明萌芽的因子，是人类诞生的象征。人的个性化和独立性的特征最早在这里显露出来了。

莫兰注意到在"猴子社会"最早分化出"含混的个体—社会的关系"，并认为这种"含混不清"的关系有助于人类早期社会的形成和个体的发展。个体和社会关系在这一时期建立起来，形成两个"既互补又对立的现实"，即社会一方面对个体实行制度性的约束（如生物等级制度中"青年猴"的边缘地位和处境），另一方面"社会为了它自身的变化性利用了个体的多样性"（如某些"青年猴"的探索发现为社会所吸收）。[②]

在个体与社会相对分离及个体与社会的联系中，一种"个人的精神"出现了。这种"个人的精神可以（通过汲取社会文化源泉和社会文化资源中的

①② ［法］埃德加·莫兰.迷失的范式：人性研究[M].北京：北京大学出版社，1999.

养分)使自己相对独立于自己的生物规定性,也可以(通过利用他在组织知识方面的生物人类学能力)使自己相对独立于自己的文化规定性。个人精神可以通过这种既约束、限制他,又滋养他的双重从属游戏来实现自主。他可以游戏,因为确实有游戏,也就是说在生物—人类学因素和社会文化因素之间、在个人和社会之间确实有脱节,有漏洞,有偏差。……个人尤其在这种时候可以具有自己游戏的可能性和自主的可能性,在这种时候,文化本身也出现了多元性的对话游戏,文化规定性内部的断层和断裂不断加剧,出现了把反思和对质结合起来的可能性,出现了表达异常思想的可能性”。①

对青少年来说,这种文化“游戏”有着另外的含义。一方面青少年还不能自觉、充分地汲取社会文化养分和利用生物人类学能力,生物规定性和文化规定性给他带来更多的约束和限制,因而青少年的文化“游戏”远非完全独立、自主,它将受制于这种双重规定性。但另一方面,生物—人类学因素和社会文化因素,个人和社会之间存在的脱节、漏洞和偏差,客观上又确实为青少年亚文化提供了生长的空间,成为社会多元文化对话游戏的一部分重要内容,并且青少年“异常思想”的表达会在某种程度上加剧文化规定性内部的断层和断裂,使文化的创新和再生得以成为现实。社会文化的活力,人类文化的青春性,或许就是在这一过程中形成、展开和延续的。这是一个个人与社会关系的既互补又矛盾,既相互构成又相互感染的现实过程。

原人社会文化的进步促进了大脑进化和青春化,大脑进化和青春化反过来又促进了社会文化的复杂化,这构成了“一个选择性地互相关联的环路”,促进了族类、个人、文化、社会等所有层次上复杂性的发展。“青春的品质”作为一种最具活力的文化因子,在这一发展过程中起到积极的促进作用。它既打破了僵化、保守的社会等级制度的压抑和束缚,又在开放、创新的层面进行大胆的尝试和探索。“……在青春化过程上的进步意味着被先天地编制好程序的刻板的(本能的)行为的减少,对(自然和社会的)环境的

① [法]埃德加·莫兰.方法:思想观念:生境、生命、习性与组织[M].秦海鹰,译.北京:北京大学出版社,2002:11.

极大开放，获得很大的可塑性和灵活性。……文化发展上的进步对应着信息、知识和社会学识的大量增生，也对应着组织规则和行为模式的大量增生，而这意味着社会文化特有的程序化过程的发展。”①

“青年人的半社会化，他们和成年人的关系，使得社会有可能直接享受创新和发明之利。此外，青少年的特点如友爱、好玩、求新，甚至发明的能力也更容易维持到成年人的年纪；青春化变成了一个人类学现象。青年人被‘融合’‘回收’，而他们在类人猿社会里处于边缘地位的品质现在却浇灌着原人社会。”②“半社会化”，即青年存在的“半社会”性质，一方面作为被统治者依附于男性阶级，另一方面作为一个“生物—社会阶层”而保留有自己的遗传天性。青年人的依附性使他们丧失边缘地位而不得不在服从和被驱逐二者之间做出选择，但“边缘地位的品质”仍然作为“青春的品质”的遗传和变异而不断产生“新的突变型基因”，并通过成年人对未成年人新的社会关系而直接对社会产生影响，甚至“导致个人、社会和族类的改变”，这可能就是莫兰所谓的“人类学进化论”立场所要阐明的道理之一。青少年的成长过程被男性阶级的统治无情斩断，但贯通各年龄阶段的男性阶级的全面统治和组织权能却使他们与成人社会建立起直接的联系。与边缘等级地位丧失相对应的是青年人被成人社会的“融合”与“回收”，而“边缘地位的品质”“青春的品质”则成为浇灌人类文明之花永不枯竭的源泉。人类的青春化——一个重要的人类学现象——在青年与社会关系错综复杂的变化过程中诞生了，并在社会和文化复杂的历史演进过程中成为一种特别的社会动力学机制。

（四）青春化的艰难与不确定性

“青春的品质”，是人类最重要的品质之一，或许它可能是人类区别于其他动物的最关键的品质。这种品质与人类的生物、心理、社会、文化等各种复杂过程及潜能相联系，是人类进化过程中最活跃的因子，甚至可能正是由

①② ［法］埃德加·莫兰．迷失的范式：人性研究［M］．北京：北京大学出版社，1999．

于它的作用才产生进化过程中的一些或一系列重要、关键的基因突变。"青春肯定仍然是青少年的特点，但它的特征不再严格孤立存在于'青少年阶段'之中……青春化在开始时促进了童年时期的延长，以后它同时促使成年世界进入青春期(学习技术、狩猎、社会规则)和使青春期进入成年世界。"青春化"使得成熟的男人在某种意义上保持年轻，不是在生理上，而是在精神上。从那时起男人的阶级就不能再严格地称为成年人阶级，这是青年人、成年人和老年人组成的男性阶级"。①

但这并不意味着"青春的品质"或青春化可以毫无障碍地进入文明的历史进程。相反，文明的历史进程由于种种原因或可能增加其难度，甚至可能使它遭到无情的拒绝。这主要是由于"青春的品质"和青春化本身蕴含着内在和外在的各种矛盾和冲突。"青春的品质"既可以构成"创新和发展的可能性和社会文化历史条件"，同时它也挑战社会文化的规则、权威或做出实际的过激的反叛行为。青春化是社会文化历史演进过程中的一种特别的社会动力学机制，但它绝非是一种自然的历史过程。青春化向来是艰难并布满危机的。

这种艰难和危机可能来自诸多方面。但最主要的还是在文化对话、文化碰撞、异常思想表达三个方面的冲突。这也是既可能"固定和限制"也可能"调动和解放"人的认识的三个重要环节。因为，在认识的历史和认识的活动中，总是充满矛盾、对立和冲突的，绝对的、正统的、神圣的、神话的、教条的、幻觉的、范式的、印记的、规范的……总是要面对各种各样的怀疑、侵蚀、破坏、反对，以及科学发现、思维革命、异常思想、知识演进等的冲击和挑战。②

首先是对话的艰难。文化对话的首要条件是观点的多元性(多样性)，同时还要有文化交往或交流的平等性(这里体现的是文化的宽容性)，允许思想、观念和世界观的冲突以及控制冲突的规则的合理性等。但在社会等

① [法]埃德加·莫兰. 迷失的范式：人性研究[M]. 北京：北京大学出版社，1999.
② [法]埃德加·莫兰. 方法：思想观念：生境、生命、习性与组织[M]. 秦海鹰，译. 北京：北京大学出版社，2002.

级、阶级制度的历史上(包括“青年猴”阶段)青年与社会的文化对话向来是十分艰难的,因为他们向来被认为是不成熟的、不理性的、不靠谱的,青年人的探索精神、反叛精神、个性化诉求,他们的想象力和创造力,要么被粗暴、野蛮地排斥,要么被扭曲、遮蔽或剥夺。对话的艰难导致青年与社会的冲突以或隐或显的形式来表现——公开的反抗或“仪式性”的狂欢——在社会动荡变革时期,或民俗、宗教、大众文化之中。在1968年5月事件中,莫兰发现了青年的“某种神秘仪式”:青年人要想成年,就要与神圣森林中代表和维护秩序的蒙面鬼进行你死我活的搏斗,紧张、激烈、悲壮、狂欢,在游戏中交织着仪式,大学生沉浸在“历史的陶醉”之中。① 莫兰指出:历史属于成年男性,但成年男性的统治总是要面对来自青年或少年的竞争,而且这种竞争常常发生在社会的危急时刻。法国大革命时期的圣·茹斯特、罗伯斯庇尔都是当年的青少年英雄,“从那以后,几乎总是年轻的一代处于革命运动的前锋:1830年、1848年、1871年在法国,然后1917年在俄国、1956年的波兰10月事件和匈牙利革命、1954年阿尔及利亚的暴动,等等。反过来,一些重要的反动的秩序的重建是在父亲甚至祖辈的形象标志下实现的……”同时,历史的经验也一再证明:“任何年轻人的推进相应于历史的加速前进时期。”②不过,在这一过程中,青年和社会都为之付出了代价。

其次是“碰撞”的艰难。“文化对话”在某种意义上即是“对立思想的碰撞”。“对立思想的碰撞造成一个湍流区,在文化决定论中打开了一个缺口;在个人或团体中,这种碰撞可以引起质询、不满、怀疑、质疑、探索。”碰撞产生“文化热量”。“在社会变化和文化变化中,我们也必须给热量留出一个重要位置。”“热量”是一种物理能量,由于热量的作用而使某种持续稳定的状态变成不稳定的湍流或漩涡。“正如物理热量意味着粒子之间震荡和碰撞的激烈性/多样性一样,‘文化热量’也可以意味着观点、思想、观念之间交流、对抗、论战的激烈性/多样性。如果说物理的冷意味着僵硬、静止、不变,

---

① [法]埃德加·莫兰.社会学思考[M].阎素伟,译.上海:上海人民出版社,2001:305.

② [法]埃德加·莫兰.时代精神[M].陈一壮,译.北京:北京大学出版社,2011:163.

那么我们可以清楚地看出，‘文化的热’可以使僵硬和不变的认识变得灵活起来。”[①]由于社会、文化地位的不对等和社会对青年的文化偏见，这种在复杂性的有序/无序基础上产生的积极碰撞很难成为现实，而且即使产生现实的碰撞，青年往往处于弱势地位，他们的观点、思想、观念要么被“热”处理而直接作为异端进行打压，要么被“冷”处理而置之不理，青年中产生的“文化热量”在青春化的艰难中被消耗殆尽。但青年也会做出相应的反应，他们或进行激烈的文化抗争，以“反文化”的姿态与主流文化对抗，或堕入“虚无主义”，以消极的方式表达自己的情绪。青年人面对现实做出两种选择：青少年造反——“无理由的造反或带有政治色彩的造反”，即是青少年拒绝世界的选择之一。另一选择则是虚无主义，蜷缩进自我或青少年群体之中。青少年的拒绝、逃避都表现了他们对这个社会、世界的不满和厌恶，而这种情绪在一定的时机“会变成革命的酵素”。[②]“代沟”是“碰撞”艰难的直接后果。但无论在“青年猴”那里还是在现代青年当中，青年人与社会从未隔“沟”相望，只是“碰撞”采取了其他的形式，而这些形式却绝不是成人社会所喜欢和希望的。

再次是“表达”的艰难。这与“对话”和“碰撞”的艰难是相联系的，而且是其直接后果。在任何社会、共同体、团体、家庭中，个人之间对既定的法则、权威、规范和真理的接受和内化程度都存在一定差异，到处都存在一小部分潜在的“异常思想者”，这部分人中的一小部分会自我边缘化，有时也会奋起反抗。[③]“……异常思想会发展成一种彻底的质疑，以至于最终颠覆占统治地位的真理。在这个过程结束时，从一种已确立的文化中排放出的副产品（异常思想）会成为一种新型文化的主要产品，新型文化又将把旧有的真理当作废料和垃圾排放掉。机械决定论的观点无法设想不变性的摧毁、创新性的突变和再生系统的改造，而我们则必须设想一些原则，这些原则能使我们理解，一种文化可以产生出毁灭这种文化的东西。”[④]异常思想是文化创

---

①③④ ［法］埃德加·莫兰. 方法：思想观念：生境、生命、习性与组织［M］. 秦海鹰，译. 北京：北京大学出版社，2002.

② ［法］埃德加·莫兰. 时代精神［M］. 陈一壮，译. 北京：北京大学出版社，2011：173－174.

新、突变、再生的动力和源泉，同时也是最具革命性、颠覆性、摧毁性的文化力量。而异常思想的表达，无论是持续的还是暂时的，局部的还是全面的，都意味着“印记的变质”或“规范化的衰退”，都意味着“要求在印记、规范化、神圣性、教条主义之间展开一种对话游戏”。① 但无论是“对话”还是“碰撞”，都十分艰难，而异常思想的革命性、颠覆性、摧毁性特征，无疑会令其“表达”更加艰难。但尽管如此，“表达”对于青年人来说仍会以各种各样方式进行，或是“青年猴”扮出的怪异鬼脸，或是摇滚青年拼命扭动的身躯，或是他们祭出的“反文化”大旗……

青春化的艰难似乎预示着青春化的危机，但这或许只是一种历史的表象。人类进化的过程，是一个新的东西不断产生和旧的东西不断消逝的过程，也是一个曾经是胜利者的族类的灭绝与幸运取胜的异端不断进入中心的过程——“……在自然环境缓慢变化、个体和社会群体以不变的方式进行繁殖的巨大的时间间隔里，不时发生着从一个族类向另一个族类、从一个社会向另一个社会、从一个个体向另一个个体的跳跃；每一次跳跃或是由于一个携带新的突变型基因的亚当繁衍后代，或是由于一个未知的普罗米修斯带来了新的技术，或是由于一个不遵守常规的群体瓦解了过去的生活模式而重建了一个新的。时而发生分化、分裂。一些群体失败了，一些群体稳固地确立下来，分布开去。幸运取胜的异端者把曾经将他们看作异端的正统的习俗改变为异端。”②

复杂性理论证明，历史具有变动性和不平衡的本质——“永远不能忘记原人进化过程是一个许多因素相互干预的游戏，它意味着许多事件、淘汰、选择、融合、迁徙、失败、成功、灾难、革新、解体、重组。”③ 复杂性理论还证明，没有一个神秘的决定性力量约束人类朝着某个既定的目标前进。“我们永远无法预知，社会的冲突和混乱将带来自由和进步，还是带来毁灭和退步。

① ［法］埃德加·莫兰．方法：思想观念：生境、生命、习性与组织［M］．秦海鹰，译．北京：北京大学出版社，2002：25.

②③ ［法］埃德加·莫兰．迷失的范式：人性研究［M］．北京：北京大学出版社，1999.

不变性的断裂、对规范的违反、不确定性的出现、混乱和偶然性的增加，这些都具有深刻的二重性。社会组织的自我再生的不变性中出现了断裂，这种断裂可能会引发创新和创造，创新和创造将发展组织的复杂性，或相反它也可能使这种复杂性退化。所以，发生在一个社会中的偶然事件和干扰，尤其是各种规范的危机（经济危机、社会危机、政治危机，当然还有文化危机）都具有二重性。”“我们永远不能预言混乱、湍流和社会危机对知识领域的影响将是负面的还是正面的。有序的、和平的、稳定的时期可以是一个停滞的、思想肤浅的时期，也可以是一个有利于文化黄金时代出现的时期；一个冲突和暴力的动荡时期可以具有摧毁性，也可以滋养一种非常旺盛的文化生命力，并激发丰富的思想碰撞。”[①]新的认识模式经常在沉默中诞生，“以鸽子的脚步前进”；诞生前或诞生后也“经常是一种对抗和痉挛的时期”；“这里有一条社会学的测不准原理”。[②]

不确定性，是青春化过程的一个显著特征。

（五）青春化与现代性

现代性加剧了青春化的复杂性。现代性本身既意味着复杂性，也意味着青春性。在哈贝马斯看来，现代性是一个未完成的方案，是一个充满危机和不确定性的世界图景。波特莱尔关于现代性的定义似乎更适合莫兰对现代性的理解：现代性就是短暂的、易逝的、偶发的，它是艺术的一半，艺术的另一半是永恒的、不变的。现代性具有青春性的一面，与青春化的进程复杂地纠葛在一起。莫兰试图证明这一点。

在年轻王子哈姆雷特身上，莫兰看到了现代性到来的征兆。现代性原则撕开了父权的铁幕。爱情被承认为最高权利，国家被规定为最高义务。哈姆雷特既遵从复仇的绝对律令，同时在他身上还燃烧着爱情之火。哈姆雷特最后将复仇之剑刺入杀父凶手的胸膛，这后面既有复仇的力量，更有爱情的力量。而当复仇的意志与爱情的情感相冲突的时候，爱情的情感总是

①② ［法］埃德加·莫兰. 方法：思想观念：生境、生命、习性与组织[M]. 秦海鹰，译. 北京：北京大学出版社，2002.

表现出一种更为强大的力量——爱情使复仇的举动出现稍许的犹豫——“现代性渗入了这种犹豫，也就是对父亲的认同的裂缝。只是在临近死亡的时刻哈姆雷特才完成了认同的举动——杀死叔父。”[①]青年人从犹豫到决绝地反抗，最终使父亲—家长权威“这些曾经在宗教和神话中占统治地位的崇高形象消失在现代的想象世界之中”。[②]

现代性的到来使青年与老年之间的竞争愈益尖锐而激烈。“整个社会被拖入了解除老人统治的运动。”“老年人变成现实生活进程的落伍者而被抛弃。他们意味着**老朽的世界**。过去的监护者，今后将被老年人的退休制度保护。”莫兰基于 20 世纪上半叶特别是 60 年代(甚至也包括法国大革命以来)西方的一些社会现象和事实作出的这一系列推断和阐释，尽管在今天看来有的不一定正确，但放在大众文化语境中来理解仍不乏精彩和睿智之处，尤其是作为一种趋势预见，确实是值得回味和思考的。对历史的追溯，莫兰作出这样的描画：“一种‘年轻化’对应着这个去老年化：如果 1789 年标志着政治的青春的太阳升起，那么在 1777 年歌德的《少年维特之烦恼》中宣告了文化的青春的太阳升起。政治的和文化的这两种推进从此有时联合有时交替地进行。浪漫主义是一个宣示青春的热忱和标志青年人觉醒的广泛运动，它接替了老人世界的倾覆并宣告了新人的向往。青年黑格尔派、青年马克思则进行了投入世界的变革的人的思想的革命。父亲上帝濒临死亡。”[③]

莫兰认为，是文艺复兴和启蒙运动推动了这场“解除老人统治的运动”。雅典的青年男子是“古代青少年的雏形”。亚西比德，头戴常春藤、堇菜和丝带编织的花环，醉醺醺地带着一个演奏风管的女人参加苏格拉底演讲的青年，桀骜不驯、叛逆乖张；古希腊青年的纯净、自然、典雅在达夫尼和克罗伊的传说中得到充分而完整的体现——这是两个被善良的牧羊人收养的富贵人家的弃婴。他们很快长成漂亮的少男少女，一个 15 岁，一个 13 岁，在大自然的怀抱中，春心荡漾，爱意朦胧，从倾心爱慕到热烈相恋。但在这两位少

①②③ [法] 埃德加·莫兰.时代精神[M].陈一壮，译.北京：北京大学出版社，2011.

年身上还缺乏罗密欧与朱丽叶的那种“激动不安”。法国小说家拉法耶特夫人笔下的“克莱芙王妃是个具有青少年年纪的女人，但不是个青少年”。在她身上虽然有着“青春期或融入成人社会初期的青少年因素”，但“启蒙的社会仪式”在克莱芙王妃生活的时代还没有完全失去它的功效，还没有完全衰微和消失。现代青年的形象是诞生在博马舍《费加罗的婚礼》中的谢吕班和歌德《少年维特之烦恼》中的维特——“显露一个真正新式的、不确定的、不稳定的、矛盾的形象，而不是一半孩子一半成人，而在一种混沌的状态中结合着两种年纪的潜质。从此，青少年将直接自我显示，并形成诗歌的现代性方面——雪莱、诺瓦利斯、兰波表现了青少年的秘密。”①

青年的现代性，同时也是青年在现代社会变革中融入和反作用于这个社会的过程，是青春化的现代形式和现代化过程。其中既有青年与社会剧烈的矛盾、冲突，也有二者之间双向的适应和调整。在青年身上所体现出的现代性特征在激化、展开某些社会矛盾的同时，也反映出现代社会历史演化过程中的某些人类学特质——过渡、变化、消亡、新生……一种“人类社会的深刻真理”。“自从帕斯卡的《沉思录》和卢梭——青少年时期被推延的人——的《忏悔录》发表以来，矛盾的本质、人类生活的深刻真理从未以这种方式被提出——如同任何深刻的真理被朦胧地提出。这些天才的青少年被他们内心的火烧灼或被生活的闪电击中。他们表露的信息向我们揭示了：确实只有在青年人身上才集中地存在着任何真理，后者在他们向成年人过渡的过程中逐渐消散。”② 在青少年中存在着“人类生活的深刻真理”，而且“确实只有在青年人身上才集中地存在着任何真理”，这两个判断是基于什么样的理由作出的？莫兰认为，青少年处于“历史演化”的一个特定时刻，而在“启蒙的社会仪式”尚未失去功效、衰微或消失的时候，这一“历史演化”过程是不可能完全展开的，“青春期或融入成人社会初期的青少年因素”也只能是以某种潜在的形式存在着。而现代性在人类历史上第一次为这种“历

①② ［法］埃德加·莫兰.时代精神[M].陈一壮，译.北京：北京大学出版社，2011.

史演化”的展开创造和提供可能，现代性点燃了青少年的内心之火，他们的生活因此而被闪电击中。在青少年的社会性“人格”还没有“结晶”、他们所获得的社会角色尚未“硬化为脸上的面具”时，在他们寻找“真正的人生”“引起怀疑和热忱两种情绪”、迫切需要“面对真理”时，“真实的价值”高于“忠实的价值”的“青少年的这个伦理学”和青少年“对现状质疑的价值观”，使他们“厌恶或拒绝虚伪和庸俗的关系忌讳，在极端情况下拒绝世界”。这或许就是莫兰所说的只有在青少年身上才集中存在着“人类生活的深刻真理”。这一真理在青少年向成人过渡的过程中逐渐消散了，但新的因素还在生成。

大众文化打造了新的青年神话。在大众文化光怪陆离的背景下，一种新的青年文化、一个新的“青年人阶级”形成了。“大众文化尽力把青少年的不和谐的主题融入它的标准化的和谐整体中”“大众文化帮助了新的青少年年龄阶级的结晶形成，它向后者提供了英雄、模式、全副甲胄。同时它尽力磨钝后者的棱角，缓和它的反叛性。”对大众文化来说，青年人是“富有生命力的酵素”；对青年人来说，大众文化是“滋养和稀释这个酵素的肉汤和清汁”。① 大众文化在使一代又一代青年人通过适应文化环境融入现代社会的同时，瓦解了老人统治的价值，并在社会赋予青年人价值的过程中吸收了一部分青少年的经验。这与青春化的本质特征是相吻合的。大众文化与青年的关系蕴含着一种微妙、复杂的意味：大众文化，“它的箴言是：‘让你漂亮，让你恋爱，让你年轻。’从历史学上说，它加速了一个文明的本身已被加速的变化。从社会学上说，它促进了社会的恢复青春。从人类学上说，它证实了博尔克提出的关于童年和青少年延伸到成年时期引起老龄不断推迟的法则。从形而上学上说，它是对老年的无法补救的不幸的无限的反抗”。② 其显见的后果，按莫兰的说法就是：成年人被年轻化；青年人不再是严格意义上的青年人，而是青少年(adolescence)——“青少年作为年龄阶级闯入了 20 世纪的文明中”。

---

①② [法] 埃德加·莫兰. 时代精神[M]. 陈一壮，译. 北京：北京大学出版社，2011.

现代性也带来了青春化过程中的噪声、狂乱、无序和危机。从人类学根源上说，智人的心理—情感特点在现代青年人中几乎全部被保留下来。这些心理—情感特点是人类天然固有的，其人类学含义是认识人的心理、情感乃至理性的一把钥匙。远古社会人们通过草药或药酒、舞蹈或礼仪、世俗的或神圣的事物，追求进入陶醉的、情绪达到顶点的、心醉神迷的状态。这种奇妙的、不稳固的、不确定的、随机的但又是基本的状态被智人作为最理想和最高等的状态经验着。狂热、纵情、放任，“人类欢乐具有地震式的特点”“感情的放纵”——从情感的充沛、洋溢到愤怒和疯狂，“感情……在人类那里具有了爆发性的、不稳定的、激烈的和无序的特点”。[①] 这种心理—情感的不稳定性、放纵，构成产生无序的永恒的源泉之一，而且最突出地表现在青年人的行为和活动中。青年人，无论在原人还是在现代人那里，都暴露出人类面目的一个侧面："这是一个不时地微笑、欢笑、哭泣的感情强烈和不稳定的生物，一个焦虑和惶惶不安的生物，一个享乐的、陶醉的、痴迷的、暴烈的、多情的生物，一个充满想象事物的生物，一个知道死亡但不愿被它降服的生物，一个制造神话和巫术的生物，一个被精灵和神祇附身的生物，一个被幻觉和奇想滋养的生物，一个自身与客观世界的联系总是含混不清的主观主义的生物，一个注定犯错误和漂泊的生物，一个产生无序的放纵的生物……”[②]青年既是智人，也是狂徒，他将为现代社会带来噪声、狂乱、无序和危机，而且不可避免，而现代性则为其披上一层新文明的面纱。但按复杂性理论的观点，这也将为人类文明的发展带来新的契机。这即是莫兰所谓的“智人—狂徒的辩证法”所要表达的意思。在过去的一个世纪，或者可以追溯到18、19世纪，青年“智人—狂徒”的特性无不得到最充分的表现，从浪漫主义、狂飙运动到波希米亚青年，从现代主义到超现实主义的青年，从法国大革命到五月风暴，从性解放、反文化运动到伦敦街头骚乱、埃及解放广场的青年……“噪声和狂乱”不仅构成了人类历史的一个主要特征，更是现代

①② [法]埃德加·莫兰.迷失的范式：人性研究[M].北京：北京大学出版社，1999.

性背景下青年、青年文化、青年运动的一个主要特征。但对于社会来说，“噪声和狂乱”不仅仅意味着破坏，还孕育着新生。

“青春的品质”，是一种文化、社会、历史进化、发展的基因。它可以被复制，也会发生变异，关键是它的遗传过程，即受哪些因素的刺激、干扰以及它的适应性。青春，如同孙悟空的七十二变，如同阿波罗的黑暗与光明的两面性。21 岁的史蒂夫·乔布斯当年曾被他周围的人看作一个“反主流文化的化身”，他消瘦、留着一撮胡子，样子很像胡志明；他的个性、激情、完美主义、阴暗面、欲望、艺术气质、残酷以及控制欲，这一切都跟他的经营理念和最终的创新产品交织在一起。乔布斯创造了一个“苹果”的神话。“那些疯狂到以为自己能够改变世界的人，才能真正改变世界。”这是 1977 年苹果的一段广告语。乔布斯的传奇即是一个现代“智人—狂徒”的成功的神话，他给这个世界、这个时代带来的东西太多太多，但不是财富，也不是“苹果”，是无尽的启迪。

人类最大的灾难将来自两方面。一是青春化的断裂。“老人政治”横行，权力极度膨胀，弱势、边缘群体被忽视或压制，新生力量被摧残，创造性想象被扼杀，等等，是这种断裂的主要表现。二是青春化的负面因素被放大，无序、噪声、疯狂等不受约制而肆虐横行，狂欢成为日常生活、社会活动的重要形式。狂野的“单面人”，比马尔库塞的“单面人”更可怖。

“青春化”告诫人们，“未来”不是凭空想象的、必然的乌托邦，而是一个艰难的过程，带有不确定性，但并非是不可控的“狂徒”的野马。

青春化对于个体生命，是一种幻想和欲望，但也是一种积极的人生态度。

对社会，青春化是一种文化再生机制，一种自组织功能，是文化的传承与创新，是人类一次次重新诞生的动力。

## 四、“青少年阶级”：历史与命运

“青少年阶级”，可能是莫兰的三个青年假说中含义最复杂同时也最贴近现实的时代问题、社会问题和青年问题之一。从其提出到现在，已经有大半个世纪的时间，可谓时过境迁，莫兰自身思想的变化，加之当年西方左派知识分子的立场和社会情境也发生了诸多改变，因此，“青少年阶级”无论作为现象描述还是分析概念抑或科学假说，都应该加以慎重对待。

但是，这并不意味着“青少年阶级”的假说已完全失去了它的意义，或许相反，莫兰的复杂性理论所构想的关于“把动物与人类、自然与文化在经验上焊接在一起”、实现“生物学领域与人类—社会学领域的衔接”的“重塑人的概念”的方法论框架，却可以给我们诸多重要的启示，使我们对青年的认识跳出“简单性”框架的束缚。

（一）关于阶级的生物—社会学基础

应当在与动物社会的相比较、相对照中来界定人类社会。这是莫兰复杂性理论的一个基本观点。“我们从哺乳类动物和灵长类动物的社会继承了生物社会的阶级、阶层的划分和对立（年龄及性别）、敌对和友爱的相互作用方式（团结一致反对外来的敌人，在内部却为雌性、食物、名誉、优先权而争斗）。应当从各方面来丰富社会的概念。人并没有发明社会，人只发明了人的社会。”①莫兰“重新定义”社会现象所秉承的一个重要原则即是：生物学和社会学之间没有明确的界限。

把动物群体看作经特定组织或有组织特点的、复杂的联合体，把这些群体看成是社会；认为社会并不是只有人类才有的现象，更不是人类自己创造出来的，正如人是从灵长类动物演变来的一样，人类社会也是从灵长类动物社会中提取组织的原则，从灵长类动物社会演变而来，这些看法本身并没有什么新奇之处，是达尔文进化论以来人们取得比较一致的认识和主张。但对于社会学来说，仍具有特别的意义，它可以作为“一种重要的模式”，即把人类社会学放在一种不仅仅局限于人的更加广泛的社会学，和一种将人类社会与人类早期的社会家庭，与灵长类动物的社会秩序相联系的一种进化式的社会学中进行研究，打碎旧有的模式，将社会学现象与生物学现象联系

① ［法］埃德加·莫兰. 社会学思考[M]. 阎素伟，译. 上海：上海人民出版社，2001：70.

起来，建立一个“普通的社会学概念”。“普通社会学的概念所包括的不只是人类的社会，而是泛指发生所有社会现象的一个总的框架，包括动物社会和人类社会。”这将为社会学理论研究社会结构提供一个它所缺乏的“生物—物理的基础”，彻底做到“以唯物的方式研究人类社会的物理特点，以辩证的方式研究人类社会有哪些东西是来自自然的”，并最终“揭去盖在人类社会组织的基本原则上的这层神秘的面纱”。①

莫兰认为，在社会(包括动物社会和人类社会)中，不能设想没有对立的组织，社会组织中存在着“组织或反组织”的对立。“没有反组织(也包括潜在意义上的反组织)，就没有组织”，这是莫兰提出的关于认识社会的一个基本原则。这种对立中包含着系统的灭亡与分裂，而且这种灭亡和分裂是不可避免或迟早都会发生的。但是，组织不仅能够导致产生分裂的过程，也能整合、利用分裂，并“以分裂为养料”来发展自己。对社会和组织来说，就是不断地“分裂”，在分裂中整合、重新组织——这是一个复杂的现实和过程，“超过一定的局限之后，对立将变成分裂；但是，即使已经变成分裂的对立，仍将构成产生新变化的重新组织的条件”。这体现了对立统一的辩证法：“生命系统越是复杂，对立的系统原则就越活跃，所起的干扰作用也就越大。……生命的复杂性越是丰富，对立和互补的关系也就越容易发生变化，越不稳定，越有可能导致‘危机现象’；由于危机能将‘不同’改变为‘对抗’，将‘互补’改变为‘对立’，因而具有分裂的性质，可以导致产生变革性的重新组织。”② 这即是莫兰所谓的人类社会“继承了生物社会的阶级、阶层的划分和对立”而在人类生命和社会组织中发展了的关于阶级和阶层概念的系统原理。

莫兰在“猴子社会”发现了“一个生物—社会阶级制度的雏形”。他认为，人类社会继承并发展了灵长类动物社会已有的一些特点，同时“又增加并组合了一些新的特点”“从这种意义上说，正如人是一种超级的哺乳类动

---

①② [法] 埃德加·莫兰. 社会学思考[M]. 阎素伟，译. 上海：上海人民出版社，2001.

物、超级的灵长类动物一样，人类社会也有超级哺乳类动物的特点（家庭）和超级灵长类动物的特点（氏族和阶级）"。①

但需要特别注意的是，莫兰关于阶级问题的上述理解有着其特别的方法论特征。他指出："在我们的社会中，阶级问题是个根本的问题，但要把这个问题和我们社会的组织联系起来，而不能把社会组织问题说成是阶级问题。"毫无疑问，按现代社会学、政治学的理解，社会组织中必然包含阶级的内容。但这里有一个认识的角度和方法的问题，即不能将阶级的概念和阶级分析方法简单化。一方面，莫兰认为，马克思的阶级分析理论"有着大片的阴影"，马克思"指出了社会阶级的存在，但他忘记了生物阶级和人种阶级的存在"，这意味着马克思的阶级理论并不认为（或没有顾及）阶级的划分和对立是人类从生物社会继承而来的这一事实。另一方面，马克思主要关注经济基础而"忘记了总体社会或民族问题和机器的问题"（莫兰这里所说的"机器"首先是国家机器，还包括教会、军队、警察、学校、政党等），也即忘记了上层建筑的问题。莫兰认为，机器（首先是国家机器）的问题和民族问题，是现代社会问题的中心。莫兰因此强调："回避这些问题，只讲模糊的总体概念，或者将这些问题简化为阶级问题，会导致越来越严重的悲剧性的后果。"②

如何看待和研究阶级问题？莫兰认为："应从基本的组织上来看待阶级的不平等。""基本的组织"，是莫兰阶级分析的一个重要视角，它是指决定组织产生、存在、结构、特征的"基因"，或称"基因结构"，这既是阶级形成最基本的条件，也是其最原始的动力。"应当认为，社会的自我生产方式为某些人所占有，或导致形成压迫阶级和被压迫阶级，也就是说，压迫阶级和被压迫阶级的划分是由于有人将基因结构和信息占为己有所形成的。"因此，阶级的形成有着更为深刻、隐秘的根源，正是在这一意义上，"阶级问题比生产手段所有权的形式问题要深刻得多"。阶级是一种权力关系，是关于"能量之力的权力"，阶级形成的根源主要在于一部分人对社会自我生产方式的决

①② [法] 埃德加·莫兰. 社会学思考[M]. 阎素伟，译. 上海：上海人民出版社，2001.

定权、计划权的占有，而另一部分人则成为“被迫执行机械能源任务的人”或“只完成能量任务的阶级”。也正是因为阶级的根源如此之深刻，“剥夺了资本家的财产，消除了资产阶级，并不能消除人剥削人的现象。人剥削人的现象会再通过基因结构的机器（国家、政党—国家），通过对能量之力的权力—控制—指挥和被迫执行机械能源任务的人的隶属关系之间的对立，通过知识（技术知识、理论知识、宗教知识、文化知识）和非知识之间的对立再恢复起来”。①

阶级，是人对人社会关系的全面占有，不仅包括财产关系，更主要的还包括人全面的社会关系和人与自然、社会与自然的关系。阶级根源的深刻性，阶级关系的复杂性，社会组织的对抗、分裂和不稳定性，以及社会自我生产方式的多样性，等等，这些因素都将决定阶级现象存在的恒久性。但是，对阶级概念的理解必须建立在一个新的范式基础上，需要有复杂性思维作为其认识的基本方法和基础。莫兰指出：“在我们的社会基础中，不仅有从古代社会和古代社会以前的亚人类社会、灵长类动物社会、哺乳类动物社会中继承下来的遗产，也有这些社会所特有的组织上的活动和问题，这些活动和问题以新的形式与包括现代民族在内的历史社会的组织现象结合在一起。我们着重想提出的是，社会学理论，包括研究我们的社会理论，应是一种自我—生态—重组的理论。通过这样的理论，我们不仅可以从生物—物理的实际中去研究社会，还可以从组织的复杂性中去研究社会。”②

（二）生物—社会阶级与进化论

生物学家在对昆虫的研究中发现了一系列丰富的社会组织，并通过对一些昆虫类群（主要是蚂蚁、蜜蜂）的研究，进一步证实了在昆虫中存在着社会进化的过程。这些昆虫被命名为社会昆虫，具有个体相互协作抚育幼虫、在繁殖上存在分工、在子代与亲代之间至少有两个世代的重叠等特征。生物学家还发现，在社会昆虫之外，还存在昆虫的“前社会”即进化的较低社会

①② ［法］埃德加·莫兰. 社会学思考[M]. 阎素伟，译. 上海：上海人民出版社，2001.

阶段。前社会昆虫与社会昆虫构成了一个“合乎逻辑的社会进化”链条。生物学家的研究还发现，在鱼类、两栖类、爬行类、鸟类等动物中，存在着复杂精细的社会组织的某些要素。哺乳类动物的社会进化水平处于较高阶段，由哺乳而建立起来的亲情，衍生出更高级社会的一些主要特征，并进一步形成哺乳类动物社会系统的多样性。在灵长类动物社会，社会行为和组织形式得到高度发展，成为人类进化史上的一个关键的链条和环节——“在自然史中拥有自由精神的人类”，诞生了！①

但是，简单的类比或联想，很容易陷入一种“不合时宜的还原论”，即将人类的行为还原到生物学中去理解。复杂性思维或可克服或避免陷入这种“还原论”的理论陷阱。

基于对社会复杂性的认识和理解，莫兰提出了他的“生物—社会等级制度”中“青年阶级”的概念。

“生物—社会等级制度”是动物社会组织秩序的重要表现形式之一，或言之，这一制度本身即是一种社会秩序形式。发达的个体和发达的神经系统，是这一制度或秩序产生的前提。而发达的个体和发达的神经系统又促进了社会组织——制度和秩序的复杂化，由此而产生动物社会阶级和阶层的划分。在最初阶段，这种划分的决定性因素是遗传和天生的，而随着生物进化水平的不断提高，社会以至文化因素将起到日益重要而突出的作用。

关于灵长类动物的研究发现，在这些动物群体中有着一个具有内部分化、相互通信以及规则、标准和纪律的社会组织。这些“猴子”生活在属于自己的地盘上，能够在数量上进行自我调节，群体内的性别、年龄分布相对稳定，在不同环境（如森林社会、草原社会）中其社会组织方式也不同。年龄和性别在这里已具有比较完整的社会意义，既可以作为描述群体行为的一种依据，同时也是群体类型分化的必要条件之一。相对于性别，年龄的意义似乎更突出一些——成年的或年长的，一般总是比年轻的、未成年的占有更多

① ［美］爱德华·O. 威尔逊. 社会生物学：新的综合［M］. 毛盛贤，等，译. 北京：北京理工大学出版社，2008.

的资源和优势，属于以成年雄性为首的“特权集团”的成员，而后者则处于群体的边缘和弱势地位，不仅经常受排挤和打压，而且可能最终被逐出群体。这种“生物—社会阶级制度的雏形”，或许就是后来父权制度的滥觞。

性别的意义也在这一过程中凸显出来。但是在灵长类动物中，尽管“雄猴的统治集团演变成了男人的统治阶级”，然而在统治的中心群体和年轻的边缘群体之间或潜在或显在的对抗，以及雄性之间强烈的排他性竞争等情况，并未完全体现在对雌性的关系上。“灵长类社会把雄性和雌性维持在同一空间上，只是把青年猴分隔在不远的四周。原人社会则从环境上、经济上和文化上与异性分开，而男性和女性从那时起就变成了组合在一起的两个准社会。”①男性阶级和妇女群体的社会学分化在这一时期初步形成，女性成为一个社会“阶层”，成为“次要者”，但这个群体或“阶层”与男性阶级的关系更主要还是一种合作而非对立，是两个“准社会”的组合，因为这一时期的社会生活还是围绕繁殖展开的基本生物学关系，同时社会的自我延续和社会再生产也开始在其中发生着复杂的作用。

青春期的延长不仅可能在类人猿、原人社会推动产生一个具有自主性的青少年群体，而且也可能推动产生一个“青年阶级”。莫兰的这种推测是有道理的。但这仅仅是一种可能，而之所以称其为可能，主要原因即在于青年这一群体在一开始即是作为一种具有自主性、创造性、竞争性的基本社会力量而出现于生物社会的，而青年群体自主性、创造性和竞争性的生物学特征与其他族类群体相比较而言具有明显的优势。

首先是大脑的青春化决定了青年个体和群体“集体的超级大脑神经系统”（“社会是一个超级的集体神经系统”）的优越性，这意味着处于青年这一年龄段的个体和群体，在大脑进化和发育方面都达到了较高乃至最高水平，这是形成个体和群体自主性的生物学基础。“任何真正人类的发展意味着个人的自主性、对共同体的参与和对人类的归属感这三者联合的发展。”②人

① ［法］埃德加·莫兰. 迷失的范式：人性研究［M］. 北京：北京大学出版社，1999：52.
② ［法］埃德加·莫兰. 复杂性理论与教育问题［M］. 陈一壮，译. 北京：北京大学出版社，2004：40.

类是个人、社会、族类三种存在形态的统一，而个体既是社会的焦点和社会存在的基础，也是从大脑的自主性到个体的自主性再到“青少年群体的自主性”这一过程得以产生和完成的焦点和基础。高度发达的个体和个体的自主性以及在此基础上形成的个体之间、个体与群体之间及群体之间关系的复杂性，是人类社会区别于一般生物社会或动物社会的基本特征之一。

其次是青年鲜明、突出的个体差异和个性特征有利于其创造性潜力的激发和发挥。“青年猴”总是比成年猴和老年猴更乐于游戏、探索，总是更富有好奇心和想象力。社会是以个体特点为基础的，而基于个体差异的个性特征也正是人的自主性特别是创造性产生的生物学、人类学和社会学前提。

竞争性，在某种意义（特别是生物学意义）上应该是青年群体最显著的特征之一。按莫兰的说法，社会的概念萌生于生命概念的中心地带。青少年时期是个体生命过程中的高峰期，而青少年作为一个群体则集中体现和反映着莫兰所谓的“青春的品质”——探索、求知和创新。一方面，生命的高峰、青春的品质，使青年群体的竞争性相对凸显出来。另一方面，生命个体的多样性在产生社会地位和身份多样性的同时，也促进了社会地位和身份等级制的分化，这也是社会内部矛盾冲突产生的根源。“合作—团结”和“竞争—对立”的双重原则，后者在年轻群体中常常压倒前者，“青年猴”的“噪声”和无序，作为“原人革命的先锋”的年轻的群体离群出走建立原有地盘之外的新据点，年轻的边缘群体与居于统治地位的中心群体的对抗等，总之，竞争、冲突、对抗，对于青年群体来说，是一个必须经常面对的社会现实。但“青年猴”总是要为此付出较大的代价和牺牲，因为“青年猴”的竞争优势主要还是在其生物学特征方面，而他们的社会学特征还处于较弱的、不完善的发展阶段。

莫兰强调，社会是一个多重的统一体，包含“统一和分裂的统一”。它既有社会成员相互认同的组织和情感基础，同时它的内部也蕴含着种种冲突、分裂和紊乱。而且，一个社会越是复杂，其内部越是存在着对立、紊乱和冲突，同时也越是需要“拥有自发的和自愿的共同体联系”。这即是“社会的悖论”——协调与不协调、统一与分裂共存。①

原人社会中的“青少年人的阶级”作为“准生物阶级”，实质上是属于“生物—社会等级制度”中的一个环节或一种秩序，一种“从自然的社会到社会的自然”的过渡和演化。但这种演化并不完全受自然法则的支配，偶然性、不确定性、复杂性的因素在其中起着各种各样的作用。而社会的产生和发展即是在这种偶然性、不确定性和复杂性的交互作用过程中进行和完成的，或者说社会本身即意味着偶然性、不确定性和复杂性。

生物社会或动物社会是一种“自然的社会”现象，生物社会或动物社会中的社会“阶层”或“等级”属于“社会的自然”现象。而从“自然的社会”向“社会的自然”的过渡和演化，其间个体的意义和价值、个体间的作用和影响，是不可忽略的环节——个体的自主性、创造性、再生性、差异性、多样性、竞争性等，这些都是社会组织的复杂性产生的重要前提和必要条件，也是以发达的神经系统为“枢纽”和物质基础的社会组织多样形态最终得以形成的重要前提和必要条件。

在关于社会的定义中，个体是一个焦点。真正意义上的社会是从有高度发达的个体出现时开始的。在动物社会中，遗传机制，也即包含在每个个体中的记忆/遗传型式，或曰“基因库”，是组织秩序的第一源泉，有关社会秩序的生殖源泉和储备，首先是遗传的和天生的。秩序的另一个源泉是生态系统，或曰“生态库”，包括所有可以从外部起影响、决定作用的环境因素或条件。②基因库是个体性格、行为差别和多样性的源泉；生态系统则是偶然性行为的源泉。由遗传基因决定的大脑的自主性也决定着个体的自主性，因此个体之间的联系既遵循一定的秩序原则和服从一定的行为模式，同时也因个体之间的差异和外部环境的变化而变化，受来自生态系统的一些偶然性因素的制约。在哺乳类动物（尤其在灵长类动物）中，个体（特别是处于青

①② ［法］埃德加·莫兰.社会学思考[M].阎素伟，译.上海：上海人民出版社，2001.

年时期的个体)的差别,有的更具有侵略性,有的则性情比较平和,有的既有合作精神,又有“个人主义”,个体行为及其相互作用,对于生物社会的秩序将具有某种决定性的作用,同时也是其偶然性因素的源泉,因而“社会领域成了差别很大的个体实施各种相互作用的一个封闭领域”。[①] 而在较高级的动物社会中,个体之间、个体与组织之间、组织内部的关系等则相对要复杂得多。莫兰将其称为“非僵化的社会领域”。

“在非僵化的社会领域内部,不仅在个体之间(个体之间争权夺势或争夺食物),而且在生物社会的‘阶层’之间(成年个体和青年个体之间),也将发展团结一致的关系(夫妻、朋友、集团)、竞争的关系(主要在雄性之间)和对立的关系(个体之间)。然而从这些紊乱和偶然性的行为当中不仅会出现等级,例如哺乳类动物和灵长类动物中的统治者(而且为争夺统治权而进行的斗争也在不断更新着等级制度,也就是说,不断维持着这种等级制度),也会出现社会的组织,社会的组织既要求有一些基本的对立,又要求个体和集团之间内部要团结,遇有外来威胁时整个社会集团要一致对外,要求母婴之间有特殊的关系,在灵长类动物的成年期间维持着这种关系,在亚人和智人中又增加了友谊和爱情。社会根据这些基本的力量划分,在互补/竞争/对立的基础上以自发和复杂的形式进行组织。”[②]

人类社会由灵长类动物社会进化而来。在进化的过程中,灵长类动物社会中的某些东西被人类社会继承下来,有些则受到抑制、克服和控制。经过这一过程,人类似乎变得文明了,社会也似乎变得进步了。最突出的表现是个体之间的对立,特别是男性之间“野蛮”的对立,变得越来越缓和。这直接导致作为生物社会阶层的青年分成两部分——未成年的仍归母亲保护,将近成年的则被吸收、纳入成年人阶层。[③]“于是少年人的成长过程被一刀两

①②③ [法]埃德加·莫兰.社会学思考[M].阎素伟,译.上海:上海人民出版社,2001:109.

断：把最年轻的抛入幼童群，其余的则被置于成年男性阶级的监护之下——在区分男女之后开始技术的、狩猎的和社会生活的启蒙学习。成年男性阶级把它全面的统治和组织的权能扩张到整个社会，使其他的生物—社会范畴不能自我组织为阶级。因而这是这样一个社会，其中只存在着一个生物—社会阶级，它统治着一些生物—社会阶层。""青年人的阶级在出生前就被粉碎了。"①

莫兰在"猴子社会"发现了人类最早的"青年阶级"的雏形。但事实上这只是"生物—社会等级制度"中的一个残缺片段，甚至只是一种在"猴子社会"发现的产生"青年阶级"的可能性，它还没有真正形成，"青年人的阶级在出生前就被粉碎了"，尽管"青春的品质在社会里活跃和发展着"。②然而即使如此，这仍是一个重大的发现——在一种等级制度中，对于青年这样一个具有特殊生物学特征、自主性、组织性、创造性的群体，是有可能作为一个阶级也即一种独特的社会力量而诞生的。只是由于人类进化和社会历史发展的复杂性，将推迟其诞生的时间。

对于莫兰来说，复杂性理论确定的一个主要任务就是要科学地说明主体、自主性、自由：主体就是具有自主性的事物；自由则是主体对发展的多种可能性的自主选择，以及主体在适应多变环境中制定行为策略的能力。③ 按莫兰的逻辑推论，青年具有这一主体性特征，因而也必然具有形成一个阶级的条件。这使问题已进入一个新的领域——"人类—历史学"。"人类—历史学的重大问题是认识到历史、是自我发生的过程和异质发生的过程（在其中噪声、事件、变故以决定性的方式促进着进化）的综合。"④青年的主体性、异质性以及在人类进化和历史过程中所表现出的选择和适应能力，还有他们在这一过程中表现出的"噪声和狂乱"（莫兰认为"历史是由噪声和狂乱构成的"），必然使他们在一个特定的时机（以某些事件、变故为契机）作为一个

①② ［法］埃德加·莫兰.迷失的范式：人性研究[M].北京：北京大学出版社，1999：56.
③ ［法］埃德加·莫兰.复杂性思想导论[M].上海：华东师范大学出版社，2008：5-6.
④ ［法］埃德加·莫兰.复杂思想：自觉的科学[M].陈一壮，译.北京：北京大学出版社，2001：195.

“阶级”而出现在历史的舞台上。

### （三）青少年阶级与大众文化

这一时机跨越人类漫长的进化和文明历史终于到来。决定古代社会结构的年龄阶级在20世纪西方的历史社会中消失，而在整个社会提高青年人价值的气氛中，新的年龄阶级在社会发展的前沿重新形成。“青年作为一个年龄阶级出现在20世纪中叶，这无疑是充满了表演和想象的资本主义不断刺激的结果。是刺激，而不是创造。在东方国家和其他经济落后的国家，都有类似的思想，好像这一现象服从的是时代的精神，而不是由民族的或经济上的特别因素所决定的。尽管如此，这一现象在西方资本主义世界表现得最为充分，而且是通过大众媒介表现出来的。”新生的青少年阶级，作为一种世界性的社会文化心理现象，与现代资本主义社会大众文化紧密联系，是大众文化“刺激”的直接后果。大众文化作为一种新的启蒙仪式，一方面消弭了年龄的社会隔阂，另一方面凸显了年龄的价值和意义。这是人类历史社会前所未有过的独特现象。“当走向成年的仪式逐渐没落并消失，当从青年到成年的变化成了一种渐进的过程时，现在意义上的青年人出现了，并凝聚成一个阶级。在青年和成年两者之间，已经没有过去那样的断裂，从青年过渡到成年已经不像过去那样，意味着儿童的死亡和成年人的新生，取而代之的是复杂而模糊的过渡年龄，是一段生物、心理和社会的空间，促成了青年人作为一个年龄阶级的形成。”①

20世纪青少年阶级的形成，与以往历史上由“年龄阶级的组织”所决定的“古代社会的结构”的消失有关。当从青年到成年的过渡不再通过古老的成年仪式以“断裂”的方式完成时，在青年与成年之间出现了一段“复杂而模糊的过渡年龄”，一个新的“生物、心理和社会的空间”，一个渐进的变化过程。这成为青少年阶级产生的社会的、文化的和心理的基础，同时也是其存在的具体形式。年龄阶级、青少年阶级、新的阶级，使得无论是青年的概念

① [法]埃德加·莫兰.社会学思考[M].阎素伟，译.上海：上海人民出版社，2001：217.

还是阶级的概念，都变得含混起来，正如过渡年龄变得模糊起来一样，“由此而形成了一种复杂的现象”——“青少年阶级不是由淘气的孩子们构成的阶级，而是淘气的孩子们正在变成早熟的青年人。”青年人的地位在上升，价值在提高，而与此同时这也成为一个“加强成年人青年化的神奇过程”“永远年轻”“使成年和老头子们的心蠢蠢欲动了”，而年轻人则幻想着青春是一种持久的、不可剥夺的品质。①

“老年人贬值了。成年人的年纪被年轻化。而青年人就不再是严格意义上的青年人了，而是青少年(adolescence)。青少年作为年龄阶级闯入了20世纪的文明中。”②这是大众文化刺激结果。在20世纪初，社会阶级、年龄、教育水平等作为天然的屏障划分了不同的文化领域。而大众文化的兴起，尽管没有完全打破这种屏障并消除各种不同文化领域的区别，但新的层次化的趋势已非常明显，并成为文化发展的一种新趋势。以一种新型的报刊、广播、电影为代表的，“以所有的人为对象”的大众文化吸引了几乎所有类型、所有阶层的读者、听众和观众，形成了一个特定的受众群体。“大众”，也即不同社会阶层、年纪和性别的人，“文化”则是一个深入个人内心、组织他的本能、引导他的感情的规范、象征、神话和形象的复合体。大众儿童报刊几乎填平儿童世界与成人世界之间的沟堑，大型成人报刊被儿童性内容所吸引，儿童报刊也变成大众文化的学习工具。大众文化使儿童过早地触及成年人的领域，同时又使成年人接触、留恋儿童领域，这引起人们关于“这个文化是想造成具有早熟特点的孩子还是孩子气的成年人”的疑问。“生产的同质化延伸被趋于削弱年龄之间屏障的消费同质化。”“这种年龄上的同质化趋于固定在一个支配性的音调上：青少年的音调。青年人的主题是新型文化的根本要素之一。不仅青年人和年轻的成年人是报纸、杂志、密纹唱片、广播节目最大的消费者(我们将看到电视是个例外)，而且大众文化(包括电视)的题材都是‘年轻的’题材。”③大众文化的推进，使青少年身上分散

① [法]埃德加·莫兰.社会学思考[M].阎素伟，译.上海：上海人民出版社，2001：218.

②③ [法]埃德加·莫兰.时代精神[M].陈一壮，译.北京：北京大学出版社，2011.

的、个别的倾向汇聚起来并具有了坚实的社会意义:“一个青少年的年龄阶级”形成了,不仅是在西方文明中,而且是在世界范围内。[①] “大众文化瓦解了老人统治的价值,它加速了老年人的贬值,它赋予了提升青年人价值的形式,它吸收了一部分青少年的经验。”大众文化,“它的箴言是,‘让你漂亮,让你恋爱,让你年轻。’从历史学上说,它加速了一个文明本身已被加速的变化。从社会学上说,它促进了社会的恢复青春。从人类学上说,它证实了博尔克提出的关于童年和青少年延伸到成年时期引起老龄不断推迟的法则。从形而上学上说,它是对老年无法补救的、不幸的、无限的反抗”。[③]

1963 年 7 月,莫兰在应法国《世界报》之邀撰写的分析“疯狂的民族广场之夜”的评论中第一次提出“生物—年龄阶级”的假设。1963 年 6 月 22 日,欧洲广播电台和《伙伴们,你们好!》杂志联合邀请青少年到巴黎民族广场举行一场盛大的音乐联欢会。组织者预计最少有 3 万人参加,但实际到场的有 15 万至 20 万人。狂欢意外地演化为骚乱,青少年砸玻璃、拔栅栏、掀汽车、与警察格斗,引起媒体和政界的愤怒。莫兰在文章中将事件与美国和瑞典等国家发生的青少年暴动加以比较和反思,认为在现实社会中已经形成了一个“青少年阶级”。这个阶级具有自己的以摇滚乐为代表的文化特征,具有与成年人社会对立的特有价值标准,并力求争得社会的承认。这个阶级存在的表现主要有三个方面:一是青少年独特文化的发展;二是以嬉皮士文化为代表的在生活方式上与主流社会的断裂;三是大学生造反。独特之处在于,莫兰不仅看到青少年反抗的社会学意义,更从中发现其人类学意义。青少年阶级的共同要求是解放青年,摆脱他们在社会上的次要地位。嬉皮士文化追求社会平等和自主人格,希望享有为社会所接受和承认的另一种生活和价值。大学生造反则是为了整个社会的改变,试图通过革命推翻成年人社会的统治。这两股潮流都激烈地对抗着成人社会文化并瓦解着社会的正统规范。莫兰在此看到了问题的严重性:在成人社会价值再生的地方,

①② [法]埃德加·莫兰.时代精神[M].陈一壮,译.北京:北京大学出版社,2011.

在任何社会组织所必需的意识形态产生、被反思和重新提出的地方，即在青少年和大学生知识分子这两个社会自我再生产的关键区域所发生的危机和反叛，说明现代资本主义社会危机的深刻性和严重性。“这是一场旋风，在其中年龄阶级的斗争猛烈发作（青年人反对老年人，青年人社会反对成年人社会），但是它同时又发动了一场阶级斗争，即被统治者、领导者的反抗。”“这是在围绕着青年—自由和老年—权威之间的斗争的铰键上再铰接起被指挥者—指挥者之间的传统冲突，而且还有新的反抗者与顺从者之间的冲突。这些冲突将激化资产阶级福利社会的问题，反抗者将拒绝以自我片面化和昏睡于消费主义的半痴迷中作为享受福利的代价。”①他认为，这场革命具有传统和先锋主义的双重特点：运动以马克思主义无产阶级革命的语言引起人们的反抗，学生以先锋的姿态反对“福利”社会的种种弊端。莫兰还认为，现代社会把一切价值都汇聚到个人主义之中，使往昔的民族主义的、宗教的、家庭的意识都萎缩了，造成了一个由原子化的个人组成的无机的、松散的社会，是这个社会经不起一场“社会—政治”激变而被学生运动一击即溃的原因。

“大众文化帮助了新的青少年年龄阶级结晶的形成，它向后者提供了英雄、模式、全副甲胄。”②但这个阶级的青年人绝不会仅仅忘情地沉浸在大众文化的狂欢之中，他们还有更多的权利诉求。作为一个“在社会中相对隔离并相对处于边缘状态”的“年龄阶级”，既是对社会现实不满的一个“环节”，同时也是一种社会反抗的现实力量，一旦有内部或外部事件的导火索，便可能成为发生集体行动和干预政治的条件。1968 年的“五月事件”及其产生的世界影响最有力地证明了这一点。莫兰就此谈道：“‘正常’社会中那些莫名其妙的、潜在的、看不见的苦恼、不适、不满和憧憬会集中在社会学链条的‘最薄弱的环节’上，并造成危害。青年人之所以成了最薄弱的环节，是因为在时间这链条上，从青年向成年过渡的时期是最容易受到破坏和重组的时

① 陈一壮. 埃德加·莫兰复杂性思想评述[M]. 长沙：中南大学出版社，2007：127 - 128.
② [法] 埃德加·莫兰. 时代精神[M]. 陈一壮，译. 北京：北京大学出版社，2011：176.

期，因为与总体的社会相比，大学生这个小社会处于边缘，而且又能把对现状的不满和憧憬变成存在的理由，使之合理化、意识形态化、政治化。”[①]莫兰将这次事件造成的危机归诸历史范畴而不是社会学范畴，并认为“这是问题的关键”。

现代社会大众文化背景下的“青少年阶级”是一种复杂的现象。“新的青年阶级像是整个社会的一个缩影，其本身已经包含着正在发展中的文明的价值：消费，享乐；也为这一文明带来其自有的价值：青年。”青年，作为文明自有的价值，这一点应该是最值得肯定的。但对这种现象做出整体判断是困难的，之所以困难，一是因为这涉及年龄阶级的形成和这一阶级与整个社会千丝万缕的联系，二是因为被成年人歪曲的感觉——他们对本应该是无害的、天真的青少年中出现的一种原始的、短暂的、陌生的力量感到吃惊。还有一个困难，即年轻人的年龄阶级是复杂、具有双重价值的，包含各种矛盾冲突因素，也包含着不确定性。[②]但莫兰仍然坚持认为，青年由于其社会学和人类学的条件，是最可寄托变革现存社会制度的希望的社会群体之一（还有妇女）。他将自己对于未来社会的种种理想和期待寄托在青年人身上，因为他不会为青少年中那种“原始的、短暂的、陌生的力量”而吃惊，相反却会从中看到“青春的品质”、“青年猴”的创新、“青春化”的进程所展示出复杂而美妙的图景，看到青年人身上所反映出的“智人与狂徒的辩证法”，看到青年不仅仅是大众文化创造的“明星和神话的主要负载者”，而且看到在他们身上既活跃着“我们社会中在文化上最未被融合的‘野蛮的’因素”，更包含我们社会“现代化的在文化上积极的力量”。青年是“我们社会的最先进的和最落后的力量”。青年现象是复杂的，但人类文明和社会历史青春化进程表明，青年社会群体，“青少年阶级”也是最有希望的。

“青少年阶级”在历史中诞生，它应被看作人的自然、天性或本性在现代社会复归的一个历史事件。而“人的本性不应与人的历史对立，人的历史也

---

①② ［法］埃德加·莫兰. 社会学思考［M］. 阎素伟，译. 上海：上海人民出版社，2001.

不应与人的本性对立”。①

## 五、从“青年猴”到“宇宙猿”:“青少年阶级”的未来

在“青年猴”那里,莫兰发现了人类青年进化史的源头。在“青春化”的想象中,莫兰寻找到青年在人类文化生成、演进过程中的足迹。在“青少年阶级”的形成中,莫兰看到人类社会历史的另一条发展变化的轨迹。而这一切,都在证明着莫兰关于人、人类、人类性问题的复杂性理论和观点。与其他关于复杂性研究的理论和学派不同,莫兰将青年作为一种复杂性现象,深深嵌入他的理论之中。

从古希腊的亚西比德、达夫尼和克洛伊,莎士比亚笔下的哈姆雷特、罗密欧与朱丽叶,到拉法耶特夫人笔下的克莱芙王妃、博马舍《费加罗的婚礼》中的谢吕班和歌德笔下的维特,从卢梭、雪莱、诺瓦利斯、兰波,到超现实主义流派、詹姆斯·迪安到广场上摇滚狂欢的青年人的“疯狂之夜”,1968 年 5 月的“模拟的革命”……莫兰追溯着青年的历史,从“古代青少年的雏形”、现代性的启蒙,到浪漫主义青年的反叛、1968 年 5 月的那场“旋风”和“面目不清的革命”,从大众文化的“刺激”到青少年作为一个阶级闯入 20 世纪文明之中……“一个真正新式的、不确定的、不稳定的、矛盾的形象,而不是一半孩子一半成人,而是在一种混沌状态中结合着两种年纪的潜质”的青年人形象,逐渐浮出历史的表面。

莫兰对青年的发现,是他关于人的发现以及致力于重塑人的概念和人的科学过程中的一个重要组成部分和关键环节。青年的发现,对莫兰来说,即是创造的人、革新的人、发展的人、新型的人的发现。莫兰从人类或人类学的经验出发来探索人类性问题。在猴子社会“我们的低等兄弟”那里,莫兰发现了年轻的、新型的人的雏形,发现了“在出生前就被粉碎了”的“青年人的阶级”,发现了后来一直在我们的社会里活跃和发展着的“青春的品

① [法] 埃德加·莫兰. 迷失的范式:人性研究[M]. 北京:北京大学出版社,1999:180.

质”，发现了人类文化创生与自我再生的“青春化”机制以及“青春化变成了一个人类学现象”的发展过程——“社会系统可以通过童年和青年时期在男人身上完全再生文化的根本和社会的模型”；文化的自我再生，也即“一个在文化上被培养起来的青年人的群体在脱离了原有的社会之后再生出一个新社会”；男人与女人、成年人与青少年共同“在文化上融合于社会的循环系统”，遗传学的、文化的、青少年的因素共同作用，使“人变得‘人性化’起来”。但是，在莫兰看来，“这个人性化过程在今天还远远没有完成”。[①] 莫兰对人类的未来，特别是未来新人的产生，充满着热情的期待和丰富的想象。

在早期的研究中，莫兰曾提出“全球铁器时代”的概念。1981 年莫兰出版了《为着走出 20 世纪》一书。书中指出：“全球铁器时代锻造人类。与往昔的铁器时代的区别是，在其中锻造了技术文明的那个铁器时代本身不包含着消灭人类的威胁，而在它的当今形式中，极端发达的技术使得其既可能产生这个新的铁器时代的全球性的人类，又可能带来它的末日式的毁灭。这意味着我们应该准备绝望和期望。一方面，人类的终结可能临近了，另一方面，人类的新诞生是可能的。”[②]莫兰称自己是一个期望人类的“一个新的诞生的人”。

当人类在痛苦的蹒跚和艰难的探索中走出“铁器时代”后，迎接他们的将是怎样一幅世界图景？人类的青春化时代会随之到来吗？

“真正的人存在于‘智人—狂徒’的辩证法中”。但问题是如何“以和谐的方式整合人类现象的不和谐的方面”，如何“合理地设想非理性的东西”。莫兰认为，“只有制定一个关于组织的超级复杂性的理论”才能做到这一点。[③]在莫兰看来，21 世纪的新人，是“智人”与“狂徒”的结合。古昔的铁器时代创造了技术文明，人类由此走向未来。全球纪元的铁器时代，可能将人类引向末日，尽管它还仅仅是一种可能，但这种可能并非完全不存在。末日式的毁灭，即人类的死亡。死亡对于个体有轮回，有副本，但对于人类来说

①③ ［法］埃德加·莫兰. 迷失的范式：人性研究[M]. 北京：北京大学出版社，1999.
② 陈一壮. 埃德加·莫兰复杂性思想评述[M]. 长沙：中南大学出版社，2007：149.

则是一切终结的终结。人类不能简化为“制造工具的人”或理性的“智慧人”;狂热或“疯狂性”不是人类童稚期低能或病态的表现,人类在本性上恰恰就是“智人”与“狂徒”的结合。“21世纪将抛弃用理性(‘智人’)、技术(‘制造工具的人’)、实用的活动(‘从事经济的人’)、注定的必然性(‘散文般的人’)来确定人类存在的片面观点。人类存在是复杂的,在其身上以两极分化的形式含有对立的特质:……理性的人同时是充满神话和妄想的感情的人;工作的人同时是游玩的人;注重经验的人同时是喜好想象的人;经济的人同时是消费的人;散文般的人同时是诗歌式的人,也就是说充满了热忱、同情、爱情、痴迷的人。”[①]狂热的人与理智的人不是对抗的两极,而是相互补充和促进的。“狂徒”既抑制也推动了“智人”的发展。人性的全面发展,需要理性与非理性的共同作用与滋养。未来的新人是“发展了的人”:“这种人一方面保留着童年时期持久不衰的好奇心和热情,另一方面获得了成年人具有的良好意识——而不是一个面具。大概应该这样刻画发展了的人:既比前人年轻又比前人成熟……”[②]这是在人性深处的和谐与不和谐、理性与非理性和谐的统一,是人类的青春化,是人类的期待和希望。在这里,真正体现了“青少年阶级”的另一层含义:青年的、青春的价值。青年的年龄意义在这里是模糊的,但它保存着“青春的品质”。青少年阶级,由此获得更广泛、更普遍的意义。另外,有关人类学的研究也表明,约在3万年前的旧石器时代晚期,足以做(外)祖父母的成年人口数量突然增加了4倍。这可能对人类智力的变化产生影响,长者的记忆和经验可以“权且充当有用信息的活的宝库”,从而引发“创新革命”,反过来又为人们活到更大的年纪提供可能。青春化、年轻化,在这里也有着一定的体现。“男人和女人,抑或男人对女人,以及孩子对成人等僵化的类别是文化上的发明。它们模棱两可地刻在人类生活史上,意义随时间而改变。”“‘青少年’作为一个概念和一个术语,其历史不过百余年。鉴于所有那些对人类及其家庭产生影响的不同力量,

① [法]埃德加·莫兰.复杂性理论与教育问题[M].陈一壮,译.北京:北京大学出版社,2004:39.
② [法]埃德加·莫兰.人本政治导言[M].陈一壮,译.北京:商务印书馆,2010:66-67.

这种范畴的含义很容易发生改变。”①青少年、青少年阶级，都应该是历史的，甚至是进化史上的概念。因此，它的历史以及未来，将是一个充满矛盾、不确定性同时又是可理解、可期待的“生物—社会学”“整体人类学”“普通社会学”“基本社会学”“生成人类学”“人类—社会学”“人类历史的发生学”（这些都是莫兰使用的概念）现象。对它的理解，需要想象力——社会学的想象力，特别是安东尼·吉登斯所说的“人类学的洞察力”“人类学维度的社会学想象力”，因为“最浓重的阴影已然笼罩着从梦幻发展到思想、从神话结构发展到逻辑结构的未知领域”。② 青年的历史、青年的未来，至今仍然在很大程度上处于这一领域。

就现实情况来说，新型的人、发展的人的诞生，作为一个“年龄阶级”的青年群体最值得期待。“尽管前后相继的青年运动的浪潮迅速瓦解，但是仍然存在着这样的期望：青年人当然不是由年龄决定的救世主，但却是人本政治使命的优先承担者。他们可能给人本政治输入斗争的能量。”这首先是因为青年人具有一种对于成年人社会的相对自主性。青年人能够以批判的眼光看待成年人社会而没有顺从的习惯；他们想要赢得世界但希望那个世界是另一种样子。其次是属于青年“年龄阶级”的人们具有“达到人类总体意识”的最大可能性。在当代社会，所有国家的青年人都处于同一历史时代，他们能够自发地形成青年文化的“国际同盟”或其他“国际同盟”。另外，世界上所有的“血液混合者”（种族上的混血儿）、“文化混合者”（思想上兼收并蓄者）都预示着人类的必然未来，都可能构成“人本政治”的先锋队，因而他们都是潜在的全人类意识或人类性意识的优先承担者。③

人类存在本身处于被技术改变的过程之中，人类进化过程中产生的技术进步，干预、改变、决定着人类生物进化过程本身。这一现实或许也是新

① ［美］J. M. 阿多瓦西奥，奥尔加·索弗，杰克·佩奇. 看不见的性别：揭示史前女性的真实角色［M］. 李旭影，译. 郑州：大象出版社，2010：148－149.

② ［法］埃德加·莫兰. 迷失的范式：人性研究［M］. 北京：北京大学出版社，1999：186.

③ ［法］埃德加·莫兰. 人本政治导言［M］. 陈一壮，译. 北京：商务印书馆，2010：95.

型的人产生的一个重要契机，因为科学既改变、控制着人类，同时它也走向其存在的核心本身。人的情感心理本性已处于化学作用的范围之内，化学药剂将不仅作用于人的植物神经系统，而且还将作用于人的性格或"人性"。"一个基本的人本政治学问题"就此被提出：在何种情况下、何种时候可以通过化学作用控制人的心理和情感？由谁来支配、掌控这种"化学可怕的和任意的力量"？另外，在科学已经能够对生物遗传的化学载体 DNA 进行干预，能够改变仍是人类物种的族类的情况下，一场"最伟大的革命"终将要来临。这也是有关人类存在的重大人本政治学问题，"它包含着革命的问题，但是这个革命问题达到了迄今为止的革命问题从未达到过的深度和广度。因此人们可以说这是一个超级革命的问题"。这个重大的人本政治学问题或"超级革命的问题"的解决，"将在几个科学战线上取得进展：首先是对人的生物遗传学的改造，在经过一系列人工引起的基因突变后，人类将可能变成一个超人类；其次是创造或多或少被科学幻想小说中的'机器人'所预示的后生物学的存在；最后是这样一种可能性：在由人工超级脑指挥的集体组织、超人类的个体和后人类的存在之间形成一种新的关系，它产生一种新型的总体的和多维度的存在，我把这个存在命名为'宇宙原人'(cosmopithèque)或'超人类'(métanthrope)"。"超人类、后生物学存在、宇宙原人"，是继"作为工具的制造者、火的驯服者和美的形象的鉴赏者的人类"之后出现的"最伟大的革命"的产物。除非有自然或人为引起的大灾难，在耶稣纪元的第三个千年和人类纪元的第几百个千年的晨曦中，这种"超人类"必将诞生。因为，"对人施以革命作用的可能性的大门宽广地敞开着"。[①]

科学既不是普施惠泽的女神，也不是盲目崇拜的偶像，它是人类探险的产物。这是科学的真正面貌。现代科学革命条件下人类的"技术探险"，打开了挺进宇宙空间的恢弘篇章，但这对于人本身"根本内在的自我改造"，也即人自身发生"前所未闻的突变"的可能性，到底意味着什么？莫兰的回答

① [法]埃德加·莫兰.人本政治导言[M].陈一壮，译.北京：商务印书馆，2010：45-46.

既朦胧又肯定:“存在着太多复杂的变数、太多的不确定性、太多巨大的前末日启示录式的紧张局势,使得人们难以预测未来。但是可能已经在我们的眼前,通过零散的片段,显现了一种生物存在(被赋予更多的良知?更多的爱心?)的猿猴状的雏形——宇宙猿(cosmopithèque),他可能将能迎接巨变和承担开发宇宙的重任。”①

在“青年猴”与“宇宙猿”之间,是否有着一种渊源联系?

## 六、复杂性理论与青年研究

“我们应该清楚地意识到,从人类的黎明时期开始,语言、文化、思维规范就抓获了人类,再也没有放开过。从这个黎明时期开始,精神圈就建立了。伴随而来的是神话、神明的展现,这些存在物的大规模兴起促使和引导智人走向了动物界不曾有过的谵妄、屠杀、残暴、崇拜、迷醉、崇高。从这个黎明时期开始,我们就生活在象征的森林里,并且我们再也走不出这个森林。在两千年末,情况仍然如此,我们的观念魔鬼,有时如同希腊人的魔鬼,有时如同福音书中的魔鬼一样,拖着我们,淹没了我们的意识,使我们产生具有超级意识的幻觉,以此来使我们变得无意识……”②这是人类精神展开的一幅瑰丽壮阔而充满矛盾冲突的画卷。在某种意义上来说,人类的复杂性,即人的精神世界的复杂性,也即这一精神世界的生成、演化、循环和螺旋进程的复杂性。

有研究者认为,复杂性研究或复杂性科学不是一门具体的科学,而是分散在许多学科当中。这种说法在某种意义上可谓“切中肯綮”,即复杂性理论或科学主要是一种方法论和思维方式。还有研究者指出,莫兰的复杂性理论不仅是一种跨学科的方法论,还是一个具有普遍意义的世界观。在莫兰关于青年的论说中,我们所强烈感受到的也正是这一点。

---

① [法]埃德加·莫兰.时代精神[M].陈一壮,译.北京:北京大学出版社,2011:210.

② [法]埃德加·莫兰.方法:思想观念:生境、生命、习性与组织[M].秦海鹰,译.北京:北京大学出版社,2002:269.

莫兰以复杂性理论研究而著称于世，但却很难将他归诸哪一个专业领域。法国出版的辞书中有这样的评论：“莫兰是一个不守纪律的思想家，他逾越了已确立的学科之间的界限，使知识进行循环流通。……是一个介入社会的思想家，他参与前进着的历史，标示出关键性的问题。”“世界上许多科学家（软科学的和硬科学的）、哲学家、认识论学家、政治学家和评论家……都感到埃德加·莫兰的思想与自己相关。”总之，他不确切地属于哪一个研究领域，他的研究成果由于其综合性和基本性使其具有广泛而普遍的意义。① 他也自称是一个“游牧者”，从不专属于哪一个学术领域。他对青年和青年问题的关注和介入，很难说是出于何种学科的目的或需要，而青年研究又恰恰是不可能为某一学科（或几个学科、多学科）的框架、规范所规范、束缚或满足。

莫兰在他的思想自传中曾说，他的探究深入到可能被学科的分野所忽视的问题，如妇女和青少年问题。青少年是莫兰的社会学研究中一直特别关注的两个群体之一（另一群体是妇女）。“妇女和青年，他们同时既是我们社会中在文化上最未被融合的‘野蛮’因素，又是现代性的在文化上积极的力量”，莫兰接着说，“作为我们社会的最先进的和最落后的力量的妇女和青年的问题，这个问题将在我以后的所有关于当代社会学的著作中被重新提起……”莫兰认为，青年和妇女由于其社会学和人类学的条件，是他最可能寄托变革现存资本主义制度希望的社会群体。② 青年为什么是文化上“最未被融合的‘野蛮的’因素”？为什么是“现代性的在文化上积极的力量”？为什么是“我们社会的最先进的和最落后的力量”？对于青年研究，这些问题的提出即使在今天来说，与其说深刻，不如说沉重。而且，这样的问题很难就单一学科视角而提出，因为这不仅是具有相当难度而且是相当复杂、矛盾、纠结的问题。

莫兰的学术个性和风格也会给青年研究以深刻启示。一方面，他的不

①② 陈一壮. 埃德加·莫兰复杂性思想评述[M]. 长沙：中南大学出版社，2007.

拘一格、不守学科分野，是他任兴趣之所在，根据思想逻辑脉络的发展或推理、论证的需要，逾越不同科学或学科的分界线任意驰骋，从而融汇不同科学或学科的知识。另一方面，他能够忍受不为学界主流所接受甚至排斥、打击所带来的孤独。从布尔迪厄当众撕毁他的《时代精神》一书即可见其当年处遇之一斑。“我强迫自己守住孤独，孤独是先行者和迷途者的宿命。我独自跋涉在旅途中……总之，我为一个没有丝毫把握的相对事业而工作……不过我也越来越相信唯一有价值的认识就是充满疑虑的认识，唯一有生命的思想就是保持着自毁温度的思想。”①克服青年研究学科化的种种焦虑，最需要的也正是这种带有“天然的天性”的创造热情和学术冒险精神。

作为一个“介入的思想家”，莫兰所体现的不仅仅是一种介入的勇气，更是一种对于人类、世界、时代、未来沉重的责任，一种信仰和一种使命感。“复杂性思想是人类争取美好未来的斗争武器。”这种理解是正确而深刻的，这也只是莫兰复杂性思想最深层的含义。而莫兰关于“青年猴”“青春化”“青少年阶级”的种种论说，在根本上与其说是关于青年的发现，不如说是关于人类性的一种发现，是关于人类文化、社会和历史的创生、演进、轮回、新生的神秘发现。“认识的目的是与世界的神秘进行对话。”②在莫兰那里，青年、青年问题，借用他在关于电影研究中所说的话来理解也是合适的：这是“关系到人类精神中最基本和最古老事物的‘人类学’问题”，有关青年的研究，既需要通过人类精神来阐明青年，也将借助青年阐明人类精神。将青年问题与整个哲学和人类学的关键问题联系起来，将有关青年的研究与对人类精神中最基本和最古老事物的人类学探究联系起来，莫兰的这一理论构想将他的青年研究引入一个更深入、更奇幻，因而也被认为是“异常、怪诞、乏味和混乱”的理论范式中。事实上，对于任何有关人类或社会现象，都可以而且有必要去思考其人类精神中最基本和最古老的“人类学”问题。但这种思考将是一种异常艰难的精神冒险，它可能有悖于科学常规的理性逻辑，

① ［法］埃德加·莫兰．方法：天然之天性（绪论）［M］．吴泓缈，冯学俊，译．北京：北京大学出版社，2002：20．
② ［法］埃德加·莫兰．复杂思想：自觉的科学［M］．陈一壮，译．北京：北京大学出版社，2001：185．

因而可能遭遇种种理论的误解或不测。然而，也恰恰是这种艰难的精神冒险，有可能发现“现代性与古老性的关系”，也即借助对青年现象的观察、理解和研究，“既反映出我们时代的现代性又折射出我们精神的古老性”。用莫兰的另一种说法，即：“对人类精神的总问题展开探索”。①

通过对莫兰著作中涉及青年的一些观点和阐述的分析和理解，我们或许会形成一个研究青年的思路。复杂性理论本身即是异常“复杂”的，但正如莫兰所说：“我们不可能通过一个预先的定义了解什么是复杂性。我们需要遵循如此之多的途径去探求它，以致我们可以考虑是否存在着多样的复杂性而不是只有一个复杂性。”②青年研究，也许是可以开辟复杂性研究的一个崭新领域。当然，这也是一条异常艰难并充满风险的道路。但这种尝试无论如何都应该是有价值的。正如波兰哲学家莱斯泽克·柯拉柯夫斯基所说：“尽管我们不能洞悉神秘而把它变为知识，但是认识到神秘的存在是重要的；尽管遮蔽不会从终极的存在上被揭开，但是我们应该认识到遮蔽的存在。”③

① [法] 埃德加·莫兰. 电影或想象的人——社会人类学评论[M]. 马胜利，译. 桂林：广西师范大学出版社，2012：6-8.

② [法] 埃德加·莫兰. 复杂思想：自觉的科学[M]. 陈一壮，译. 北京：北京大学出版社，2001：139.

③ [英] 莱斯泽克·柯拉柯夫斯基. 形而上学的恐怖[M]. 唐少杰，等，译. 北京：三联书店，1999：10.

# 青春叙事中的历史记忆

## ——改革开放四十年青年发展与文化现代性

### 一、前言

思想解放运动的冲击、市场经济潮流的荡涤、全球化和互联网时代的再洗礼，构成过去四十年间中国思想文化领域深入改革和重大变迁宏大叙事的历史背景。青年是其中最活跃的因素，是推动促进这一变革的重要社会力量。青春是这段历史的基本底色，它蕴含并呈现着生命和思想旺盛的想象力和创造力，以感性和审美的形式参与和影响着这段历史。青年在改变自身、塑造自我、发展个性的同时，也为社会思想文化、日常生活和文化现代性增添了无尽或迷蒙或鲜亮的色彩，昭示着未来发展变化的无限可能。同时，青春能量的积聚与释放，也成为中国新型青年文化生成、变化和发展的内在动力机制和现代性文化场域中的一道独特景观。

现代中国的青春叙事可以追溯到近代中华民族那段苦难记忆，青春叙事与现代中国的民族/国家/想象紧密关联。1900 年，梁启超在《少年中国说》中呼吁“少年强则中国强”“是青春中国诞生的第一口呼吸”。新文化运动的“青春的觉醒”，早期共产党人的“新青年”“青春”呼唤……开启了中国百年革命史青春叙事的历史和思想文化源头。青春叙事，是中国百年革命史和文化变迁史的重大主题之一。

改革开放四十年，犹如走过一段漫长的青春期。从 1980 年代思想解放的破冰之旅，到 1990 年代“春天的故事”，再到今天中国特色社会主义新时代，中国的改革开放始终充满着青春的热情，抒写着青春的故事，在青春期的躁动、激情、想象、创造中不断走向成熟和理性。青春，是中国改革开放四十年的历史底色。中国人民始终保持着这样的坚定信念：青年兴则国家兴，青年强则国家强；中华民族伟大复兴的中国梦，必将在一代代青年的接力奋斗中成为现实。

四十年改革开放史，也是一代又一代青年的成长发展史。“50 后”“60 后”“70 后”（这是中国独有的对一代人的指称）相继走过，“80 后”“90 后”“00 后”接踵而来。代际更迭的节奏如同改革开放的步伐一样紧张、急促而紧凑，间或也有些杂沓、迷离或失序。在同一舞台上，不同世代的年轻人共同上演一出场景盛大、情节跌宕、内容丰富的青春剧。这或许可以认为是中国文化现代性的一道独特景观。

新型青年文化①的孕育、生成和走向成熟，是改革开放四十年中国文化发展的重大成就之一。新型青年文化积极主动介入、参与了四十年改革开放的全过程，在拨乱反正的思想解放运动，大众文化的兴起以及文化生产、文化消费、文化产业和文化市场的发育，全球化背景和互联网环境下民族文化传统的创造性转化和创新性发展，弘扬社会主义核心价值观，特别是在新的生活方式、消费方式、行为习惯、审美观念、思维方式、价值观念等方面，青

① 本文将新中国成立以来青年文化发展作为一个整体过程，属于中国当代史叙事的一部分。改革开放以来的青年文化，区别于之前 40 年，这里名之为“新型青年文化”，是由“传统的单一政治运动模式”“转轨和变形”而来，是青年的一种全新的生存与发展方式；全面建设具有现代文明特征和中华民族文化特色的青年文化体系，将是中国青年运动未来发展的一个主导倾向（参见笔者：“走向未来世纪的中国青年运动”，载《中国青年研究》1992 年第 3 期）。陆玉林则认为“我国当代青年文化出现于 1976 年”，以“四五运动”文化现象出现为标志（参见陆玉林：“当代中国青年文化的回顾与反思”，载《中国青年政治学院学报》2002 年第 4 期）。

年人以改革者的抱负和开放的心怀，以感性、审美的形式和先锋性姿态，以时尚引导潮流，以潮流影响文化，以文化塑造自我和介入社会，改变着社会的精神面貌和文化心态。青年也是世界文明和先进文化最热诚的拥护者，因而也是实现中国文化走向世界的重要推进力量。

青春话语的历史、思想、文化内涵极为丰富。但是，由于其历史文化渊源之深远，思想观念流变之繁复，实践形式和路径的千姿百态，更重要的是，青春意象的自然载体，也即青春概念的能指与所指青年本身的各种变异和不确定性，必然也将使这一话语形式变得复杂起来。因此，青春叙事以及对青春话语本身的理解和辨析，对青年文化在社会发展过程中的各种表现形式和特征的认识和把握，具有一定的难度，有时甚至会变得扑朔迷离。不过，世界也可以用艺术的方式掌握。青春、青年、青年文化本身所具有的感性与审美特征，也需要我们运用艺术、审美、想象去感悟和体验，并从中发现一种别样的历史。

## 二、青春叙事、国家想象与现代性

青年，无论是将其作为“问题”还是一种社会力量来看待，都是与现代性有关的一个颇引人注目的话题。国外有学者将“青春”(youth)看作现代性的“本质”(modernity's“essence”)，其理由是“青春”(青年)具有永恒的内在不满足(inner dissatisfaction)与变动性(mobility)；青春的反抗与革命，可以毁灭任何既定体制(如家庭、社会规范、传统文化)以至自身的形式，革命遂变成不断持续的再革命。青春朝向未来，意味着无限的发展——浮士德在与魔鬼订约之后首先便需要重获“青春”，且是永恒的青春……[①]列奥·施特劳斯(Leo Strauss)则认为，现代性的本质就是“青年造反运动”，马基雅维利开端的现代性对古典的反叛，使他成为近代以来一切“青年运动”的鼻祖。新的就是好的，最新的就是最好的；青年必然胜于老年，创新必然胜于守旧，在

① 宋明炜.“少年中国”之“老少年”——清末文学中的青春想象，载刘东主编：《中国学术》总第二十七辑，商务印书馆，2010.

这种逻辑和历史观的推动下，现代性必然具有一种不断由青年反对老年，不断由今天反对昨天的性格，从而现代性的本质必然地就是"不断革命"和"青年造反"[①]。

现代性与青年，与某种或激进或浪漫的社会理想和想象，进而与革命，构成某种内在关联。青年、青年文化、青年运动，是现代革命和现代性的酵素。在托克维尔那里，大革命是"青春、热情、自豪、慷慨、真诚的时代"，法兰西民族在大革命中"显出了青春的首要品质"。[②] 在埃德加·莫兰看来，1789年标志着政治青春的太阳升起，狂飙运动宣告了文化青春太阳的升起，浪漫主义宣示着青春的热忱和青年人的觉醒，"青年黑格尔派、青年马克思则进行了投入世界的变革的人的思想的革命。父亲上帝濒临死亡"。[③]

革命与现代性的青春想象，使苦苦寻求救国救民之路的中国进步知识分子发现一道曙光。

现代中国青春话语滥觞于晚清政治腐败、国势衰败背景之下。一批忧国忧民的"少年先进"和科举路上郁郁不得志的士子文人，受西方启蒙思潮和进化学说影响，结合儒家经邦济世文化传统和民本观念，提出与"老人政治"相对立，寄望于新生社会力量的"少年中国说"。在此后的一个多世纪里，"少年中国"的话语空间充满了各种各样的青春论说，"中国少年"在有关中国政治和文化的表述中扮演着至关重要的角色，"青春"成为一个经久不衰的神话，涵盖了教育、文学、审美、伦理、情感、身体等文化表述的各个领域，几乎具有包罗万象的意义表达功能。在具体历史语境中，"青春"(或"少年""青年")被赋予的新意层出不穷。[④]

建立在家国之根、布衣情怀的强烈情感和进化论、社会达尔文主义以及对西方现代启蒙思想和革命经验片面理解之上的青春叙事，其历史和时代

① 甘阳. 政治哲人施特劳斯：古典保守主义政治哲学的复兴[M] //[美] 列奥·施特劳斯. 自然权利与历史. 彭刚，译. 北京：生活·读书·新知三联书店，2006：8-9.

② [法] 托克维尔. 旧制度与大革命[M]. 冯棠，译. 北京：商务印书馆，1992：32、196.

③ [法] 埃德加·莫兰. 时代精神[M]. 陈一壮，译. 北京：北京大学出版社，2011：164.

④ 宋明炜. 现代中国的青春想象[M] //陈平原. 现代中国(第8辑). 北京：北京大学出版社，2007：146-147.

的局限性显而易见。所以，新文化运动时期，这种“激情的理性”开始向“理性的激情”转化。青春的激情犹在，但它被灌注了新的思想、理论和时代的内涵。早期中国共产党人将启蒙理想的青春叙事与中国革命叙事相结合，造就了一种现代中国革命的青春话语，并将其与中国革命和青年运动的具体实践相结合，成为一种激发青年革命理想、意志和情感的巨大“物质力量”。革命青年文化由此诞生。在本质上，它属于一种政治文化，是中国共产党领导的现代中国革命运动中革命文化的一部分内容（但并不是其中的一个独立组成部分）。

在思想文化层面，革命青年文化是现代中国革命历史和文化叙事建构起来的一种话语形式，也是这种历史叙事的一种文化镜像。它天然带有某种激进和暴力的性质，与中国革命历史的宏大叙事紧密关联，革命性是其最鲜明的时代特征，斗争（包括牺牲）则是其基本的精神特质和风格表征。毫无疑问，在革命战争年代，中国共产党人的这种政治、文化、意识形态策略和引导青年革命的历史实践获得了巨大的成功。一部中国革命史即被认为是一部青年史，不理解青年即不能理解中国现代文化。[①] 少年情怀、青春主题、革命话语，成为五四新文学的一种解读。从五四文学到左翼文学，从延安时期的工农兵文艺到“文革”时期的红卫兵文化，都可以看作“青年”精神在不同历史环境下的体现。[②] 在战争与革命的同时，青春叙事构建了中国现代文学和社会文化心理的新传统。

但是，新传统也有一个不断被发现、被创造并实现其创造性转化和创新

① 蔡翔认为，中国革命的历史实质就是一部“青年”史，围绕这一历史叙事展开的文学想象，就是一种“青年”想象（蔡翔：“青年·爱情·自然权利和性——当代文学的中国故事”，《文艺争鸣》2007年第10期）；德国学者史通文指出，20世纪初十余年间青年人投身于新文化运动，对催生中国现代文化发挥了巨大作用，“现代中国文化就是青年文化”（史通文：《在娱乐与革命之间：留声机、唱片和上海音乐工业的初期（1878—1937）》，王维江，吕澍，译，上海辞书出版社，2015）；学者汪晖说：“讨论青年、讨论青春、讨论新的政治，实际上意味着我们要界定自己跟历史的关系”（汪晖，罗岗，鲁明军：“跨界对谈：历史、革命与当代青年的思想构成”，http://wen.org.cn/modules/article/view.article.php/4127）；何怀宏认为，新文化运动在相当程度上也是一场青年运动（何怀宏：“新文化运动二题：青年与政治”，载《探索与争鸣》2015年第8期）；单世联谈到，“革命有它的青春期，青年是革命的季节”（单世联：“青春、革命与知识分子”，http://www.360doc.com/content/11/0309/12/49267_99500176.shtml）。

② 陈思和．从“少年情怀”到“中年危机”——20世纪中国文学研究的一个视角[J]．探索与争鸣，2009(5)．

性发展的过程。在王德威看来，所谓“现代性”并不是一系列由概念、判断和逻辑演绎组合起来的某种理论范式，而是一幅幅由具体入微的事件所构成的鲜活生动的微观图景，文学叙事固然是构建现代性景观的核心载体，但现代性“不是一种神话的终结”“而是一种历史的重新定位”。①

现代中国的青春叙事和青年文化孕育、诞生于中华民族最危急的时刻，这必然使其天然地带有某种苦难叙事的沉重色彩和暴烈激进的战斗风格，并集中体现和贯穿于青年革命叙事和革命青年文化的历史记忆之中。

当疾风骤雨式的革命和战争年代过后，特别是新中国的建立，这种革命青年文化面临寻求新的发展机遇和实现时代转型的重要历史关头。历经民族苦难和艰苦抗争的青春叙事和青年文化这枝浸染着“许多青年的血”②的苦难之花，应该开始结出丰硕的新文明之果。

## 三、“卡夫丁峡谷”的惊险跳跃

任何重大历史转型和社会变革，都将是跨越“卡夫丁峡谷”的惊险跳跃，这其中蕴含着苦难、风险和机遇。青春叙事和青年文化的历史转型也将如此。青春的隐喻带有神话、寓言的性质。“历试诸难”③，是关于中国青年最古老的神话和寓言——青年人必将历经种种磨难而走向成熟并承负起历史或命运赋予的某种担当。

新中国建立，青年文化进入一个新的发展阶段，以革命的名义，以政治运动的形式，青年的革命激情和政治热情被融入国家建设、改造和革命的一次次高潮之中。由于国际环境、共产主义运动以及国内政治等各方面原因，

① 黄云霞.微观历史中的现代性资源——王德威的散点历史研究法[C].2010年中国文学传播与接受国际学术研讨会会议论文汇编(现代文学部分)，2010：46－54.

② 鲁迅为纪念“左联”青年作家柔石、白莽等五位烈士写下著名杂文《为了忘却的记念》(1933年2月)，文章结尾处写到“在这三十年中，却使我目睹许多青年的血，层层淤积起来，将我埋得不能呼吸”。1935年9月12日鲁迅在致胡风的信中说：“其实，我的有些主张，是由许多青年的血换来的。”

③ 陈星灿.“历试诸难”与中国上古的成年礼[J].中国文化，1995(2).《尚书·舜典》有“虞舜侧微，尧闻之聪明，将使嗣位，历试诸难，作《舜典》”，记尧禅位舜之前对舜进行观察和考验.《史记·五帝本纪》中也有“尧使舜入山林川泽，暴风雷雨，舜行不迷，尧以为圣”“舜入於大麓，烈风暴雨不迷，尧乃知舜之足授天下”的记载.陈星灿认为，“历试诸难”是中国古代社会对年轻人进入成人社会所应具备能力的一种带有强迫性的训练，表现了与死亡再生的成年礼主题，是中国上古成年礼的一个反映。

中国青年文化的历史同时也是近现代中国革命史悲喜剧的一个缩影。改革开放使中国青年文化进入现代社会发展的新时期。一种新型的青年文化诞生了——一种如凤凰涅槃式的浴火重生。

这是中国青年文化发展的第三个阶段，是青年人作为文化主体生成、发育、成长和逐渐成熟的阶段，是青年文化的文化风格和新的时代精神风貌逐渐形成并自主呈现的阶段，是青年文化成为一种相对独立的文化形态获得其合理性、合法性存在与发展的阶段。至此，青年文化不仅是中国青年自我和个性发展、群体行为、价值观念和社会发展的一个崭新模式，而且也成为国家发展战略的一部分重要内容。与前两个阶段相比，这一阶段的发展过程相对漫长。四十年，一个漫长的青春期！

这四十年，仍可分为三个阶段。第一阶段从“四五”运动到20世纪90年代初，是从五六十年代“革命＋政治”型青年文化向自主、自立的新型青年文化过渡的过程，“政治＋文化”是这一阶段青年文化的类型特征。第二阶段从确立社会主义市场经济体制改革目标到世纪之交的前后两年，是从“政治＋文化”向“文化＋青年”的过渡。21世纪后进入第三阶段，即“青春文化”阶段。

从“革命＋政治”向“政治＋文化”，再向“文化＋青年”和“青春文化”过渡，同样是一系列转型过程。过渡或转型总意味着矛盾、冲突、抗争和反叛。而这种矛盾与冲突、抗争与反叛最激烈的时刻，则是从“革命＋政治”向“政治＋文化”过渡阶段，这是跨越“卡夫丁峡谷”最惊险的第一跳。

毫无疑问，“四五运动”是现代中国青年文化发展过程中的一个标志性事件。但“四五运动”所表达的仍并非青年群体独立的政治或文化诉求。“四五运动”是青年文化发展的一个阶段性标志，青年文化在政治轨道上运行至此达到一个新的高度，80年代起伏跌宕的学潮则是其历史回光的种种变形与折射。

当代青年相对独立的文化诉求及其表达应发轫于以“朦胧诗”为代表的文学或诗歌运动，其酝酿在“文革”期间的“地下阅读”与“地下写作”，“文革”

刚结束即浮出地面并产生广泛影响，在思想观念，表现形式上都具有青年文化的叛逆、抵抗特征。而且，自“朦胧诗”起，青年文化自身的裂变过程不断加剧，在文学艺术、思想文化、日常生活、行为方式等方面都有着突出的表现，成为当代中国青年文化风格的显著特征之一。“文化研究并非是一种无边的文化讨论，相反，它注重的关键问题是发现‘断裂点’，找出时代转型的裂痕，并上溯到渊源或下寻到最新发展踪迹。”[①]“朦胧诗”，明显具有“断裂点”“裂痕”和“上溯到‘渊源’或下寻到最新发展的踪迹”的特点。而“现代性的发生”“就是现代同过去的断裂：制度的断裂，观念的断裂，生活的断裂，技术的断裂和文化的断裂。现代之所以是现代的，正是因为它同过去截然不同，它扭断了历史进程并使之往一个新的方向——我们所说的现代的方向进展”。[②]

在中国当代文学史上，除极“左”政治年代，主流文化对青年文学或文化现象最激烈最严厉的批评莫过于“朦胧诗”，“朦胧诗”被指责为“新时期社会主义文艺发展中的一股逆流”，是“诗歌领域内刮起的一股黑风”。[③] 朦胧诗与诗歌主流的断裂，不是代沟造成的隔阂，而是时代巨轮碾过的裂隙，两代人之间的沟通被隔绝了；是社会和文化结构（包括制度）之间的一种断裂，一种丹尼尔·贝尔所称的“文化言路的断裂”。“朦胧诗”之于青年文化的意义不在诗本身而在于它的“朦胧”。这种“朦胧”既象征着一种“形式的革命”，也实在地昭示着一种“语言的革命”，更意味着一种新的文化形式、样态的诞生，在某种意义上也是 20 世纪 80 年代青年人掀起的一场“诗界革命”。新兴的青年文化与主流文化意识形态的冲突，第一次在文学主张的理论层面展开，对朦胧诗的批判在冲突中已然上升到一种政治批判。

至此，青春叙事的基调、色彩、元素、形式等因素，都在发生重大的变化。“朦胧诗”越出地面，“八五”新潮美术的轰动效应，摇滚乐的嘶吼，是 20 世纪

① 王岳川. 中国镜像：90 年代文化研究[M]. 北京：中央编译出版社，2001：16.

② 汪民安. 步入现代性[M]. 汪民安，等. 现代性基本读本. 郑州：河南大学出版社，2005：12.

③ 洪子诚，程光炜. 朦胧诗新编[M]. 武汉：长江文艺出版社，2004.

80 年代“形式革命”的三大先声。“八五”新潮美术运动被视为 20 世纪 80 年代“新启蒙主义”的一个有机部分。还有研究者认为，“八五”新潮美术与其说是一场艺术运动，不如说是“一种哲学观念的表述和行为过程”。① “八五”新潮美术叙事已大大超出艺术史范畴而进入政治史、社会运动史范畴，其思想史意义自不待言。文化艺术和思想界对“八五”新潮评价之极高超过任何其他青年文化现象。② 1986 年，当崔健背着一把吉他穿一身旧军装在北京工人体育馆吼出“一无所有”的时候，似乎整个中国为之震惊。青年人从中发现了一个新的世界和自我。“一无所有”的崔健开始了他极具个性并富有文化反叛意味的“新长征路上的摇滚”。崔健的歌唱出了一代青年人的怀疑、困惑和茫然。北岛被看作 80 年代的“文化英雄”，崔健则是那一代人的偶像，“中国的摇滚之父”。

“朦胧诗”“八五”新潮美术运动和崔健，是 80 年代青年文化的三个标志性事件，也可以看作是三大符号象征。在美学热、文化热、社会思潮热以及萨特热、尼采热、弗洛伊德热、“丛书”热、邓丽君热、琼瑶热等热点的烘托下，80 年代的青春叙事呈现出一种热情洋溢的浪漫精神。英雄的气质，理想的豪情，隐隐约约还在，因此也留给后人以无尽的遐思与怀恋。

大致来说，80 年代青年文化的主要任务是从传统的单一政治轨道脱离出来，以构建自身的文化主体性，试图通过确证自身作为文化主体的合理性与合法性，来获得自己自主性文化身份和实现自己的文化认同。“在 80 年代的中国，‘主体性’则是现代主义思想的入口处。”③用马克斯·韦伯的话说，

① 黄专. 由启蒙文化向消费文化的转型——关于“85 新潮美术”的追忆[EB/OL]. [2018 - 1 - 15]. http://www.artnow.com.cn/Discuss/Special/SpecialArticle.aspx?c.

② 2015 年前后，在纪念“八五”新潮美术运动三十年的系列活动中，各大文艺、美术网站和《文艺研究》等主流专业刊物发表了大量研究、回忆文章和访谈，许多文章关注到其与青年文化、青年思潮的关系，并给予高度肯定。有统计表示，1977—1986 年间，参加现代艺术活动的人员，55 岁以上者占 2.1%，36～54 岁的占 5.3%，35 岁以下的有 4 462 人，占 92.6%，这其中又有 98%的年轻人是 1982 年以后大专院校艺术专业毕业生(殷双喜：转型与裂变——“八五美术新潮”回望，《文艺研究》2015 年第 10 期)。评论文章主要有高名潞：“八五美术运动”的“玄想”叙事(载《文艺研究》2015 年第 10 期)；汪民安：八五新潮美术中的生命主题(载《读书》2015 年第 4 期)；鲁虹：关于“八五新潮”的形成与反思(雅昌艺术网连载)；王林：个人性、反传统与重建文化民间——纪念“八五新潮美术”三十年(雅昌艺术网)等。

③ 陈晓明. 表意的焦虑：历史祛魅与当代文学变革[M]. 北京：中央编译出版社，2002：73.

这种脱轨亦即“祛魅”，是对某些神圣性的消解，对神秘、崇高、典范、元话语、宏大叙事等在文化态度上的质疑和抗争。

当一代人的精神、灵魂或情感与这个世界碰撞、交集时，擦出的就是所谓“文化”的火花。20 世纪 80 年代的青年拼将“四五”的热血，抚着“伤痕”，唱着“青春啊青春，美丽的时光”[①]走进改革开放的新时期。20 世纪 80 年代，是一个浪漫的年代，20 世纪 80 年代文化的主调是理想主义，其中也包括激进的自我批判、向西方思想取经等内容。[②] 思想解放，提供了 20 世纪 80 年代中国社会思想文化的时代背景和话语环境。思想的活跃激发了青年人的自我想象、社会想象，他们呼喊着“青春万岁，”[③]相信明天会更好，期待着“再过二十年”的再相会，坚信“光荣属于 80 年代新一辈”。但现代历史的经验无数次证明，转型期的思想冲突往往是最剧烈的，它通常带有某种颠覆性，因而冲突的过程常常伴随着某种形式的牺牲。

青春，是一种隐喻、一种激情、一种能量，也是一种基于生命体验的心灵秩序、思想境界和社会理想。所以，它需要心灵的净化、精神的激扬和理性的陶冶，需要从“激情的理性”走向“理性的激情”。20 世纪 80 年代在 90 年代尚未到来时便早早结束，且戛然而止。青春，将走向“理性的激情”，这是跨越“卡夫丁峡谷”三级跳的第一跳——激越而浪漫，但仍不乏冷峻与严酷。

20 世纪 80 年代青年留下的最丰厚遗产，直到进入 21 世纪后才显露出它的价值，这就是“80 后”。

## 四、走出“伊壁鸠鲁夹缝”的神

社会主义市场经济体制的确立，为改革开放深入发展创造了新的契机。市场为青年提供了一个前所未有的自由空间。文化消费、文化产业、文化市

① 1979 年，中央电视台根据张洁同名小说改编拍摄了第一部单本电视剧《有一个青年》。当时中国至少有 90%以上的人没看过电视，但关贵敏和殷秀梅演唱的电视剧主题歌《春春啊青春》却不胫而走。

② 查建英. 八十年代访谈录[M]. 北京：三联书店，2006.

③ 1979 年人民文学出版社正式出版了王蒙的长篇小说《青春万岁》。小说初稿写于 1953 年，作者当年 19 岁。小说 1957 年曾在上海《文汇报》上连载，时隔 22 年后第一次出版单行本。1981 年被评为全国中学生最喜爱的十本书之一。1983 年拍成的同名电影，获 1984 年苏联塔什干国际电影节纪念奖。

场以至文化权利、文化发展等新概念、新事物、新观念悄然出现。这个空间是流动的，瞬息变化的，新颖的，富于想象的；既令人迷惑也充满诱惑的，既缥缈虚幻又充满物欲的，既躁动不安又使人跃跃欲试的。它既充满矛盾，也充满张力，因而也是最具现代性的，真正的感性与审美的，个性与自我的。“政治＋文化”蜕变为“文化＋青年”，青年人以主体的姿态进入文化的核心地带，尽管仍是一种边缘的形式。

这是一个至为关键的阶段。如果说前一个阶段处于青春期早期，即第二性征出现，那么这一阶段则是性发育期。如果说前一阶段青年人是以勇者的姿态浪漫而悲壮地完成了“卡夫丁峡谷”跨越惊险的第一跳，那么，现在的问题则是，一个要走出“伊壁鸠鲁夹缝”的神①，面对这惊险的一跃——在肉欲、物性、享乐、奢靡等诱惑下，一个崇尚享乐主义且不信上帝、天命、灵魂不死的没有信仰的人，如何把持自己而成就一番人生和事业？

市场是“一只看不见的手”，总是带有某种神秘而难以把捉。年轻人可能是一个勇者，但他绝不是一个智者。因此，这是一个更为严峻的考验。

市场怂恿欲望，消费唤醒本能。在市场与欲望之间，消费与本能之间，即是“伊壁鸠鲁夹缝”。能走出这条夹缝的是“神”，走不出来就是堕落。如何走出“伊壁鸠鲁夹缝”？这意味着要为市场和消费找到合法性证明，要对欲望和本能做出合理性解释，但对于青年人来说，最重要的还是要找到一个“现代性”的“理由”，而最充分的“理由”仍是感性与审美的，只不过与20世纪80年代相比，它发生了一个“语言学的转向”，寻找到了一种新的语言模式或话语策略——碎片式的“语言政治”与自我表达。这一转向延续了20世纪

① 伊壁鸠鲁是古希腊哲学家，享乐主义最早的倡导者，所以享乐主义（Hedonism）又叫伊壁鸠鲁主义（Epicureanism）。他声称神的存在是永垂不朽的，承认神是至高无上的，劝告人们不要惧怕神灵。但他又用科学的眼光审视神。因此“伊壁鸠鲁夹缝中的神”被当作矛盾的代名词。汉娜·阿伦特将“过去与未来之间的裂隙”称为“伊壁鸠鲁夹缝”，在这一“夹缝”中，人既遭受过去与未来两种力量的撕扯，也同时面对过去与未来两种力量的挑战，并且因为人的存在，过去与未来成为一种尖锐的对立。阿伦特认为，“伊壁鸠鲁夹缝” 是“一个精神场域”和“当代思想状况的意象”的一种比喻（[美] 汉娜·阿伦特：《过去与未来之间》，王寅丽，张立立，译，译林出版社 2011 年版）。在《第四代人》中，“第三代人”，即今天所说的“50 后”一代是“伊壁鸠鲁夹缝里的神”或“边缘人”（张永杰，程远忠：《第四代人》，东方出版社 1988 年版）。

80年代的颠覆性话语风格，开启了即将到来的网络时代青春叙事的语言实验。

20世纪80年代末90年代初，文化衫曾是青年人的集体记忆。仿佛一夜之间，小青年们都穿上了无领白色T恤，前后写着反叛、调侃、消解崇高的各种发泄型语句，用王朔式的语言书写自己的情绪：“别理我，烦着呢”“我是流氓我怕谁”“跟着感觉走”“挣钱真累”“没钱苦”……王朔以反讽作为“批判的武器”，直面各种各样的道德脸孔、正统权威和政治理想主义等“看上去很美”的东西。在《浮出水面》(1985年)中，女主人公对恋人说“我喜欢你，是因为和你在一起可以不谈人生大道理，我感到轻松”。《橡皮人》(1989年)开篇第一句：“一切都是从我第一次遗精时开始。”“过把瘾就死”，否定了一切价值的永恒。“我是流氓”，弃绝了所有的高雅与崇高，解构了所有“正经儿”与严肃，在高雅与低俗、崇高与卑下、“正经儿”与无聊、严肃与调侃的“夹缝”中穿行。王朔发现了一种新的语言模式，这种语言模式形塑了一种全新的个性化人物形象，一个从“伊壁鸠鲁夹缝”中逃脱的精灵——“葛优躺”，至今仍残存在人们的潜意识之中，并不时呈现出来。20世纪80年代的青春记忆，三四十年过后，仍会得到某种呼应——因为，这一漫长的青春期尚未过去！

语言巨大的穿透力使它浸入社会生活的各个层面与领域，书写着现代生活的光怪陆离和绚烂多彩。诸多现代、后现代风格的摩天大楼拔地而起，诸多大型商城、购物中心、专卖店、连锁店、仓储式商场，以及这些新建筑群终日吞吐的人流，构成20世纪90年代中国文化风景线一道亮丽的背景与底色。“90年代，大众文化无疑成了中国文化舞台上的主角。在流光溢彩、盛世繁华的表象下，是远为深刻的隐形书写。在似乎相互对抗的意识形态话语的并置与合谋之中，在种种非/超意识形态的表述之中，大众文化的政治学有效地完成着新的意识形态实践。”①消费与享乐，成为青年人日常生活的主题。大众文化则将享乐与消费融入青年的生活方式和文化观念之中。人

① 戴锦华.大众文化的隐形政治学[J].天涯，1999(2).

消费、享受着文化,文化也消解、征用着人。而且,在无意识之中,传统的政治含义被解构了,并重新予以建构。用吉登斯的话说,即从“解放政治”走向“生活政治”。与此相应相伴的是,精英文化与大众文化彻底分道扬镳了,青年人不再热衷于那些“高大上”的东西,流行的、时尚的、好玩儿的东西才是好东西。在“生活政治”的庇佑下,青年人似乎走出了“伊壁鸠鲁夹缝”,他可以左右逢源,既享受着生活给予他的一切,又不至于离“文化”太远甚或可以堂皇地套用“文化”的名义,而且这本身又是“政治”的。尽管学者们感叹“消费文化及其商业逻辑”改写了大学精神,金庸、周星驰、周杰伦、赵本山、李宇春等“大众消费文化明星进军精英文化的殿堂”,[①]但也只是徒呼奈何!

市场经济营造了新的叙事语境和文化景观,培育了一种新的生活态度和社会理想,进而促进了青年文化的政治内涵及其表达形式的种种变化。在很长一段时间里,人们并未意识到,在整个20世纪90年代,青年与国家意识形态的关系,并不是所谓的“去政治化”或疏离、淡化,而是出现一种积极主动调整的倾向。这是一个非常微妙而良性的变化,可以被社会和青年两方面都接受。这种变化首先基于这样一个事实,即青年的社会认同方式发生了重要而带有根本性的变化,这种认同不再是由社会或青年任何一方所决定,而是在青年与社会互动的过程中来完成,政治沟通机制被初步建立起来,青年的政治参与、介入也变得积极而主动。其次,市场经济条件下大众文化的兴起,为青年文化生长创造了巨大的想象空间和充裕的物质条件。文化市场、文化产品、文化工业、文化行业……文化消费成为青年文化的首要和突出特征。青年消费文化,是由“解放政治”向“生活政治”[②]的过渡,是一种新型政治文化的生成。再次,在思想文化领域,20世纪80年代激情的启蒙理想和崇高的理性精神渐近褪去,生活和思想都回归到一种日常的平

---

① 陶东风.文学的祛魅[J].文艺争鸣,2006(1).

② 作为分析概念,吉登斯的“解放政治”和“社会政治”是应对现代性困境的两种选择和策略。前者是“生活机会的政治”,后者是“生活决定的政治”,政治发展和调整的方向是“从解放政治向生活政治的转变”(安东尼·吉登斯:《失控的世界》,周红云,译,江西人民出版社2001年版)。在《现代性与自我认同》中,吉登斯对“解放政治”“生活政治”有更具体的阐释。但吉登斯也肯定时代“个人认同的找寻及个人命运定向的私人体验本身,都变成一种主要的颠覆性政治力量”的观点。

和与宁静中来，进入一个“诗化地思索天下”（白先勇赞扬余秋雨）的文化语境之中。“日常生活”成为一种新的启蒙话语，[①]日常生活经验呈现青春叙事与现代性的全部意涵。青年人去关注日常生活中的广告、流行色、肥皂剧，青年知识分子进入书斋耐心地琢磨学理和学术规范，而不再热衷那些宏大叙事或深沉话题，生活变得越来越考究，人和人的精神也相应地变得日益精致而讲究格调。八十年代浪漫与激情的青春叙事风格为之一变。于是，王朔可以成为青春叙事的符号象征，“大话西游”可以成为青年文化新的话语形式，崔健式的嘶吼不再吸引青年人，猪八戒变得很可爱，那个叛逆的猴子变得很好玩。但最值得注意的还应该是那只“特立独行的猪”——王小波。他为 20 世纪 90 年代青春文学叙事做了一个带有朦胧而诡异色调的结尾。他的“受难者”形象和“浪漫骑士”“行吟诗人”“自由思想家”的精神气质，使他成为青年的精神偶像，更成为“世纪末青年的精神救赎”。[②]

当然，我们也会看到，20 世纪 90 年代青年也有激情冲动甚至爆发的时候，“银河号”事件、南海撞机、驻南斯拉夫大使馆被炸、台海危机……每逢这样的时刻，青年人仍然会本能地热血沸腾。但在街头抗议游行归来之后，仍会心情平静地走进托福补习班、超市、商场……

对 20 世纪 90 年代的青年来说，“解放”仍是需要的，但它应是感性的和审美的，要有自己所热衷和喜爱的自由的形式；政治仍是需要的，但它应是日常的和生活的，要有为自己所理解和认同的情趣和格调。20 世纪 80 年代末的那首歌“跟着感觉走，牵着梦的手，脚步越来越轻越来越柔”，到 20 世纪 90 年代真正流行起来。20 世纪 80 年代青年追求时髦，20 世纪 90 年代青年追求时尚，二者的区别在于，时髦只是少数青年的一种自我表达，时尚则可以汇聚成一股社会或时代的潮流。“红色经典”曾试图利用青年残存的一点关于革命史的记忆，拼贴出一幅现代或后现代的革命图景，以再度激发当代青年的“少年精神”，但效果并不是很理想，结果更多地只是主管部门完成了

---

① [德] 赫尔曼·鲍辛格. 日常生活的启蒙者[M]. 吴秀杰，译. 桂林：广西师范大学出版社，2014：21-22.
② 梁鸿. 王小波之死——90 年代文学现象考察之二[J]. 文艺争鸣，2009(10).

一次教育实验，市场机构拿到了经费补贴，青年人获得了短瞬间的新奇体验。“恰同学少年”再也不能找回保尔和冬妮娅那种激情了。

2000年，话剧《格瓦拉》曾掀起一场对激情与革命的回望，但一伙年轻艺术家与当时流行的怀旧情绪相呼应的创作实验只验证了一个事实，即青年人对“革命”符号格瓦拉的热情，与市场经济的发展水平和市场环境下人的社会心态密切关联：在北京的演出效果与在广州不同，在广州的效果和在深圳的又不同，而且是一个梯次下降最终归于消寂的过程。格瓦拉的形象不再是革命的象征，而成了青年人文化衫上的一个模糊的表意符号，他头上那颗红星和一脸大胡子在青年人那里只是一种“酷”。20世纪90年代初的那场“人文精神大讨论”，最终也未能走出少数知识分子的沙龙和书斋，更未如20世纪80年代“美学热”“文化热”那样在青年人中成为一种潮流。青年人国家情感的表达方式也发生了变化，即使如民族主义那样激荡百年中国的文化思潮，也只有以“中国，可以说不”那种极端和激进的话语形式，才能在年轻人那里得到呼应，才能在市场上畅销。

20世纪90年代的青年文化，游走、徘徊在“伊壁鸠鲁夹缝”之中。它能否真正走出那道“夹缝”而成为“神”？至少在20世纪末还没有得到一个明确的答案。但是，从某种意义上也可以说，它已经走了出来，因为它已经接受并享有了市场给予它的一切，创造了自己的语言形式和话语策略，这是破解“伊壁鸠鲁夹缝”矛盾的根本之所在，希望之所在。随着21世纪的到来，希望日益变得明朗。

## 五、新世纪与新世代：没有尽头的青春期

“20世纪90年代的文学，随着市场经济的确立和扩展，呈现出沧海横流的状态。但是，对于青春的咏叹，对于青春的回顾，对于青春的反省，却仍然是其中非常抢眼的一道风景。各个年龄段的作家，和被人们划分为各种门派的作家，都不会轻易地放过青春的话题，都在进行色彩缤纷的青春抒写。青春与革命，青春与历史，青春与人生，青春与叛逆，青春与性爱，等等，凡此

种种，构成了 20 世纪 90 年代青春变奏的不同声部。”①

2000 年，韩寒的《三重门》出版热销成为一个新的标志性事件，中国青年文化的青春叙事，随之展现出一种与 20 世纪 80 年代和 90 年代截然不同的话语风格——青春话语成为一种独立的文化标识，“韩寒”们成为既有文学体制之外崛起的一个新群体。“80 后”文学，“我时代”的青春记忆；“也许，只有青春时代的记忆最能表达一代人的特殊情怀，最可彰显一代人之所以不同于其他的‘特殊性’，而这种‘特殊性’常常是这一代人维系精神的所在。”② 20 世纪 80 年代播下的种子，在新世纪到来之际结果了！

“韩寒”们是“80 后”作家的代名词。“80 后”是 20 世纪 80 年代留下的最丰厚的历史遗产之一。1980 年，我国正式开始实施独生子女政策，“80 后”是前所未有过的“独生子女一代”。20 世纪 80 年代是一个“断裂的年代”，在“80 后”的机体内天然带有“断裂”的基因。如果说“朦胧诗”所呈现的“断裂”是其与刚刚过去的那个年代以及与主流诗歌语言“断裂”的话，在“韩寒”们和“80 后”身上所体现的“断裂”则是一种世代的断裂，是以文学的形式对他们的父辈以及父辈所属的那个年代的反叛。“80 后”青春文学带有同中国现当代文学传统断裂的现代性特征。当“韩寒”们被文学主流权威轻蔑地称为“写手”的时候，他们可以用最粗鲁的语言对这些前辈和权威给予最彻底的指责。这也是最富争议的一代人，不是“韩寒”们，而是整个“80 后”。

有自命“串唱韩寒史诗的歌手”，挖掘出“韩寒神话”的“史诗母题”，展示了韩寒或“韩寒”们的另一面：韩寒是一个神话！韩寒有着“神异的出生”“天赋神性”，经历“英雄离乡”“征服魔界”，他“骂遍天下无敌手”“猎尽三千美色”“叫板社会政治”……韩寒是“光明之子”；“韩寒的伟大愤怒与他征服‘魔界’的成功业绩紧紧结合在一起，其人格的种种矛盾以及性别魅力，都是很难以凡人逻辑来揣度的。维护韩寒神像，就是维护一股以韩寒为核心的年轻力量，维护部分知识分子的自由主义幻象”；作为一尊神像的韩寒可能会

① 张志忠．跨世纪文学：精神向度与心灵困惑[M]．武汉：武汉出版社，2009：4.

② 江冰．“80 后”文学：“我时代”的青春记忆[J]．文艺争鸣，2010(8).

在一场戏谑的狂欢中坍塌，韩寒的史诗或许已经结束，但“唱颂史诗的土壤还在，矗立神像的基座犹存，新的史诗还会塑造出新的神像”。在“歌手”看来，韩寒身上，包含着“神的矛盾性”，而神的矛盾性“是不可调和的”，他既可以被看作一个“颓废少年”，同时也可以被看作一个“思想深刻、光辉熠熠的公共知识分子、意见领袖、青年偶像”。① 由此，不禁使我们想起古希腊的那个半神半人的年轻人的象征——亚西比德。② 他是潘多拉魔瓶中“希望”的化身，他开创了远征西西里的事业，布克哈特认为他“最能够代表希腊人”，在尼采眼中他是“希腊之花”。在埃德加·莫兰看来，亚西比德是“古代青少年的雏形”，是一个“古代穿黑色皮夹克衫的阿飞”“雅典时期的詹姆斯·迪安”（詹姆斯·迪安，20 世纪 50 年代美国著名的影星，以扮演不安于现状和造反的青年而闻名）。

韩寒、“韩寒”们、“80 后”，他们未必是中国式的亚西比德，但他们一定是中华民族远古时代的那个“历试诸难”的英雄少年。作为 20 世纪 80 年代的遗产，他们是“我时代”的新人，是独立自主的一代人。这一代人的青春和青春叙事，是全新的。如果说 20 世纪 80 年代青年追求的是思想的解放，20 世纪 90 年代青年更进一步去追求身体的解放，而新世纪的一代青年追求的则是最完整意义上的自我的解放。“80 后”“90 后”“00 后”，共同创造了一个属于自己的“小时代”。但这个“小时代”并不隔绝于“大时代”。“80 后”的青春叙事并未脱离中国社会改革变迁的文化语境，只是它更具现代性。

但也有论者“进入‘80 后’文学的内部”去“窥探”和描摹“这一代人的生活和精神世界”：“迷失在器物世界的身影所彰显出的一种孤独、落寞与迷茫的气息；以身体为契机，以爱情为口号，用以抵抗生活与精神世界的双重虚无，却最终落入感伤、绝望与自毁的荒诞处境；流连于现代性的光鲜与华丽，

---

① 施爱东. 韩寒神话的史诗母题[J]. 清华大学学报(哲学社会科学版)，2013(1).

② 亚西比德(Alcibiades，公元前 450—前 404)，古希腊雅典城邦政治家，奉行个人主义，生活放纵，桀骜不驯，叛逆乖张，唯恐天下不乱，挥金如土且勇猛如虎，以美貌、高傲、自由、竞争、永远第一而闻名。青年时代的亚西比德最受苏格拉底宠爱，也是苏格拉底的狂热崇拜者。柏拉图《会饮篇》中记载有头戴花环、醉醺醺带着女人的亚西比德参加苏格拉底的演讲。《希腊罗马名人传》专门有记。

并以一己的遭际来彰显现代性精神中自我的沉醉与放逐，抒发一种犬儒主义的自嘲、自卑又自恋、自豪的现代感觉；唯独忘记的是生活的教诲与生命的真谛，以及宽容、理解、悲悯等真正的爱之所由来与所应去，只能以悬浮的状态宣誓一代人存在与虚无的境况。""器物，或迷失的身影""性事，或虚无的深渊""现代性，或苍白的思想""用抵抗消弭现代性的冲击最终以疯子般的清醒来旁观现代性"……[①]论者以这样几组关键词式的短语概括和表征"80后"的文学镜像。这种"窥探"和描摹，不可谓不彻骨，不尖刻。笔者在这里无意为"80后"作家或"写手"辩诬，姑且陈此一说。

青春的脚步时而是杂沓纷乱的，但这其中也不乏清晰明快的节奏。在我们尚未"窥探"清楚"80后"的面貌时，"90后"即已闪亮登场了。他们将完成中国现代青年文化转型三级跳的最后一跃。跨越"卡夫丁峡谷"，走出"伊壁鸠鲁夹缝"，这注定将是非常惊险而精彩的。

20世纪，进入全球化与网络时代。全球化只重新定义了人类的空间概念，而网络则重新定义了人类的时空概念。"90后"步入青春期的时候，这一时代在中国刚刚到来。在某种意义上，"90后"将重新定义青春期的概念。对他们来说，青春期没有尽头，因为"数字时代"是人类"没有尽头的青春期"！而只有理解了青春期才能理解"黑客"，理解比尔·盖茨，理解那些"离经叛道者"如何在尼葛洛庞帝的带领下成为"主流文化的代表者"。[②] 按这种逻辑，必然是只有理解了"90后"（还可以溯及"80后"和推及"00后"们），我们才可以理解这个"数字时代"或"网络时代"。由此或可推定，"没有尽头的青春期"的青年文化，应该是（充其量只能说是"应该"，因为至今人们尚不能看清其背后隐含的东西，也不能明确把握它未来的走向，因而也不能定义它）一种"青春文化"，青春性是它的本色或本性（但未必是"本质"）。它无疑是真正属于青年的，但又绝不仅限于青年而有着更深刻的隐喻和象征意义。

---

① 谢尚发.80后写作：器物、性事与现代性——以《收获》"青年作家小说专辑"为中心的分析[J].当代文坛，2016(6).

② 吴伯凡.孤独的狂欢：数字时代的交往[M].北京：中国人民大学出版社，1998：33-34.

"80后"寻到了一片新天地，重返了伊甸园。而"90后"的出场，这片新天地和伊甸园旋即被抛弃了，一个更自我、更自由、更自主、更自立的网络空间呈现在他们面前。这是一个虚拟的世界。这代人开始有了自己的语言、自己的交往方式，更重要的是，他们有了最充分表达自己的权利。虚拟世界，并非一个零度情感的世界，所有的激情都可以在这个虚拟的世界中燃烧，而且，这个世界吸引的正是年轻人的全部激情与疯狂，网迷、网瘾、网痴……都出现了。对这代人来说，不可以设想一个没有网络世界的存在，不能想象一个没有网络的世界是真实的世界。在他们的生存感受、生命体验和生活实践中，虚拟的网络空间是实在的，更是感性的、审美的。网络时代社会认知与文化认同的感性化趋势①，网络时代感性意识形态的传播与社会认同的建构②，诸如此类问题已引起学界和社会的广泛关注。

"90后"是网络时代最富革命精神的"脱域"的一代。权力位移是虚拟空间的显著特征之一，其基本含义即意味着权力的脱域或失控。脱域，原本是指社会关系从彼此互动的地域性关联中，从通过对不确定的时间的无限穿越而被重构的关联中"脱离出来"。③ 网络世界中权力的"脱域"意味着网民和权力的双重脱离，他们之间既无空间意义上的地域性关联，也不能实现时间意义上的穿越和重构。在网络世界，年轻的人们如同太空漫步，独往独来，可以自由任性，可以自成一体。这里在网络上信手拈来一段"关于猪猪女孩与她的犬系男友生活的佛系故事"：④

"来自A村的猪猪女孩毕业后踏入了不夜城尚海——一个充满机遇和挑战的城市，她努力打拼，却饱受冷遇，但是，她每天都能以非常精致的面容、精致的穿着面对压力，偶尔进行一场精致的消费，这种苦中作乐的日子

① 刘少杰.网络社会的感性化趋势[J].天津社会科学，2016(3).
② 宋辰婷：网络时代的感性意识形态传播和社会认同建构[J].安徽大学学报(哲学社会科学版)，2015(1).
③ ［英］安东尼·吉登斯.现代性的后果[M].田禾，译.南京：译林出版社，2000：18－19.
④ 王珂.猪猪女孩的犬系男友的佛系故事[EB/OL].新媒介青年文化：公众号[2018－01－12].

延续着。

在某一个寒冷的冬夜，她遇到了改变她命运的犬系男友，她一眼便迷上了他的性格——较为主动外向，喜欢运动玩闹，有些神经大条。感受到了男友的温暖，即便日子再辛苦她也能拈花微笑，从此，猪猪女孩和犬系男友过着安然幸福的佛系日子。”

这段网络语言不能按语言学的规律，起码不能按一般语言学的规律来解读。这是一种“神”话，或是一种神“话”，或直接就是“神话”，它需要的不是语言学，甚至也不是社会学、政治学、文化学的解读，它需要的是社会生物学、人类学（特别是哲学人类学、文化人类学或人类社会学）或精神分析原型批评的解读，特别是现代神话学的理论和方法应该是适用和有效的。“90后”不仅进入了后现代，更是一种后神话时代。埃德加·莫兰关于大众文化的神话学分析或许会给我们更多的启示。事实上，“90后”们已经“脱域”现代生活的时空模式，并创造了一种全新的、穿越的、模拟的生活方式、思维方式和行为习惯。他们不期待“返老还童”的那一刻，因为他们现在还未老；也不期待美国式的“返青”，因为他们现在就正处于青年期。他们直接返归人类最初的神话式童真，在人的自然中寻找自然的自我和自我认同。他们创造了一种人与自然、与神对话的全新的意识形式以及与之相应的话语形式和思维方式。

不能期冀通过说服或劝导使“脱域”的“90后”们重返“伊甸园”，不能指望打造新的网络平台或其他形式的时空场域诱导“90后”们回归传统教育的樊笼。当务之急应该是先“找到”他们，而不是如何“找回”他们，然后与他们对话，寻求和解的方式，最后能够达成某些共识。这并不是无原则的让步、妥协或安抚，而是一种客观、明智、理性的策略。如果当年美国人或家长找回了乔布斯和比尔·盖茨并把他们重新送回大学课堂，今天的电子通信和网络世界很可能是另一种情形——电子通信和网络技术肯定是要发展、进步的，但肯定不会有今天的苹果和微软。文化发展最需要的环境是宽容、理解和对话。新的文化观念、形态和机制，新文化的创新、创造和革命，必然要在这样的环境中产生。“90 后”创造了新神话，我们若要找到他们并与之对话，就需要学会或起码理解他们的“神”话。语言是思维的物质外壳，不理解这种“神”话语言，就不能理解“90 后”的思维方式，而思维方式正是一种文化的核心内容。

“80 后”和“90 后”，惊险而精彩地跨越了“卡夫丁峡谷”，成为走出“伊壁鸠鲁夹缝”的神。他们直接跃入全球化和网络时代的虚拟时空，回望“卡夫丁峡谷”和“伊壁鸠鲁夹缝”，他们可能一脸萌态：为什么一定要面对那个“峡谷”和“夹缝”呢？有评论者曾说：“王小波以他的反神话写作构造了一个新的神话：一个孤独而自由的个人的神话。这种神话甚至在他身后构造着一次对‘自由’的祭奠与‘庆典’。”①但对于“90 后”们来说，他们已经不需要再去书写神话，因为他们自己就是神话；他们不可能设想有一种“孤独而自由的个人的神话”，因为新媒体是“所有人对所有人的传播”。

但是，跨越过“卡夫丁峡谷”的英雄，走出“伊壁鸠鲁夹缝”的神，什么时候能走出自己的青春期呢？也许，守望青春，正是这一代人的心性与品格。对他们来说，青春是永恒的。

## 六、“中国式青春”：新青春想象

韩寒、郭敬明、春树同属于“80 后”，但贾飞是“85 后”。与其他青春文学作家不同，贾飞结合自己的青春体验对创作主题重新思考，他“将卑微的出生和悲催的岁月溶入文学的熔炉，让文学与青春一起逆风飞扬，追梦文学而梦想成真。文学不仅使他成长的岁月不再寂寞，而且让有着像他一样经历的当代青少年，也因为曾经的追梦文学而使得成长的岁月不再空虚”。贾飞与一般青春文学作家的明显不同之处还在于，他试图通过对历史的反思“深刻而形象地展示生命的必然成长与个体的偶然遭遇之殇、奔涌的自然欲望

① 戴锦华. 智者戏谑——阅读王小波[M]//韩袁红. 王小波研究资料. 天津：天津人民出版社，2009：285.

与严酷的社会规训之痛、整体的积极向上与个体的消极沉沦之惑”。贾飞的青春文学创作是“激情与才学的互相激荡”。在应试教育背景下脱颖而出，在网络文化环境中悄然而生，在消费经济大潮里逆水而行，贾飞这样的作家以其青春的身影、前卫的姿态，昭示着中国文学的前景。①

《中国式青春》是贾飞2012年出版的一部小说，被称为“中国原生态青春文学”的开山之作、中国“90后”必读的十大青春小说之一。作者希望反思中国大学生浮躁的生活，在青春岁月里寻根，寻找一代青年人迷惘的原因，并试图找到解决问题的方法。“中国式青春”，是一个意涵深蕴的名字。它可以给人以诸多的启迪和想象，可以作为一个文化标识加以理解和阐释。

首先，“中国式青春”注定是属于新世纪这一代青年人的。从“中国少年”“青春的觉醒”，到青年人呼喊着“青春万岁”进入改革开放新时期，再到中国特色社会主义新时代，“中国式青春”是中国青年经历百年革命、建设和发展实践而创造的崭新的自我想象。很明显，“中国式青春”已跳脱出韩寒式的“侠义英雄气”、郭敬明式的忧郁感伤和“小时代”青春叙事相对狭隘的精神天地，被赋予了更丰富更充分的历史和文化内涵，青年人的自我期待与民族和国家的青春想象达成某种深度契合与关联。“中国式青春”是追梦的青春，是理想的激扬，是青年自我实现与社会发展、历史进步的高度一致与形象表达。2006年底到2007年3月间，《中国青年报》曾推出“‘80后’是不是垮掉的一代”系列报道和讨论。可以想象，这是曾被深度质疑和误解的一代。王蒙也曾在与“80后”作家张悦然的对话中直言“80后”的作品“没有昨天”“躲避历史”和“缺乏中国特色”。随着时间的逝去，“一切坚固的东西都烟消云散了”。而这也正是一种“现代性体验”。②

其次，“中国式青春”还应是属于中华文明与文化传统的。它是“中国式”的，将呈现民族文化传统的历史底蕴和精神特质。一个多世纪以来中国

---

① 范藻. 当代青年作家成长路径探析——以“85后”作家贾飞的崛起文坛为例[J]. 四川文理学院学报，2014(11).

② [美] 马歇尔·伯曼. 一切坚固的东西都烟消云散了：现代性体验[M]. 徐大建，张辑，译. 北京：商务印书馆，2003.

的青春叙事，始终与中国的民族复兴、国家想象以及青年个性与自我的成长发展紧密联系，并在借鉴西方现代性话语的基础上，构建了具有中国特色并为社会和青年广泛接受的话语系统和文化语境。特别是近四十年来，可以见出其不断变换的时代主题、话语风格和审美旨趣、理想追求并且渐入佳境。在这一过程中，青春叙事与时代的发展变化同步，“中国式青春”的出场，是历史的必然。

再次，“中国式青春”必然是属于未来的，未来是可以期待的。关于未来的种种美好想象构成人类希望的源泉。但未来也意味着风险。按吉登斯的说法，“现代性是一种风险文化”，这种风险不是来自以往风险的放大，而是因为“未来被持续不断地拖入现实之中”，风险评价中包含许多无法估量的因素。因此，“高度现代性的世界，是启示性的”，它将面对前代人不会面对的风险。① 这种“启示性”的东西是什么？来自哪里？按我们的理解，“未来的风险”在很大程度上来自对历史的无知，缺乏对历史的反思或“反身性”的“历史性”。历史性不只是利用过去以构筑现在，也不仅仅意味着将过去的知识作为与过去决裂的手段，“历史性事实上主要是要引导我们走向未来”；“现代性内在地是指向未来的，期待未来本身成了现在的一部分”。② “中国式青春”是未来中国的青春想象，也是由未来拖入现在的事实，同时它也是一种国家记忆，特别是青春记忆，是青春叙事的特殊形式。“正如故乡是用来怀念的，青春是用来追忆的，当你怀揣着它时，它一文不值，只有将它耗尽后，再回过头看，一切才有了意义——爱过我们的人和伤害过我们的人，都是我们青春存在的意义。”③

最后，“中国式青春”是要走向世界的。走向世界是中国现代化和改革开放的必然追求和结果。所谓现代性，也就是成为一个世界的一部分。④ 进

① [英] 安东尼·吉登斯. 现代性与自我认同：现代晚期的自我与社会[M]. 赵旭东，方文，译. 北京：三联书店，1998：4.
② [英] 安东尼·吉登斯. 现代性的后果[M]. 田禾，译. 南京：译林出版社，2000.
③ 辛夷坞. 致我们终将逝去的青春[M]. 南昌：百花洲文艺出版社，2013.
④ [美] 马歇尔·伯曼. 一切坚固的东西都烟消云散了：现代性体验[M]. 徐大建，张辑，译. 北京：商务印书馆，2003：15.

入21世纪，中国已不再是那个要努力“睁开眼睛看世界”的病弱巨人了。中国已经走向了世界，世界不仅看到了一个改革开放的中国，也看到了一代青年新人的形象。2004年2月，少女作家春树登上美国《时代》周刊亚洲版封面，并将她与韩寒等人作为20世纪80年代出生的中国新一代人的代表。“80后”文学的青春叙事，成为中国全球化与现代性的一个注脚。

总之，“中国式青春”是中国特色的，是中国青年和中国百年社会革命历史的伟大创造。

青春，是一份人生阅历，一种生命体验，同时也是一份社会责任、生活理想和一种历史担当。“青年兴则国家兴，青年强则国家强。青年一代有理想、有本领、有担当，国家就有前途，民族就有希望。”青春首先意味着年轻，正是意气风发的韶华时光。但青春更是一种人生境界，一种生命价值，因而也是一种文明意蕴，一种文化的符号与象征。“因为在人生的象限里，横轴是年龄，是固定的、已知的。但是，在纵轴上，能有怎样的精彩奇迹，永远和年龄无关。”“清华才女”刘慧凝如是说。青春是什么？是人旺盛的生命力、创造力和想象力的最高显现形式，是人与文化的核心价值之所在。“中国式青春”，将是青年人旺盛的生命力、创造力和想象力最充分的发挥与呈现。

但是，也应该看到，青春也可能有迷茫，有堕落，有挫败，有死亡，因而它同样可能是一种别样的残酷，特别是青春年少的稚嫩与无知，更令这种残酷显得有些惨烈，而当青春这种人生最有价值的东西被毁灭的时候，悲剧便诞生了。青春残酷，是青春叙事的另一个侧面。青春并不总是向上的，也有“向下的青春”。[①] 在某种意义上，悲剧同样是青春不可逃脱的宿命。但黑格尔认为，人类命运的最终的形式是喜剧。按我们的理解，这一喜剧的主角一定是一个青年人，是一个光明的太阳神。青年文化的全部意涵都在这里。

---

① 1960年，大岛渚编导的电影《青春残酷物语》上映，影片讲述了叛逆女生真琴与迷茫大学生阿清之间压抑而沉重的爱情故事。该片被收入日本名片200部。90年代，“青春残酷”成为我国一些青年画家表现的主题。在青春文学叙事中，“青春残酷”是一个比较常见的词汇。近年来，关于“青年的早衰”的话题不时见诸报端。2007年第28期《中国新闻周刊》封面标题为“向下的青春”，讲述北京郊区唐家岭低收入大学生群体的生活境况。廉思的《蚁族》(广西师范大学出版社2009年版)对这一群体做了社会学的描述。余华的小说《第七天》(新星出版社2013年版)，写的是“鼠族”青年的“青春残酷”。

青年文化的悲喜剧在过去的百年史中不断重复上演，青春是它永恒的主题词。这是一出永不落幕的“青春剧”。你看到的“青春剧”的这一幕、这一场或这一集可能是悲剧的，但它一定要以喜剧的形式完成自己的结尾。青春也有死亡的形式，在某种意义上，死亡是青春注定的命运。但青春的死亡，恰恰是希望的新生。曹禺笔下的“青春残酷”象征青年革命的大戏正在铺排展开[①]；余华笔下的“青春残酷”意味着关于青春的底层叙事将唤起社会的道德良知和公平正义，喜剧的时代即将到来。然而，社会和历史不能不断用青春生命毁灭的悲剧形式来试错，这样的话，社会和历史发展进步的代价太大，也太残酷，偏离了现代人类文明的轨道。

“中国式青春”，也是一个“中国梦”！

“2017 年的夏天很长，年轻人的情绪很热烈。‘90 后’说自己老了，‘70 后’觉得自己还很年轻，‘00 后’纷纷登场，‘80 后’抱团取暖。四代年轻人同台狂欢的生活也很精彩。”

“我们一起目睹了柯洁落败于阿尔法狗，一起共享单车共享充电宝共享雨伞；我们一起追着《人民的名义》，也结伴去电影院看《战狼》。我们很‘丧’，但也很‘嘻哈’。”

“人工智能、共享经济、小众文化、手游热潮……这一年，当种种新潮流、新概念、新现象如潮水般席卷而来，并深深地影响着我们的生活时，年轻人的选择是，迎潮而上，狂欢其中。”

“不是旁观者，不是逐浪者，而是弄潮儿。由自己定义自己的未来。”

这是搜狐网“2017 年事件，由你来决定”活动的推广词。[②]

在这段网络文字中，我们看到了当下青年文化的新潮、狂欢和精彩，但

① 王佳惠.曹禺早期话剧的青春叙事[D].石家庄：河北师范大学，2016.

② 搜狐网.“2017 年事件，由你来决定”活动[EB/OL].[2018 - 01 - 15].http://www.sohu.com/a/205759632_556712.

隐约中也透出他们的忧郁、"嘻哈"与无奈。青春未必尽是杏花春雨、丽日阳光。困惑、迷惘、颓唐、磨难,同样是青春的伴生物。"历试诸难"或许即是中华民族文化传统对青春期的独特理解。青春意象是复杂的。正如霍尔在《青年期》中所说,青少年变得难以驾驭,执拗不驯,充满反抗精神;他们觉得世界混乱无章,想对社会进行改造;想对不合于真善美的东西予以怀疑、抛弃和改造……年轻人天生就会和这个世界发生冲突;他们要闯入人的王国,他们"必须在其道路上努力、战斗和猛攻"。[①]《到 2000 年及其后世界青年行动纲领》在开篇序言中就开宗明义地指明青年的特点:"青年是社会重大变革的推动者、受益者和受害者,他们通常面临着这样一个矛盾,寻求融入现有秩序或成为改变这种秩序的一种力量。"[②]对青年时代特征的理解和历史作用的定位,需要正确理解青年的矛盾性——他们与社会二者之间的矛盾以及他们自身内部的矛盾。而就青年来说,他们呈现这种矛盾的最直接最普遍的行动或话语形式,即是诉诸青春叙事和青年文化。青年的现代性与文化现代性紧密联系。

青春叙事,是一个无尽的话题。

① [美] 杜·舒尔茨. 西方心理学家文选[M]. 杨立能,等,译. 北京:人民教育出版社,1983:122 - 132.
② 联合国大会. 到 2000 年及其后世界青年行动纲领[J]. 青年研究,2001.

# 下编

## 书　信

# 青年研究最缺的是历史

（2008 年 9 月 22 日—2009 年 6 月 16 日）

在历史中发现青年，在青年中发现历史/青年研究：回到历史，回到本体论，回到主体性，回到人-青年本身/青年研究最缺的是历史/现代化理论与青年发生说/人类学的青年期发现/年龄等级制度，青年期崇拜/青年研究要从考古学开始，重返历史，拓宽视野/作为一般抽象物的“青年”概念/关于青年的历史观/关注青年的历史，要关注青年的“自然”/后现代史学的观点与方法/青年研究：科学分析与人文感悟/社会需要一种新的青年观

谢老：

您好！前几天去北京参加中央团校 60 年校庆，适逢中秋，匆忙往返，未及拜望，见谅。

临离京时接到您的电话，得知您还在非常认真地思考关于青年历史的一些问题，真的很感动。多年来，已经很少遇到这样的事了，只恍惚记得 20 世纪 80 年代中期前后我们一些人曾这样执着过，探讨一些诸如“本质”“规

律”、学科、方法等问题，但很快就都回复到默然和平静了。

这些年来，我一直没有停止过关于青年的思考。开始时是被动地介入到青年研究领域，甚至有点被胁迫的感觉。但一旦进入这个领域，还真的发生了兴趣，而且兴趣越来越浓，从最初的只是投入一些时间和精力到最后投入全部的情感，希望在这里悟出一点什么。回过头来看这些年自己写过的一些东西，虽然不多，但还是有一些思想上的积累，前后的变化也很大，而如果说有什么值得自己一直追寻下去的东西，其实也就是一句话：在历史中发现青年，在青年中发现历史。

青年研究可以有多种学术理路，可以有多种研究方法，因而研究者可以沿着各自的理路和方法得出各自不同的结论。无论是青年研究还是一般意义上的学术研究，实际都是非常个性化的，在这里没有也不应该有学科称霸，也没有所谓的学术权威，学术和思想永远都是一个开放的结构，因为研究者都是个性化的人，他们所面对的是一个开放的社会和世界。但在过去的一段时间里，青年研究中有一点学科霸权的意味，最具代表性的“事件”就是对“青年学”的质疑和否定（但遗憾的是这种质疑和否定常常超出学术研究的范围）。我本人当时也曾参与其中，但没有比较明确的态度。一方面是由于我向来不理会权威，更反对霸权，另一方面是我当时觉得对于青年的认识我们都太肤浅，不应在研究上陷入一个自我或由权威们构置的“牢笼”。所以我走了一条与很多人不同的研究路径，即回到历史，回到本体论，回到主体性，总之回到人—青年本身。当然，这是一种个性化的选择，而非某种学术自觉。如果说有什么原因的话，这可能与我个人的成长经历有关。1966 年“文革”开始时我小学毕业，1969 年下乡插队，1975 年底返城，1978 年上大学。上大学前，从文化基础课上说我只是一个小学毕业生。但在 1966—1978 年，也就是在我 12—24 岁的时候，却是我思想走上成熟的一个非常重要的阶段，这段时间读了很多书，首先是历史，中国史、世界史（很喜欢德国史，读了几个翻译版本，还比较喜欢上古和中世纪史）。记得 1972 年前后买到一本《隋唐五代史》，我在扉页上写下鲁迅的一段话，大意是无论研究什么都要从历史开始，鲁迅的话始终影响着我思考问题的方法（现在我发现一些“标准化”的研究成果，一般都是从研究文献综述开始但极少涉及“问题史”）。其次是哲学和马列的书。“马恩”的东西读得比较多，大学毕业后决心通读《马克思恩格斯全集》，但只读到二十几卷。历史和哲学是我的偏好，从“马恩”那里得到很多的启发，特别是他们关于历史和人的一些观点。

恩格斯在晚年说过“必须重新研究全部的历史”（《致康·施米特》，1890年）。而他在早年则说：“历史就是我们的一切”（《英国状况》，1844年）。我说青年研究最缺的是历史，包括以下的意思：我们还没有把青年从历史的“嵌入”中挖掘和拯救出来，青年的历史还没有成为“被叙述的历史”或作为史学关注的对象，特别是在中国，历史的“宏大叙事”风格还没有多大的转变，所以青年史除作为有着某种意识形态背景的历史叙述的对象外，还没有真正成为历史科学研究的对象。在这样的学术背景下的青年研究有着先天的缺陷。于是我们照搬西方关于青年的一些概念和结论（这些概念和结论本身又有着特别的学术背景和叙述目的，但我们却从根本上忽略了这最重要的一点），例如，关于青年发生的“工业化”说，认为是现代大工业造就了现代人的“青年期”并由此而产生了现代社会学意义上的青年。实际上，这是西方在现代化理论背景下关于青年的一种认识，它隐含的是西方人关于社会与人发展的一种片面理解。西方一位著名的经济学家曾说过：现代社会的历史是用经济语言完成的。萧伯纳则说：经济是充分利用人生的艺术。现代化乃至现代社会、现代人与经济被强行绑架在一起。但现代化的客观历史进程与现代化理论并非完全是一回事，甚至根本不是一回事。现代化的客观历史进程起源于西方近代并流布于全世界，而现代化理论却于20世纪60年代在西方兴起，并且它的理论目的并非是要就现代化或全球化的客观历史进程进行理论的总结和探索，而是与当时第三世界的兴起以及20世纪民族解放运动对西方国际政治战略的冲击密切相关，西方人要以发展和进步的名义制造一种具有普世价值的理论，来为西方的战略服务，是一种"西方中心论"的理论模式，是"冷战"的产物。这样，西方关于青年发生的观点就值得我们再认识了。马克思说："历史不过是追求着自己目的的人的活动而已"；"谁用政治经济学的范畴构筑某种思想体系的大厦，谁就是把社会体系的各个环节割裂开来，就是把社会的各个环节变成同等数量互相连接的单个社会。其实，单凭运动、顺序和时间的逻辑公式怎能向我们说明一切关系同时又相互依存的社会机体呢?"对西方一些关于青年的观点，我们的态度是要追寻它的"问题史"，要重新返回历史作出再认识。回到历史，是坚持这种态度并开始新研究的不可缺少的前提。"任何一个概念都可以抽象地把握；它并不是作为一种独立的东西而具有意义，而是作为脱离某物的抽象并且仅仅是作为这样一种抽象而具有意义。"（马克思语）对青年概念的认识、理解和把握，也必须在思想方法上深刻注意到这一点。

人类学关于青年期的发现，似乎将青年研究的视野拓宽到了历史的层面。但实际上也不完全是这么回事。玛格丽特·米德关于代沟的研究常常被作为经典发现而被引述，特别是她对未开化社会与现代社会青年期的比较和得出的结论，为众多研究者所称道。但米德所注意到的只是青年期生物学、社会经济与技术进步层面的问题，而青年期的生物学因素在具体社会制度形态中的表现形式和意义，以及社会经济与技术进步对青年期的影响是否具有绝对性质，米德并未做深入的探讨和说明。从人类进化史和文明史来看，青年期的出现既与特定年龄段上人的生物学特征有关，但青年期又总是被整合到一定的社会制度或结构之中，赋予青年期特定的社会含义，青年期的本质因此而发生了根本性的变化，成为一种年龄等级制度，成年礼成为成人社会权力的象征，成为对青年期阶段人的自然、自由和自我的一种剥夺和压迫，而且以制度化的形式赋予其合理性的解释和合法性的地位。古代和传统社会中的青年即是作为年龄等级制度中的一个被压迫被剥夺的等级而存在的。原始社会和古代社会曾有过青年期崇拜现象，这种崇拜的社会心理根源在于恐惧。古希腊帕特农神庙周围的浮雕是青年人的形象，而考古学家认为这里的青年人是神人分界的权力象征(阿波罗也是青年人的形象)。青年具有神性,而神力是人力所不能抗衡的,所以人敬畏神和青年,敬畏神和青年的目的则是为了现世人的权力和统治,是人界主宰神界的一种形式。所以青年期崇拜不是青年地位本身的提升,相反却是青年作为人的价值的丧失。现代社会青年期在根本上仍未脱离年龄等级的属性或性质(现代社会学关于青年期社会化的理论,即是基于这种年龄等级意识和传统观念所做出的一种类似“青年期崇拜”的规训方案)。正因为这种深层次的原因,青年的社会反叛和抗争才屡屡发生,成为一种社会常态却又为世人所不解。米德所谓的“代沟”,实际上在代际造成隔绝和分裂的是一种等级压迫制度。问题是他没有对青年期这种本质属性做出必要的说明,所以她的结论只能够解释有限的现象,而不能继续做出理论或逻辑的推演。恩格斯说:“结论要是没有使它得以成为结论的发展,就毫不足取,这一点我们在黑格尔时代就已经知道了;结论如果变成一种固步自封的东西,不再成为继续发展的前提,它就毫无用处。但结论在一定时期应当有一定的形式,在自己的发展过程中应当摆脱模棱两可的不确定性,应当形成明确的思想……”对于有关青年期的一些理论和观点,我们应当采取这样的态度来对待。

我曾经对人讲过,青年研究要从考古学开始,这当然有些夸张。但是,有些问题确有必要追溯得更远一些,另外要注意多学科所提出的不同观点。例如,美国政治哲学家列奥·施特劳斯就说过,近代青年运动的鼻祖是马基雅维利,现代性就是青年造反和不断革命。近年来,施特劳斯的影响越来越大,我们是否可以就此再进一步对青年问题进行思考呢?脱离一些经济学、社会学、教育学关于青年的流行理论和观点,重返历史、拓宽视野,我们无疑会发现更多的东西。

您收集了大量的史料,这是非常宝贵而有价值的。在历史中发现青年,首先是史料的支撑,但这也是最费神的事情。而在青年中发现历史,则是一种理论的突破和思想的境界,需要更多的人为此付诸努力。青年研究的突破,吾寄望于此,亦有志于此。

随便写这么多，多是随感而发，望谢老多多赐教。

田杰

2008 年 9 月 22 日

于深圳

谢老：

您好！复信收悉。读后，觉得需要思考和再思考的问题太多，且大多不在问题的一般层面，而是涉及一些"元"问题。这里仅仅能把自己的一些想法大略加以说明，以请教谢老。

关于青年史方面的著述，近年来确实不断有新作问世。陈映芳的《"青年"与中国社会变迁》，得知出版信息，也看到了目录，但没买到。从研究方法和体例及内容设计上看，应该是非常有价值的一本书（此前看过她的《在角色与非角色之间》，也写得不错）。书中注意到两个关于中国青年非常重要的问题，一是中国传统社会的家族制度，二是近现代社会的"革命"。这与我对中国社会青年的思考有某种契合。陈映芳的研究运用的主要是社会学方法，而且用得非常之娴熟，具有较高的专业水平。另外，我比较推崇的一部青年研究的著作是桑兵的《晚清学堂与社会变迁》，作者是国内目前比较有影响的中青年史学家（主要研究中国近代特别是晚清），因而这部书是以史学方法见长。如果从青年研究的角度看，两位作者都给中国近现代新式教育的兴起对青年的影响以特别的关注。事实上，这两部著作都基于中国的实际对所谓的"工业化"发生说在某种意义上予以了否定，而且这种否定是在中国近现代社会急剧变迁的特定背景下做出论证和确认的（当然这只是我个人的理解）。推动中国社会自 19 世纪末以来发生重大变革的是一系列"革命"（包括最初的改良和今天的改革）。中国青年在近现代历史舞台上一直是以一个"革命者"的身份出现的（对"革命"青年的分析，我有一篇文章随附件发给您）。

在研究过程中，"青年"的概念通常包含作为一般抽象物的青年和青年群体两方面的含义。就目前的研究状况看，作为一般抽象物“青年”的概念，人们尚未取得比较一致的看法（这需要关于青年基础研究的进展，而这方面的研究也是最薄弱的），因此很多人直接用关于青年群体的一些理论和观点（“工业化”发生说准确说应是现代“青年群体”发生说而非一般意义上的“青年”发生说）替代“青年”的概念，所以倒向社会学的研究取向，或认为青年社会学是青年学科建设的方向。可以非常肯定地说，青年社会学的研究在近些年来的青年研究中取得的成就是最大的，这一方面是由于社会学本身在中国的发展，另一方面恰恰也证明了我们对青年概念本身探讨的欠缺。正因为这样，我才主张回到历史，试图在历史中发现青年，进而建立起关于青年的一套概念体系或研究范畴（我曾就“年龄”“性别”“代际关系”做了一点研究，是十年前的，也发给您）。但说句心里话，对这方面的研究，我也常常力不从心，甚至怀疑这种研究是否有出路，好在我是完全凭一种兴趣和好奇心在做研究，无论成功或失败都无所谓。

古代或传统社会并非没有“青年”的存在，许多研究者基本都认同这种观点。但问题在于，我们更多的是基于一定年龄阶段的划分在古代和传统社会中发现某些关于青年的个案现象或事实，而这些个案现象或事实如果缺乏一定的理论支撑我们就难以从科学的角度做出阐释。古希腊罗马青年，中世纪贵族、大学和中下层社会中的学徒青年，乃至中国古代太学、贾府中的青年，我们需要寻找一个新的解释角度，这个角度既是历史的又是逻辑的，其结论既是符合历史客观情状的，又是可以在现实生活中发展的，“结论要是没有使它得以成为结论的发展，就毫不足取……结论如果变成一种固步自封的东西，不再成为继续发展的前提，它就毫无用处”。克林伍德说一切历史都是思想史，他的意思也就是说，一切历史叙述都应是某种思想的表达，都应具有认识的价值。否则，历史就是故事。

我所说的在历史中发现青年，与其说是回到历史，不如说是一种对方法论的强调或准确说是个人研究思路的调整。当年我主持《青年学研究》编务的时候，正值青年研究学科热，编发稿件时我有一种感觉，许多谈学科建设、谈青年本质的文章作者，实际上并没有真正研究过青年，完全是从抽象到抽象的逻辑推演，或简单套取一些有关学术规范之类的修辞，看似很学术很有道理，但实际无大用处，结论便成美丽的“绝论”。1988 年前后我对中国青年运动历史做了一点研究，梳理了自近代中国以来青年运动发展的历史线索，得出的结论之一是“由于青年运动长期在社会政治轨道上单纯、片面乃至畸形地发展，客观上必然要遏止或限制它在内容或形式上的多样化发展，因而长期淤积而成的青年在社会政治生活方面的极端敏感和狂热情绪，一旦遇有时机会产生猛然爆发，导致社会的政治动乱或萧条衰落”。（文章题目为“五四精神与中国青年运动”，曾获全国纪念“五四运动”70 周年论文一等奖）1990 年我在“青年研究的学科化与科学化”（发表在《青年学研究》）一文中指出：“在青年研究中混淆逻辑起点与历史起点之间的联系和区别，使历史的联系或被割断，或是被置于无足轻重的境地，是又一种很值得注意的倾向。”大概在 1992 年，我把 20 世纪世界范围内的青年与社会的冲突问题做了一下梳理，发现，青年与社会的冲突牵涉到政治、经济、文化、技术等各个方面的问题（写了一篇文章“二十世纪青年与世界”，发表在《青年学研究》）。

说到这里，我感觉青年研究走上学科化的道路或步入学术殿堂，路实在还很远，而目前亟待解决的问题，是我们对青年历史的解读与建构，以及确立我们关于青年的一种历史观。

马克思、恩格斯指出：“任何人类历史的第一个前提无疑是有生命的个人的存在”，而“有生命的个人的存在”又必须有一定的“自然基础”；这个自然基础包括“人们自身的生理特性”和“各种自然条件——地质条件、地理条件、气候条件以及其他条件”。因此，“任何历史记载都应当从这些自然基础以及它们在历史进程中由于人们的活动而发生的变更出发”。关注青年的历史，要关注青年的“自然”。西方自启蒙运动以来政治哲学的争论，始终围绕“自然”与人类、政治、社会的关系来展开。青年现象伴随人类历史和文明发展史的始终，而且其意义随着社会的发展进步将日益凸显出来。人类诞生之初，面对的是自然之谜；文明的进步，人面对的是自身之谜。而人类对自身的认识，始终割不断自己与自然（包括人自身的自然和外在的自然界）的联系，人类最后的自由和解放，是将自己从对自身自然的压迫中、对外在自然界的对抗关系中解放出来。“发现儿童，解放儿童”，或许会给青年研究以深刻的启示。

您的《改革开放中的青年与青年研究》一书去年在上海开会时已拿到。

关于推动有关问题的讨论，确实有必要，但目前我估计时机不一定成熟，响应的人也不会多。上次在上海我说过，青年研究现在的情况比20世纪80年代好多了，但未形成理论的合力，而形成这种合力，酿造一种氛围，似乎不如20世纪80年代。

田杰

2008年9月25日

谢老：

您好！收到您的文章后很快去了江浙几个地方，前天才回来。今天又收到您正式发表的《作为社会创造物的青春期》，再看了一遍。对青年研究确实需要做一些这样的苦功夫，虽然不知道结果会怎么样，但我向来是以一种自娱自乐的心态做这种事的，所以感觉一直很好，也很有乐趣。关于“人类独有的青春期”所谈到的问题，在理论上是站得住脚的，难点是如何对我们提出的诸种假设做出基于有力事实的论证。我确实说过青年研究要从考古学做起，而且是从人类的进化和文明的发生（或者说是循着发生学的路径）做起，这涉及进化史和早期的宗教、神话和造型艺术乃至遗传学、社会生物学等方面的内容，所以多年来我也感到难度太大。这方面给我启发较大的是法国学者埃德加·莫兰的《迷失的范式：人性研究》这本小册子。作者专门谈到人类进化和文明发展早期的“青春化”问题。您可以找来看一下（中文译本有北京大学出版社1999年版）。如果将莫兰的观点与美国心理学家霍尔（《青年期》作者）的发生心理学复演理论相互印证，或可找到一条解释路径。在青年与历史这个大的题目下面，我觉得我们目前最需要解决的还不是掌握多少史实的问题，最重要的我认为是方法或理论模式。我比较赞赏后现代史学的一些观点，后现代史学注重历史的整体性，反对人为地遮蔽历史，强调历史学与人文社会科学等多学科的合作，采取灵活的叙述方法，承认历史知识的主观性和相对性。在被遮蔽的历史中寻找历史，在迷失的历史中重新发现历史，这也是我所说的在青年中发现历史和在历史中发现青年的具体的研究思路。这样，历史首先是一种新的历史价值观的构建过程，是一种新的认知方式而不仅仅是一种叙述方式。先简单谈这些，稍后再复。

田杰<br>2008 年 11 月 10 日

谢老：

谢谢您在信中的赞赏。给您的几篇文章都是 2000 年前写下的，这几年仍在思考这些问题，而且一直没有脱离青年的范畴，可以说至今我所有阅读和思考的学术旨趣都在青年方面，因为，一个"青年"的课题足够我们做一辈子甚至几辈子的了，对学术、对社会乃至对我们个人的身心都是非常有意义的。我曾说过，做青年研究好比在针尖上跳舞，能够立足的地方是那么的小，但这小小的地方也可以让你脚踏实地，不比奥林帕斯山上的神有任何逊色和卑躬。虽然所谓的学界可能对此不屑一顾，只要我们自己满足和认可就够了。青年研究确实不是由一两个学科就能出来讲个一二三的，它需要科学地分析，也需要人文的感悟，或许后者更重要。就我这几年的思考来看，青年研究如果有最终的学术归宿的话，它应该是文化研究、社会理论和政治哲学三方面的综合，而其支撑点则是普通社会学、生物社会学和社会心理学。最近读一本英国人写的进化思想史，很受启发——进化是一种历史观。到深圳这几年我幸运的是没有沉沦下去，还在思考青年研究的事。我也看到我国青年研究这二三十年走过的路，最主要的问题是很多研究者还没能打开自己的思路，同时有一种执着的精神，不过这很难。我们这段时间的联系，从您那里我感受到一种动力，也希望自己能做出点什么来。这两年我有一种朦胧的预感——人类最后的压迫制度即是年龄和性别制度，一种最自然的压迫，而这与青年的联系最紧密。社会需要一种新的青年观，这或许就是青年研究最后要贡献和说明的东西。

祝好！

田杰

2008年12月1日

谢老：

您好！9号中午到，机票已买。把刚刚完成的参会文章发给您，文字较长，估计读起来会费神。写得也比较累，尽管带有自娱性质，但还是很辛苦的——一来历史本身就是异常沉重的，二来在被遮蔽的历史中找回历史更难上加难。不过，青年本身是轻灵而俊美的，在历史的时空中与青年对话，也是一件乐事。愿与谢老共享。杭州见。

田杰

2009年5月6日

谢老：

您好！收到您的短信，得知您还在费神琢磨那些本来相当费神的东西，真的敬佩。关于中国古代神话中的青年，严格说尚无这方面的记载，因为，一是中国古代神话（主要是上古和文明之初的）与西方的不同，没有叙事性作品，如史诗（有少数民族如藏族、维吾尔族）、散文、宗教故事（如古埃及、希伯来文学），人物形象模糊，几乎无情节，且与自然崇拜黏合在一起（《山海经》最典型），难以直接从中剥离出青年形象加以分析。二是中国古代文明属于早熟类（茅盾、胡适、郑振铎等人早期均有论证），青年在一开始就整合到历史叙事之中而被湮没，成为社会秩序建构的一部分。但这仍然不妨碍这方面的继续研究，尽管难度很大。从理论上说，青年崇拜在古代社会（特别是更早阶段)必然会有,这决定于青年自身在生殖力、劳动力、战斗力方面的优势和社会地位,而崇拜从来就是对力量的崇拜。问题是我们如何去挖掘这方面的信息。叶舒宪有本书《当伏羲遇到维纳斯》让我很受启发(几年前陕西人民出版社出版的)。从艺术史、考古学、原始图腾崇拜等资料中还是可以理出一些线索。神话学的资料可以作为佐证,如禹娶图山二女、羿射十日、精卫和刑天,由神话到仙话的转换(这一环节很有意思,有中国特色,西方是从神话转到人话,中国后来又出现"鬼话",如聊斋。青年人物大量出现,但论证需特别谨慎)。如果从另外的方面看问题,中国古代社会秩序建构是从宗法制到宗族制再到家国同构,人缺乏独立性而重关系性(如解"仁"为二人、"仁者人也"、人即关系),因此在中国古代寻找青年的踪迹就要到"关系"、制度的构造中去发现。

田杰

2009 年 6 月 16 日

# 研究青年的历史需要决心和勇气

（2009 年 6 月 17 日—2010 年 8 月 6 日）

中国青少年的历史文化传统/面对历史的时候，才真的面对问题/思考历史，是最困难最残酷的一件事/历史研究的本质是批判/青年的命运与世运/青年研究中的变量与常量/研究历史，就是研究变化/研究青年的历史，重建或重构青年史，首先要研究史观问题/历史上的“权力”与“压抑”/父权、神权、君权与青年的权利/嘤其鸣矣，求其友声

在最近写的一篇文章中，我提道：“少年造反，儒生干政，是中国历史文化的一大特色。在社会心理层面，中国少年自古即有任侠尚义、乡野情怀之流风。”在注释中有如下文字可参阅：“《史记》中有多宗‘少年’造反起事反抗朝廷的记载，自汉代以来儒生干政的事件更屡有发生”（参见李玉琦：《中国历史上的青春脚步》，原文载《中国青运史辑刊》2008 年第 2 期。另，张钧陶《迎曦楼史料丛稿》卷二“历代学生运动”搜集整理汉唐至清末“学生干政”史料颇详。海天出版社 2002 年版）。《史记》后正史中关于少年造反鲜有记载，

但在关于义和团的研究中，发现青少年为义和团主要成员（参见日本学者佐藤公彦、小林一美，美国学者包得威、舒曼、周锡瑞的研究成果，载《义和团运动史讨论文集》，齐鲁书社 1982 年版）。这或可证明少年造反在中国历史上始终绵延未绝，而于近现代以来愈演愈烈。明末清初思想家黄宗羲则称"学生干政"乃"三代遗风"。将少年造反和儒生干政作为中国青少年的历史文化传统，仍需做进一步研究论证，但与西方历史文化比较，这确不失为一大特色。"任侠尚义"是中国民间文化传统的历史主题，《三国演义》《水浒传》《西游记》等均可归入此类，对青少年影响颇大。如毛泽东在与斯诺的谈话中曾说："我熟读经书，可是不喜欢它们，我爱看的是中国旧小说，特别是关于造反的故事。"秋瑾更直接以"鉴湖女侠"自称。王学泰在《游民文化与中国社会》（同心出版社 2007 年版）中对中国古代少年"游侠"多有记述。武侠类至今在中国青少年中仍是最流行的文艺作品（近年又进入网络游戏领域）。而"乡野情怀"则一方面与知识分子的道家理想有关，另一方面与下层社会的乡土情结相联系，是现代民粹主义倾向滋生的土壤。中国青（少）年历史文化传统与社会心理之复杂由此略可见一斑。吴端所说魏晋时期道家即有青年崇拜，应从人的自然性及道法自然去解释。儒道互补，并非对立，道家为儒家找到的是心灵的归栖之地，而儒家为道家提供的是社会制度层面的理想追求，正可谓进可济天下，退可善其身。道家的东西更讲求审美原则，在美学范畴上属于"优美"，儒家美学讲求"崇高"。所以道家学说对中国艺术发展的贡献要大。我不记得在哪里讲过，在青年观上，古代是审美的，近代以来是功利的，走向未来的理想是和谐的。说梁启超、陈独秀包括李大钊、毛泽东等人都有青年崇拜的味道并不为过，但其功利性目的显而易见。所以，"运动青年"是正常的，青年被运动也是正常的。但在现代社会，青年的主体性意识在增长，青年的社会主体性地位在增强，所以一些功利性的利用和擅自运用青年的人或组织会受到青年的抵制。

田杰

2009 年 6 月 17 日

谢老：

您好！收到您的短信，谢谢您的祝贺。杭州会议的文章被我一分为二，一半给了上海，一半给了《中国青年政治学院学报》（校样已出，发在2009年第5期）。但是我对文章的作用不甚乐观，因为实在难得有人去关注这样的问题，即使我说的是错话，也难得有人来批评。有谢老鼓励，足矣。最近在写一篇建国60年的文章，是《中国青年研究》约的稿，写得很艰难。当人面对历史的时候，你才真的面对问题；当你试图解读历史的时候，你才会发现有那么多的难题。人驾驭历史，本身就带有狂人的特征。尼采疯了，实际上他颠覆的不是一切价值，而是包括他自己在内的历史。尼采的哲学实际是历史学，是历史的谱系学，这种谱系学植根于人的精神世界。我以前曾认真地做过哲学方面的研究，也关注过上古神话问题，但从来没有像研究青年问题这样艰难，因为你面对的是最难把握、体验、感悟的一群人。上次谈的事，一下子又放了下来，可能让您失望了。不过，我想这段时间手头上的事忙完了，会重新思考一些东西，这未见不是好事。沈杰那里最近没有联系，他估计也很忙，另外，事情本身也有难度。手里这篇东西写了有四万字了，自己也觉得有点好笑和不着边际，但自己觉得还可以。写完后打印出来寄给您。别太累了，注意身体。

田杰

2009年7月20日

谢老：

您好！近来连日高温酷暑，望多注意身体。上次提到的书名是《拯救与批判——马尔库塞与六十年代美国学生运动》，郑春生著，上海三联出版社2009年6月出版。青年研究在近年来的一些博士论文和选题中，确实可以看到一种很可喜的局面，但一些研究机构似乎没有给予应有的关注。虽然这些人很难或根本不可能在现有学术制度和学术环境下为青年研究再做些什么，但客观上为青年研究的学术积累做出了非常重要的贡献。关于现在的青年研究，我觉得有一种新的隔阂，即我们的研究机构越来越自我边缘化，独自思考青年研究的学术大计或学科设想，殊不知外边的世界已经很精彩了！我那篇长文看过觉得如何？很希望听到您真诚的意见。中国近现代的青年研究，我觉得最紧要的是就一些重大的主题和史实进行梳理，现在的研究有过于关注技术层面和现实问题的倾向，这将影响青年研究的纵深发展。昨天看一段电视节目，讲中国近些年来有好多钢琴、小提琴青少年在国外获大奖，也有国内评论说中国的音乐已走向世界，但国外评论说得很有意思，说这些获奖者虽然基础不错，“手很快”，但缺少的是“音乐”。值得深思。

田杰

2009年8月17日

谢老：

您发来的文章早就收到了，并打印出来仔细拜读（连同《青年探索》发表的文章）。昨天又收到您的邮件和大陆的文章。确如大陆所说，这篇文章（包括此前的几篇）无论在思考问题的深度还是学术价值方面，都是值得特别的肯定，但我觉得最主要的还是您的这种精神。或许，在青年研究中，这是最为宝贵而又稀缺的精神。

之所以迟迟未回复，是觉得有些东西还不是我一时把握得住的，即使对其中的某些问题有自己的一点看法，然而一旦想把它说清楚，也不是很容易的。您或许能了解，我做事是非常认真的，有时甚至很偏执。

对历史的思考，可能是最困难乃至最残酷的一件事。困难，是因为历史本身太芜杂、太深邃了。我们不能直接面对历史，我们所面对的更多是各种关于历史的叙事文本，是人们对历史做出的各种各样的解读和阐释。我们要从中找寻出自己需要的东西，而且是客观的、真实的东西，是非常艰难的。而对于青年的历史来说，这更为艰难，因为青年的历史是千百年来被遮蔽的历史，所以更需要创榛辟莽、前驱先路的决心和勇气。所谓残酷，是说考验着思考者的智慧和韧性，耗费思考者的心神和精气，其中每向前走一步都要付出很大的代价，而且常常是走了许多弯路历经诸多迂回曲折之后才向前迈出一步。我认为，历史研究的本质就是批判，是对历史本身、历史研究以及对研究者自我的批判。正因为如此，历史成为人类进步万古不竭的文化和思想资源宝库，历史永远不会终结，永远在开创的进程之中。

要关注青年的历史，可能是我在这个领域经历诸多煎熬之后得到的唯一一点体会。但这些年来，在这方面却收效甚微，我有时甚至怀疑自己是否误入了“历史”的迷途，这种苦苦追求是否会有一个理想的结果。我现在最大的困惑是，如何真正站在青年研究的角度去叙述青年的历史，而不仅仅是从其他的一些相关记述或论说中去整理和综合关于青年的历史叙述。换一种说法，就是将非青年研究转化为青年研究，而青年研究与其他研究的根本区别则是前者既以青年本身为出发点，也以其为归结点。不知道这样想是否合适？

从中国近代特别是 19 世纪末 20 世纪初以来的情况看，确实是中国青年崛起的一个特殊时代，是一个产生了“青年崇拜”的崭新时代。20 世纪（乃至今天）中国的许多变化似乎都可以在那个时期找到它的影子，或者可以认为这是一个孕育中国未来一切的时代，从改革到革命，从动荡到复兴，从幻想到希望，从草莽到英雄，从无序到有序，从分化到整合……同时，这一切有时又被颠倒过来，例如，从革命再回到改革，从复兴再步入动荡。这是 20 世纪中国的历史宿命，也许历史命运本来就是如此，但无论如何在 20 世纪中国这种历史的循环往复都是异常的突出显著。青年纠葛于其中，时而如乳虎啸谷红日中升，时而沉沦幻灭野性萌动。世运与命运，谁主人生沉浮？以往关于青年的历史叙事，多以世运主宰命运为主题。究其原因，我认为主要有两点，一是青年研究尚未走进历史，更没有找到关于青年历史叙事的原则和基点，所以在关于青年历史的叙事中青年只是被历史捉弄把玩的对象，塑造的是“无主体角色”。二是在其他领域关涉青年的历史叙事中，青年本身并不是（或不是主要的）被叙述或论证的对象，而仅仅是一种作为佐证的案例或材料。如果我们真的认同青年的命运只能被世运所主宰，那么青年的命运将注定是悲剧的。这是一个非常令人可怕的结论！如果不愿意承认这种悲观的结论，那么，我们只有在乌托邦的幻想中去期待世运永遂人愿。这是一个残酷的两难选择。

大陆关于红卫兵和知青的研究卓有成效。大陆是搞青年研究出身的，很有思想，或许这也与他的史学修养有关。同时他很能吃苦，我曾经说过他是挖土方的，花的力气太大，他所做的我做不到。现在您对青年的历史做比较系统的梳理，同样也是一件很难的事。但初步理一下线索，相对来说还是容易写的，如果再往下走就会遇到一个不可回避的问题：我们究竟对青年做怎样的历史定位？对青年的历史地位做怎样的阐释和说明？还有，我们现在所做的仍仅仅是厘清历史脉络或线索，对一些重大的事件、专题、人物、群体还未深入涉及（如大陆那样对红卫兵和知青做专门而细致研究的人不多，但大陆的研究现在属于历史学范畴的青年专题研究，已走出青年研究的视野和理论框架），我们目前得出的某些结论尚未做深入的历史考量，特别是还未从青年本身的角度去做细密的论证，因此，后面的路会更艰难。比如说，红卫兵运动，目前绝大多数的研究仍有相当大的局限（包括国外的研究），这其中政治情绪和意识形态偏见的影响不可低估。他们是被牺牲的“最后一代吗”？我认为，青年研究中的“青年”，应当是研究过程中的常量，外部的因素是变量。变量因素可以对常量的形态乃至属性产生影响，甚至扭曲、变形，但变量因素的变化、调整又可以使常量恢复到原有的形态。

陈映芳的两本书（《青年文化》和《社会变迁》），我记得在之前的信中说过，是目前不多见的比较好的书。《社会变迁》（我仅见到目录，书没见到，深圳图书馆没有）涉及革命、家族、社会阶层、家庭结构等重大主题，对问题的研究比较全面和深入。但我觉得，从方法论上看，陈映芳的研究仍局限于社会学的角色理论，而且社会学的角色理论总难免将角色置于一个被塑造的被动地位，在这里，作为常量的是社会学范畴的“社会”而非“青年”，这种研究的最终结果不可避免地将“青年”作为一种特殊的变量来对“社会”作出说明和解释。这或许就是青年研究与其他学科研究的根本不同。陈映芳的研究在社会学视野内是无可厚非的，但从青年研究角度看要有我们自己的取舍原则。例如，“无主体角色”概念，显然是一般意义上的主体性概念与角色概念叠加的结果。如不细致分析，这个概念还是蛮有解释力的。但在青年研究中“主体”概念的应用与一般意义上的主体概念应有区别。记得在1989年底我写过一篇文章（发在什么刊物上记不清了，人大报刊复印资料《哲学原理》曾全文转载）专门谈青年的主体性问题，对青年作为主体的意义在历史主体、认知主体、实践主体三个层面做了分析，认为青年作为“主体”与一般意义上的人类学主体性或哲学主体论所谓的“主体”有着较大的差别。

在现实社会生活特别是在社会制度结构中，青年注定是弱者。但在客观历史进程中，只有青年是强者，青年不能改变“现在”，但青年注定塑造未来。我所期待的是，能在一种关于青年历史观的指导下，形成一种迥异于几千年来统治人类社会（包括青年）的传统青年观的现代青年观。如何确立这样的历史观？首先还是搞好“土方”工程，大陆和您都在做，陈映芳、桑兵等人的成就都值得赞赏。最近在看新出的一本国内学者写的关于美国20世纪60年代青年反战运动研究的专著，类似的成果越来越多，于青年研究是大好事，值得我们借鉴。但我认为，这些都属于相关研究之类，能否直接拿过来作为“青年研究”的成果？我一直比较困惑。如果可以，那么青年研究就不可能是一个独立的学科范畴，而只能是其他学科研究的附属品，同时关于青年研究的学科建设和基础理论都将没有意义；如果不能，那么青年研究的出路在哪里？

我可能真的走进了一个没有出路的死胡同。但朦胧中我仍在探求，为找到一个类似于“核”的东西，用以解读青年本身，阐释世运在何种情况下才能左右或决定青年的命运，以及青年的所作所为到底有什么样的历史和现实意义。

暂时写到这里，祝好！

田杰

2010年4月12日

谢老：

盛暑难当，今夏可谓水火交融。近来身体可好？忙乱之中未及问候，见谅！

您的《中国历史中的青年》和《特殊历史中的特殊角色》两篇文章，我都认真拜读了，且做了一些勾画、笔记，但始终未能复信作答，一来觉得文中所涉及的一些问题不是一两句话能说清楚的；二来即使话说得很多，最终也未必能说清楚，甚至根本就不可能说清楚。但话还是要说，不说既没礼貌，也不负责任。

首先还是再谈一下我对青年与历史关系的一点看法。多年来我一直注意这方面的问题，我觉得这是一个带有根本性、基础性的问题，是关系到青年研究最终能否登上学术殿堂（尽管这并非完全是我的理想）在知识积累方面的一个先决条件。

一门学科也好，对于某种现象或客观存在的一种科学研究也罢，都不能缺少对该现象或存在的历史追溯。因为研究对象始终是变化的，在变化过程中总是以各种方式或隐或显地表露出对象的某种历史性。对于历史来说，它没有今天，只有昨天，今天是昨天的延续，明天则超出历史的范畴，历史对明天的种种揣测更多的是一种好奇，即使是以某种所谓来自历史的规律作为依据，仍然属于出于好奇心的一种揣测。至今，没有成功的历史预见真正给我们以启示，因为这种预见至多也不过是基于过去的经验事实，这些事实被假定为未来的必然复演，进而做出一些主观推断。实际上，这种推断是没有变量干预的一种僵化的模式推演，它的命运要么是走向乌托邦，要么是导向宿命论。

研究历史，就是研究变化。而要看清楚这种变化，就要回归历史，通常的说法就是，置身于特定的历史语境，去发现过去的研究没有发现的、被遮蔽、被忽略、被扭曲的东西。《说文解字》云：“史，记事者也；从又持中，中，正也。”这是对历史的一种价值回归。您在《中国历史中的青年》一文开篇引言部分转引横山宏章话：“中国尽管有数千年的历史，但其中却见不到热血沸腾的年轻人，这说起来有点不可思议吧！”横山之“见不到”是因为史书、史籍之著述者史家之未见或视而不见，而史家之未见或视而不见，是因为史官在作祟，而决定史官之见的是史观，史观是根本，史观决定史家或史官之见。所以，我们研究青年的历史，重建或重构青年史，首先要研究史观问题，而且要回到特定的历史情境之中，看那些史家或史官为什么形成了那样的史观，而且必须说明它的客观性质，而非简单地以今天的标准或观念去做直观的应然评价。

从您的文章（包括以前的文章）中可以看出，您更倾向于将历史上青年（特别是中国历史上的青年）的不幸命运归之于权力压抑的结果。这本身可能并没有错，但在论证的过程中，却缺乏对历史上“权力”与“压抑”的具体而中正的阐释。就拿您所说的“为专制君权服务的宗法人伦网络日益增加对青年的压抑”来说，专制君权与宗法人伦，互为表里，同型同构，严整齐一，天造地设，在当时具有无可怀疑且无可替代的合理性、合法性，既合规律，也合目的。在分散的小农经济和信息、交通、市场等相对隔绝封闭的情况下，没有专制和君权（或神权）是不可想象的。在中国，宗法人伦是与专制君权相适应的社会政治伦理秩序，包含有更为古老的血缘、地缘政治因素在里面。作为民族的、国家的共同体已经产生，君权或神权只是特定历史条件下这种共同体上的寄生物，而专制则是其在治理手段上的必然选择。不是权力创造了共同体，而是共同体选择了权力，选择了特定的权力表达方式。而共同体本身也是一个复杂的社会结构，因此它必然受到来自共同体内部不同社会力量的挑战。春秋时代的百家争鸣，魏晋时期的个性解放，以至党锢之争，文人干政，少年造反，等等，都是这种挑战的具体表现。但这些延续千年的一次次挑战都未能伤及专制君权之筋骨，顶多也不过皮肤之痛而已。天不变，道亦不变。权力与压抑的关系，是道本身的内部关系，而共同体——体制，则属天的范畴。现在有一句话说得很好——在体制面前，人人都是弱者。古之亦然，青年人被压抑是正常的，不被压抑反倒不正常的了。

压抑的本质是权力关系，而权力关系的本质是管理/治理。因此，压抑一方面表现为剥夺与拒斥，另一方面表现为吸纳与整合，是胡萝卜加大棒具有二重性质。现代社会青年的社会化过程，特别是在有关青年社会化的一些规范和制度设计上，更充分地体现出这种二重性。有时，现代社会的压抑可能比古代更甚，可以合法地动用国家机器进行镇压，也可以通过家庭的、行政的或市场的方式对青年权利进行明目张胆地剥夺。而这一切又都是与维护一定的社会秩序或民族国家利益为理由的，这些理由总是被赋予不可辩驳不容质疑的正当性与合法性。社会和青年乃至民族与国家都可能为此付出代价，但这似乎又是一条千古不易的定律。为什么呢？我在这里将其归结为社会制度或体制的原因。自人类社会诞生以来，个人、群体都是在一定的制度或体制框架内谋求生存的各种可能性，而一定的制度或体制之所以能够容忍不同的个人或群体在谋求生存可能过程中的各种不同表现，是因为这些表现没有触及秩序的底线。人被置身于自己营造的秩序的牢笼。更可悲的是，在人反对牢笼的几千年历史中，从没有打破或放弃牢笼的主张或行动，他们共同的努力是建造更新的牢笼。如果说曾经有过这样的设想或尝试，则是在西方近代社会浪漫主义思潮兴起后青年人所做过的种种努力。

在情感上我们不愿意去为历史上的这种压抑正名，但在事实上、理性上我们必须看到压抑历史的正当性与合法性。在情感上我们同样乐于看到并呼吁青年以及其他人类群体为反对压抑而做出的种种努力，但在事实上、理性上我们却永远难以逃脱秩序的牢笼。在文中您谈到洛克的《政府论》。洛克在书中用大量篇幅谈父权制问题。从表面上看，洛克是将父权与君权、神权一并否定的，但实际上洛克并未真的否定父权。洛克把父权看作一种变动的权力，在一定情况下由权力转化为义务。他批判神权以父权之变动的权力作为自身永恒权力合法性基础的荒谬与无理，目的是否定神权的绝对性，进而主张对建基于神权之上的君权的限制。但洛克同样否定了父权的绝对性，这一点也是非常有价值的。就中国的历史来看，父权与君权及所有权力形式都保持有相当的一致性。这成为中国传统文化的一个显著特征，是父权文化，泛化为一种长者文化。这种文化在历史观上，必然忽略青年的意义和价值。中国古代神话中诸神的年龄特征要么不明显，要么寿比南山（如各种由神而仙的“老祖”，彭山老祖被认为是颛顼的六世孙，活了880岁，娶了50个老婆）。这是一种很有意思的文化现象，至今似乎没人去解读。中国历史上追求长生不老、万寿无疆者累世不绝，但追求青春常驻者却极为罕见。中国历史文化中也不乏青春崇拜的现象，但这些更多的是文人墨客之骚咏，或市井流俗之想象，没有成为一种社会价值观。中国的问题是非常值得研究的，也很有意思。吴端于此有所涉及，文章也写得不错，思路很开阔，这样的青年研究尚属凤毛麟角。但需要有更多或稍多的人介入。对上述问题，我思考多年，确实太辛苦。

您近年来写的关于青年与历史的文章，我都比较赞赏。下这么多功夫，真的不易。尽管其中的许多看法我并不同意，但这属于各自的研究思路问题。最理想的情况是能就一些问题或观点展开争论，但现在看来实在是应者寥寥，和者之寡有些出乎情理。嘤其鸣矣，求其友声。不过，做学问本来就是寂寞的。

断断续续，这封回信写了多日。本来有更多想法要谈，但时间紧张，难以细细理论下去。

顺祝夏祺，快乐安康！

田杰

2010年8月6日

# 在历史中发现青春的奥秘

（2001年2月21日—2013年12月17日）

青年概念的共时态和历时态含义/青年与“革命”，中国革命史与青年史/后革命时代与前消费时代的叠合/“告别革命”；青年激进和革命的性质/“青春”永远不会“寂静”/“语言学转向”/青年研究与哲学和诗学；历史是哲学和诗学驰骋的天空/在历史中发现“青春的奥秘”/人类社会早期青年存在的价值属性/年龄、性别、代际关系，解释青年早期发生的核心范畴和基本逻辑/青年研究要进入精神层面/青年问题在根本上是一个人类性问题，或最终可归之为信仰问题/在历史上青年属于神；在现实中青年属于未来/古希腊民主制与青年

谢老：

新作拜读。文章涉及青年研究的一些重要方法和观点，很有深入探讨之必要。几点想法缀后，供参考。

“寂静的青春”，提出的实际是一个关于观察青年和研究青年的带有方

法论性质的问题。青年的概念应该有共时态和历时态两种含义,这两种含义也是来自两种不同的观察视角和分析方法。吴端在文中也讲得很明确,他所观察和说明的是"处于静止状态的保守青年",是比较"运动状态的革命青年"而得出某些结论性的观点。当然,静止与运动都是相对的,主要是看个人对时态或时间如何理解和规定。吴端在文章一开始就涉及"时间"问题,对青年概念的时间意义和属性作出了规定性的说明,认为"青年"是一种普遍时间的象征,与人对社会时间的认识及与社会时间的互动关系紧密联系,这在论证的逻辑上是合理的,而且其说法本身比较符合实际。

您在文章中对吴端的观点进行进一步的分析和论证,其意义自不待言。而且,文章中引证了很多有价值的资料和观点,其严谨难能可贵。国内青年研究现在很缺少这样有气度、有见地、富有历史感的文章。如果能有一批人这样研究问题,青年研究的面貌将为之一新。这是一种具有开创性的研究,但也正因为它的开创性质,遇到的问题可能远比我们所想象的要艰难、复杂得多。特别是在将发端于西方学术语境中的某些概念和方法引入中国青年研究时,尤为如此。

首先是"革命"。塞缪尔·P. 亨廷顿说,"革命是现代化所特有的东西。它是一种使一个传统社会现代化的手段";"革命是现代世界观的最高表现,这种世界观相信人有能力控制和改变其所处的环境,他们不仅有能力而且有权利这样去做。"在某种意义上说,中国现代化的历史,即是中国革命的历史;关于中国现代化的历史,离开"革命"将无以言说。但革命在中国,既有辉煌,也有不幸;既被神圣,也遭污名。这在世界历史上是少有的,即使如法国大革命那样血腥和暴力。青年在中国革命的历史上承担了最重要的角色。有评论者说,"中国革命的历史实质就是一部'青年'的历史"。需要提出的问题是,今天在世界范围内人们真的"告别革命"了吗?没有,不仅中国没有,任何一个国家也没有,即使所谓的"革命英雄气概"或英雄主义精神。有的只是需要对革命进行重新定义,作出新的理解和阐释。在《"革命话语"与文化认同——关于中国青年文化的思考》(《青年学研究》2007 年第 2 期)

一文中我对此有所涉及，文章认为，“后革命”时代是中国目前社会状况的一个重要特征，后革命时代与前消费时代的叠合是非常富有中国特色的一个特殊时期。现代的中国，就像一个在现代化路途上匍匐前行的巨人——他的头颅已经越过现代的边界进入后现代的境地，庞大滞重的躯体却横卧在现代和前现代的泥沼之中，而它的双腿和脚则可能还在封建时代的光阴中挣扎。毛泽东曾宣告：中国人民站起来了！现在看来，那还只是这个巨人在匍匐前行中抬起了高傲的头颅，看到了远方透露出的一缕现代世界的曙光。中国人民需要真的站起来，而在站起来的过程中，确实需要经历一次又一次的革命。革命是改革的宿命。自古以来都是如此。“平淡无奇的散文年代”不会到来，李泽厚的希冀和幻想不会到来。“新个体主义”的出现，不会在根本上改变青年激进和革命的性质；“静悄悄的革命”仍然是革命。李泽厚、刘再复对话录《告别革命——回望二十世纪中国》的序言中说：“影响二十世纪中国命运和决定其整体面貌的最重要的事件就是革命。我们所说的革命，是指以群众暴力等急剧的方式推翻现有制度和现有权威的激烈行动（不包括反对侵略的所谓‘民族革命’）。”对20世纪的中国来说，对革命的反省可能是最深刻的反省。“我们决心‘告别革命’，既告别来自‘左’的革命，也告别来自‘右’的革命。二十一世纪不能再革命了，不能再把革命当作圣物那样憧憬、讴歌、膜拜，从而再次悲壮地煽动群众情绪，最终又把中国推向互相残杀的内战泥潭。当然中国更不能冒充世界中心而向外输出革命。”李、刘二人“告别革命”的说辞绝不能从一般意义上来理解。您在文中写道：“青年们用和平的社会运动方式，甚至用自我完善的努力来推动社会变革，英雄气质并未消失，只是历史的进展给革命的英雄主义增添了新的含义。”这一说法是对的。但是我认为，它并不一定具有普适性。最近埃及等地的动荡似乎可以证明这一点。“埃及人，尤其是埃及年轻人，已经展示了前所未有的智慧和力量。”《南方周末》的一篇评论文章这样写道。清华大学社会运动研究学者吴强对《南方周末》记者说，在某种程度上，埃及和1917年“十月革命”很相似，都是先由人民群众发起街头运动，随后政治团体跟随介入。“目前看不到有一个成熟的反对党出现。""现在要看谁有能力把社会网络自发聚集起来的青年团结在一个政党之下。"在西方社会运动不断花样翻新的情境下，非西方世界革命的可能性却未必"趋近于零"。赵鼎新所说的"体制化"的前提是"体制"本身对各种社会运动的吸纳、整合能力及各种现实的可能性（赵在其社会科学文献出版社 2006 年版的《社会与政治运动讲义》中，对体制化问题有较详细的论述）。

在特定的时段和环境下，青春可能"寂静"，但就青春本身来说，它永远不会"寂静"。"寂静"不可能是青春的常态。

关于"现象"与"本质"。我们关于青年的许多讨论，经常游走在"现象"与"本质"之间。在一般意义上使用"青年"这个词汇和将"青年"作为研究对象而赋予其相应的概念特征，这两者有着显著的区别。前者主要是针对某些"青年"现象而言，后者则更关注其本质特征。但在实际的研究过程中，我们却很难把握两者在思维和行文中的转换。

哲学研究中的"语言学转向"对此会有一定的启示。注重通过叙述确切的语言来叙述世界，强调语言的清晰性、逻辑性、确定性，试图在语言、意义和实在之间达到高度统一，是科学主义的语言观和分析哲学所坚守的原则，那些无法为经验证实的语言命题则因此被宣告为非科学的和无意义的命题。传统形而上学言说系统追求普遍有效性真理的特点，必然令其语言表述具有某种超验的特征而常常被斥之为"虚假性""荒谬性"，并导致这一言说系统在现代社会到来之际出现种种危机，而科学主义的猖行则使这一危机日益加剧。哲学研究的"语言学转向"试图化解这一危机。"语言学转向"被看作西方现代哲学中的一场"哥白尼式的革命"，标志着传统形而上学的"终结"，开启了现代哲学研究的一个新时代。如有论者所称，今天的哲学家已经很难直接去探讨纯粹的哲学运思，而是必须面对各种文化意义领域与语言学或者其他指意符号系统之间的密切关系。讨论这一问题本身是艰难的，但只要我们关注其中的一个方面，即"各种文化意义领域与语言学或者其他指意符号系统之间的密切关系"，似乎也足够了，或如海德格尔所说，

“讨论语言，意味着不仅把语言，而且将我们带入其存在的位置，我们自身聚集于事件之中”。

探索某些词汇或概念的原始意义及其遗失过程，是哲学语言研究的一项重要内容。青年研究也必须要在这方面有所突破，否则没有理论的创新。吴端的研究在这方面是富有启发性的。某些形而上的追问，在青年研究中不可或缺。但这方面的研究确实有相当的难度，需要研究者的耐心，同时需要相当的功力，非可以随意介入和置评。我虽然在其中花了一些工夫，但大多是原地转圈，难以有什么突破和创新。走入历史，关注事件，发现某些经验事实的价值和意义，同时进行一些理性的梳理和阐释，试图就青年问题说点什么，这就是我的生活之所在。如果说在这方面有什么心得体会，那就是青年研究缺不了哲学和诗学。哲学是不断的追思，诗学则是为这种追思插上想象的翅膀，而历史则是哲学和诗学驰骋的天空。关于青年的一些现象和本质由此联结在一起，而最终的结果是对“青春性”这一人性的特征做出解答。特别关注“各种文化意义领域与语言学或者其他指意符号系统之间的密切关系”，“不仅把语言，而且将我们带入其存在的位置，我们自身聚集于事件之中”，这或许是一种可行的研究路径。最主要的是“意义领域”的发现以及对“语言学或者其他指意符号系统”的把握，化解现象，解构本质，既不为现象浮云遮望眼，也不为本质所困顿和迷惑。最近读沃格林的《城邦的世界》。该书编者导言引证作者的一段话很有意义：“在一个不断走向分殊化的前进过程中被经验到、被符号化为现实的东西，就是历史的本质所在……现在有必要重新去整理经验和符号化方面的资料。”汤因比通过历史向神进军，沃格林通过历史透视社会的“心灵形式”，我们则希望在历史中发现“青春的奥秘”。然而，沃格林笔下“身处无序之经验，去追问真正的秩序”的思想家们遭遇的“柏拉图处境”，对于“朝向真理的运动，始于意识到自己生存于非真理之中”的感慨，是否也是我们对青春追思、怀恋、言说的现实心境呢？还有一点很有意思，即编者发现“所有被沃格林收入他的秩序历史囊中的古风时代希腊思想家，似乎都有一个共同点：他们都反对英雄理想”。

“对于沃格林来说，不是所有创新都是好的，只有更高级的经验分殊化和真理言说，才是抛离英雄的英勇、与时俱进的运动。”分殊化，是一种经验的衍生、扩散，“民主化意味着贵族文化扩大到人民身上”，它的方向是实现人的共同本质。英雄、青春，是否都将经历这种“分殊化”？无论是或不是，都不是一两句话说得清的。

现象是故事，本质是历史。历史学家所有的努力，无非是对五花八门的历史现象、经验、故事等的言说和论证，而且这一切都是以历史学家的自我阐释和自我表达进行的。所不同的是，有的人讲的是历史的故事，有的人讲的是故事的历史。

暂时说到这里。

文章在文字上再做一点推敲，完全可以发表。

田杰

2011 年 2 月 21 日

谢老：

关于古人类（应包括上古、神话传说时代）中的青年现象，这个问题是非常有价值的，但研究起来有相当的难度，不完全是因为实证资料缺乏，而是研究的方向和方法。我觉得，不是（或不完全是）在那里发现青年，而（主要是）是发现人类关于青年的意识起源以及相应的制度建构，或发现青年在参与、影响文明进程中的一些蛛丝马迹。有两本书可供参阅：［美］肯·威尔伯：《性、生态、灵性》，中国人民大学出版社 2009 年版。该书鸿篇巨制，思路开阔，涉猎知识广泛。［英］乔治·弗兰克尔：《心灵考古》，国际文化出版公司 2006 年版。该书从史前史谈人类意识的起源，很有启发意义。另将发表过的两篇文章发给您，见附件。吴端在日本情况怎么样？有没有受地震的影响？

田杰

2011 年 3 月 15 日

谢老：

“史前人类中的青春”一文，已认真拜读。总的感觉是，作为一个问题，而且是一个带有根本性的、具有学术价值的问题的提出，是非常值得肯定的。1990年和1991年，我先后在《青年探索》和《中国青年研究》发表了关于青年文化的三篇文章，都有涉及这方面的问题。文章都不长，但都明确肯定，史前是存在青年现象并具有特别的历史和社会意义的。现在回头看，其中难免有些理论上的幼稚，但观点很明确，而且提出了我自己带有独到性的看法，即在人类社会早期，青年以其作为人类自身生命的生产和再生产的重要社会力量而具有特殊的社会地位和价值，青年的生殖力、生产力、战斗力（您在文章中也涉及战争和掠夺，这一点很重要），青年的生命力、创造力和想象力，是人类社会发展进步的巨大动力和活力。“只要作为一段生命历程的‘青年’一出现，就可能出现一种青年文化”（[美] 理查德·弗拉克斯：《青年与社会变迁》）。在人类社会早期，青年存在的价值属性是由青年生命运动和社会运动的低级水平和简单形式所决定的，即青年以其旺盛的生理机能在人类生命生产中发挥着重要作用，并因此而被社会文化认可，生命礼仪也正因此而在大多数文化系统中被赋予了神圣而崇高的意义。

但也正如我曾说过的，将这个问题讲透，通过史料和逻辑将它说清楚，真的很不容易。年龄、性别、代际关系，是前后相继且深入递进的三个范畴和逻辑关系。用来解释青年的早期发生，是核心的范畴和基本的逻辑。年龄、性别是人的自然基础，代际关系是人自然基础的社会延伸，衍生出血缘、家庭、父权制、性别制度等文化、政治等社会关系和社会现象。有生命的个人，是探讨这一系列问题和现象的历史和逻辑的起点。人类没有生日，但人类有自己的历史和文化的起源，这一起源遵循的是进化的逻辑，而不是进步（起码不完全是）的逻辑。这样，生命运动和社会运动才获得了统一。

某些形而上的追问，在青年研究中不可或缺。青年研究缺不了哲学和诗学。哲学是不断的追思，诗学则是为这种追思插上想象的翅膀，而历史则是哲学和诗学驰骋的天空。关于青年的一些现象和本质由此联结在一起，而最终的结果则是要对“青春性”这一人性的特征做出解答，希图在历史中发现“青春的奥秘”。黑格尔在这方面为我们作出了典范，在《美学》《精神哲学》中的一些涉及青年的论述，是非常具有启发意义的。然而，更多关于青年的研究由于囿于社会学的理论框架和视角，对青年的本性，对源于生命的自然属性和生命进化的历史和逻辑进程中的人的特殊性，乃至人的灵性、神性方面的东西，予以忽视和鄙弃。这是青年研究的一大弊端。您关于青年史的文章，正是对这方面的问题给予了关注。

青年研究要进入精神层面。关于青年的生殖力、生产力、战斗力以及青年的生命力、创造力和想象力的研究，是要在根本上说明青年的一些特质对人类文明发展的意义。青春化、青春性、青春崇拜等概念是可以用的，而且很有必要。沃格林的“分殊化”概念我比较赞赏。“分殊化”，是一种经验的衍生、扩散，“民主化意味着贵族文化扩大到人民身上”，它的方向是实现人的共同本质。英雄、青春，是否都将经历这种“分殊化”？文章我没有做具体的修改，也没有这样的必要——毕竟我们对材料的掌握和理解有许多不同。况且，现在更重要的是提出问题，引起理论研究者的关注。

题目是否改为：青春的出场与人类的新生？

在“族类的青春化”第一段：“……学者的种种努力，现在已经使我们能够寻求到答案”一句似不妥。答案还远未寻求到，只是有了各种各样的答案。第二段“……都是由雄性、雌性和幼年三个不同的生物体组成”我没太弄懂。

这段资料可斟酌：人的自然年龄，在人类产生以来漫长的历史过程中，呈现由低到高的增长趋势。原始社会人的自然年龄平均值最低。我国科学家对 22 具北京猿人的残骸进行了考察，推断 15 人死于 14 岁以前，3 人死于 15～30 岁，3 人死于 40～50 岁，活到 50 岁以上者仅 1 人。从以上考察的原始人生活时间的跨度上看，在人类社会初期几百万年中，寿命增长不明显。

奴隶社会是仅次于原始社会的第二个延续时间最长的社会形态。奴隶社会的产生,无疑是一个历史的一大进步,并带来文化的空前繁荣。但是,在这一时期,人的自然年龄的平均值与前一社会阶段比,变化不大。到封建社会时期,人口平均寿命也只是略有增长,有的研究者估算,中世纪世界人口平均寿命为26.5岁,最好的年代可能达到30岁。直到近代资本主义产生之后,人类年龄状况才发生较大变化,到现在世界人口平均寿命已比封建社会时期提高了一倍以上,并呈老龄化趋势。

在文字上略做修改后可以投出。

田杰

2011年4月21日

谢老:

年过得好吧?因为所有的东西都在单位的电脑里,所以直到现在才发给您。莫兰的东西对研究青年问题,特别是解决一些基本理论和方法问题有着特别重要的价值。10年前我发现《迷失的范式:人性研究》,去年把他所有中文本的书都认真看了一遍,受益匪浅。但正如我同您在电话里说的,真正做到系统把握非常不容易,况且中文翻译过来的莫兰著作只是很少很少的一部分。我做了一些读书笔记,花了几个月的时间,这部分资料是很宝贵的,不要再传给任何人。注意身体,不要太辛苦了。

田杰

2012年2月2日

谢老:

上次收到您的信,给我很大的鼓励。谢谢!我对于青年的研究,几乎从一开始,我就有着与许多人不同的思路,但这个题目太难了。近十几年来,有很大的变化,主要是1999年读到莫兰的《人性研究》受到很大启发,接下的工夫主要花在神话学、人类学、政治学及历史学方面,还有很多宗教学的东西。以往我们一般都偏重于在问题层面考虑青年问题，实际上青年问题在根本上是一个人类性问题，或最终可归之为信仰问题（这是哲学或宗教学层面）。春节后我着手把莫兰的东西梳理了一下，完成了一半，有3万多字。思路基本打开了。但也正如您所想到的那样，这种东西可能一时还不会有多少人感兴趣，将来也难说。但对我自己来说还是觉得值得的，何况还有您的鼓励和欣赏。关于您上次信中后面说的几句话，您老不必多虑。您的情况我基本了解，内心也深为您惋惜和忧虑，但又帮不上您什么。您谈到童年的经历，与我有相近的地方，即都是在外祖父母身边长大的，但我感到人生最快乐的时光只有（是只有）那一段，令我终生难以释怀，而且常常在梦中回到那里。后来的坎坷虽不能与您相比，但那些阴影总挥之不去。如今也将近退休年龄，回顾人生，也是苦乐参半。人说性格即命运，我坚信这句话。我的性格过于直率，又有一些侠气，好打抱不平，对事太认真太执着，所以力气没少出终归少有好报。周六小孩在家问我，来深圳之后没有更好的机会吗？我说我一生中好机会太多太多，但好与不好都是相对的，最重要的是你要能从中体会到乐趣。这样我对现在也很知足。您现在的生活最需要的是有人照顾，还是要尽量做下安排，其他方面您还是很充实的，我觉得很多人不比您快乐，尽管表面上很光鲜。人生不如意十有八九，这话是对的。不过，快乐有一点点就够了。别不多叙，保重！

田杰

2012年3月13日

谢老：

文章我认真读了一遍，感觉非常好，与以前的几篇比较，问题更具体，思路更清楚，观点更明确，真的很敬佩。在西方文化传统中，青年始终是一股强盛的创造性力量，贯穿着一种阿波罗精神，体现着一种具有无限生命力的浪漫气质，这或许也是中西文化差异的根本所在。但西方人对此也并不一定完全自觉，他们也没有对此做出更系统、更深入的阐述。我们对这方面问题的观察、思考和研究，是要确立一种关于青年的基本认识，这对于理解中国的历史、社会和文化则是非常必要的，而不仅仅是认识青年。您现在这方面的思路已经打开，接下来会有重大发现和建树。有一点需要注意的是，青年永远是一个矛盾的复合体，无序与有序、噪声与信息、创造与破坏、反叛与顺应……总是交织其中。这既是活力的源泉，也是问题之根源。莫兰的复杂性观点主要是解答这方面的问题。在历史上，青年属于神；在现实中，青年属于未来。青年总是在时空穿越中表达自己、证明自己。青年研究的最终目的是确立一种人类关于自身的认识，新的青年观是这种认识中一个不可或缺的因素。我看，文章只是略长了一些，有些具体的事例可以压缩一下，其他不需要再做改动了，可以拿出去发表。

田杰

2012 年 5 月 18 日

谢老：

关于《历史上最早的公民——古希腊历史中的青年》的修改（修改文字夹在原稿文字中）：

我的意见以红色字体显示在括号中，请参考。注释的方式我全部改过来了。您如修改可以在这份修改稿上进行（或另复制一份），将我的意见删除即可，不影响注释文字。关于文档中做注释的方法，我在您另一篇文章中有说明。

最早的“公民”产生于古希腊城邦制度之中，但这批人肯定不能简单地以“青年”来涵盖它。尽管这其中包括青年（一小部分贵族青年）。命题还需要再斟酌。一种理想的社会制度应该是青年被承认、被重视、被理解的社会制度，但无论如何青年自身还是有限的，即黑格尔所说的“自在的存在”，而青年作为“自在的存在”，作为一种相对于“共体”的普遍性和“个体”的特殊性，它既包含普遍性，更体现为存在的特殊性。青年作为一种价值存在和一种现实存在是有矛盾的。社会对待青年恰恰是在这种矛盾关系中走向极端的，要么将青年作为价值存在予以实用主义或功利主义的夸大，要么无视青年现实存在的种种需求和主张。我们在对青年的判断和论证以及提出相关的观点时，要避免这种极端化的倾向。

（回复内容见方括号内楷体文字）

1. 关于父权制问题

【父权制是一种制度形式，它既有生物学的基础，也有社会学、政治学的原因。在本质上它是一种生物等级制度，在现实生活中它与其他各种社会制度形式，如权力制度、选举制度、财产分配与继承制度等联系在一起而成为一种秩序原则。严格地说，父权制是一种制度原则而非一种具体的制度形式。因此，不能简单地说古希腊没有父权制。古希腊的父权制是与城邦制度紧密结合的。这时，城邦制度作为一种新的制度原则诞生了，并支配社会生活。最早的公民就这样出现了，但长者权威的原则和制度还在，在某些方面仍起支配作用，如下面所引的柏拉图的话就含有这方面的意思。这里有一个关键的问题，即等级制度是建立在生物学基础和进化论原则之上的，而父权制则是建立在社会学和政治学原则基础之上的。对父权制，洛克等人的批判是出于对资产阶级自由民主的合理性与合法性而展开的，其中有特殊的思想文化和政治主张的原因。而中国20世纪初期对青年的赞颂依据的则主要是进化论原则，加上民族复兴的文化和政治诉求。】

2. 关于“青年”的有限性

【实际上莫兰在谈到亚西比德和达莱芙时，对他们作为“青年”的有限性、希腊青年的有限性，有所揭示。】

3. 关于青年作为公民社会的创造主体问题

【注意：青年的公民意识，我觉得不可能在公民社会到来之前萌生，因为青年群体在当时还仅仅是一个年龄群体，它不可能成为公民社会的创造主体。】

【不是青年们形成了历史上最早的公民意识，而是公民社会和公民意识的形成需要青年元素，是这种元素促进了公民社会和公民意识的形成。这里有一个判断问题。您对青年的问题关注已提高到一个相应的层面，但在一些问题的判断上还需要谨慎。无论是文艺复兴还是现代人对古代希腊的兴趣，都在于它的“精神”、它的象征性意义和价值以及它的发生学意义。这种精神是需要挖掘的。维科、黑格尔、布克哈特等对希腊的发现和再发现正是这种精神性东西的发现和再发现。】

4. 青年人英雄主义气质

【这段内容非常好。青年人总是喜欢向着大海，开启理想的风帆。这里有一种英雄主义的气质，也有走出森林的“青年猴”的勇气。但要选好说明和论证角度。】

5. 人类生活的快乐原则

【快乐是希腊的生活原则。但这种原则在后来被抑制或抛弃了。理安·埃斯勒曾谈到人类生活的快乐原则问题，我在一篇文章中好像也谈到过。快乐与幸福是一致的，古希腊哲学很注重这一点。】

6. 苏格拉底之死于青年的象征意义

【苏格拉底被判死刑的理由之一是教唆青年犯罪。这个事件的象征意义是青年和教育问题都成为政治问题。这是一个很有特殊意蕴的事件。我曾专门写一篇文章谈这件事。】

7. 古希腊社会中的青年

【需要特别强调的是，青年在塑造公民社会和公民精神中的作用、意义和价值。希腊公民和青年公民不能作为一对并置或对等的概念。如果是可以并置或对等的，那么希腊城邦的衰落与公民社会的瓦解就与青年有不可分割的联系，显然不是这么一回事。希腊社会的背景有两点特别值得注意，一是多神教，二是城邦制。这是希腊民主制度的基础。还有就是哲学和自然科学的发展。这为青年人的社会生存和社会表现创造了巨大的空间，使人的潜能和创造力、人的自然和想象力，都能够空前得以发挥。罗马的一神教和帝国的统一，改变了这种现实的环境，青年也为之一变。希腊的自然、典雅风格到罗马演变为神而成为人的意志。】

……

这篇文章真的很不错。别的不说，仅仅在资料上所下的工夫，就是难能可贵的。青年研究一旦打开历史的视野，你将有惊奇的发现；一旦进入思想的层面，你将如同受到神启。文章没有分段，好处是一气呵成，思想可以不为文体的制约所打断，不利的方面是对于这样一个人们比较陌生的话题，一时难以把捉头绪。如果能在结尾所说的“沿着这个线索对代际关系的历史做出分析，它既可以看到中国和西方在代际关系上、青年的社会存在上的差别，又可以探讨如何创造种种条件才能走向未来理想的代际关系，为青年的成长与社会作用并为人类的文明与进化做出贡献”，做出进一步的归拢，突出一个观点和题旨，将会更好。

这样的研究具有挑战性，当然它亦将有不可替代的创造性。作为自娱自乐之作，是值得的。如果带有功利的目的，写这样的东西显然不值得。创榛辟莽、前驱先路者，必将如此。

想到的就这么多。祝好！保重！

田杰

2012 年 12 月 10 日

谢老：

新年好！前两天沈杰发短信说已调入青干院，具体做什么我还不清楚。您的文章我又仔细看了，之所以没有马上回复您，是因为有几个问题我也把握不好。首先是希腊的民主制问题。希腊的民主制，特别是其公民制度，在学术界历来就有争议，问题主要集中在这种民主制或公民制度在社会生活层面到底有多大意义，它对后来西方社会民主制度和公民社会建设到底有多大影响，更主要的是，应该在何种角度上来理解这种民主制？古希腊以雅典为代表的城邦制度和民主制度，实际上是一种非常有限的民主，是少数人的直接民主而非多数人的代议制民主。它的价值不是为后来的社会民主制度提供了一个范型或模本，而是昭示了一种社会民主进步的方向。这样说，可能将话题扯远了，具体到青年方面，一是希腊社会的青年人并没有从家庭或家长制的束缚中解脱出来，二是青年在城邦社会中并没有多少社会参与的权利。这在根本上决定了青年作为"公民"的实际意义。古希腊青年的活跃，维柯、黑格尔、马克思（以致后来众多的人）对希腊社会"青年"特征的肯定，我认为，首先还是在思想的活跃和人的个性解放方面。古希腊人有两个最基本的特征，一是亲近自然，二是张扬个性，如果还要说出一点，就是所谓的城邦制度或民主制了。但我们在谈论青年这一具体层面的问题时，需要将这三点结合起来思考。当然，这个问题太难了，现在没多大的必要去深究它，这样的文章可以让后面的人去做，我们仅仅提出这样的问题就够了。您的文章已经很明确地提出了这样的问题，只是不要贸然、决断地下一些结论，谈资料，谈启示，钱钟书的学问有大部分就是这样做的。我的想法如何？我建议文章不要在追求结论上费太多脑筋，材料尽可能充实，问题点到即可，甚至可以用存疑的方式来表达。

田杰

2013 年 1 月 2 日

谢老：

关于"青年阶级"，我认为事实上不可能存在按照以往阶级定义理解的所谓的青年阶级。这个问题比较复杂。我在文章中曾提出过莫兰的"青少年阶级的假说"问题，最近还在思考这个问题，也没有很清晰的想法。20 世纪 60 年代西方学生运动，既被认为是"虚假的革命"，又认为它"改变了一切"。但对于政治，这场革命确实虚假，而对于文化，它确实改变了一切。然而，政治还面临重新定义的问题，现代社会政治与文化的联姻太明显了，有时政治搭台文化唱戏，有时文化搭台政治唱戏。总之，政治与文化的边界日益模糊，但也正是在这一背景下，20 世纪 60 年代学运，或 1968，有着更丰富的历史内涵，更成为取之不尽的历史富矿，如同 1789。拜读您的文章后再详谈。有一篇没写完的东西，给您先看看。

到广州给我电话。注意身体，多保重！

田杰

2013年9月7日

谢老：

前天晚上从山东回来。当天上了（但不是登了）泰山，走下来还真的觉得很累。今天仔细拜读了您的新作，觉得比前面几篇更富有新意，是一篇视野开阔、资料丰富、有历史纵深感且具有深刻现实意义的好文章。另外有点想法，略陈如下。

关于“青少年阶级”概念的问题。将青少年作为一个阶级来看待，严格地讲这是需要做出新的定义的。程巍的说法尚不能作为理论上的依据，因为阶级不可能以“一些不可见的存在方式”存在，不可能只有阶级观念、阶级意识而没有作为阶级的实体或主体存在。雷蒙·威廉斯在《关键词：文化与社会的词汇》中对“阶级”一词所做的词源释义表明，阶级的概念包含“被认定的阶级意识”和“被客观衡量的阶级”两方面的含义，而且这二者可以相对独立存在。但尽管如此，我们仍不能认为阶级意识可以替代阶级客观存在本身。阶级概念的现代意义，就其本质来说，应该是对一种社会力量的描述，其中包括思想、观念、文化、群体、组织、阶层、分工等多种要素和形态，青年作为一种社会力量也理应包含在内。这是赋予青年阶级意义的现实的和理论的依据。问题只是我们如何去论证它，以明确青年阶级的概念特征。莫兰提出“青少年阶级”的概念，我认为它只是一个假说。莫兰本人并未就此做出更多的解释，因此，这一概念在莫兰那里更多的是带有一种修辞学的特征，而这在一般的理论著述中也是未尝不可的。只是我们在借用这种方法时需要谨慎，在必要时要加以说明和限定。不过，在莫兰的著作中，也可以发现他关于“青少年阶级”的概念逻辑，即从生物—社会等级制度到年龄等级、年龄阶级、青少年阶级等比较连贯的思维过程。在西方的学术话语中，就阶级概念展开的争论自20世纪60年代以来一直没有停止，其中很多观点和方法对研究青年问题是颇有启发和借鉴意义的。可以参考戴维·李、布赖恩·特纳主编的《关于阶级的冲突》一书。

您将“青年阶级”的形成与(西方社会)“现代化”进程结合起来进行阐述,并非是不可行的。这决定于您的论述主旨,因为您文章的主要目的是力图证明青年作为现代化进程中的一支重要社会力量的意义、价值和作用,而不是就青年阶级本身进行概念阐释或逻辑论证,因此使用“青年阶级”的概念也无妨,即使作为一种修辞策略也是可以被接受的。但如果能稍加说明就会更好一些。

文章分青春期的命名、旧制度与新一代、20 世纪 60 年代的学生运动、反正统的“文化革命”四个部分,论述的脉络是清晰的。在结尾处提道:文章是“就(现代)文化产生的源头、环境以及青年心理、认知等方面的因素”对青年运动在文化上所起作用的分析,这种限定是必要的。但结论上还需要更明确些。我觉得,您的文章对青年的反叛因素关注偏多,如果将视角稍微转换一下,突出反叛中的创造会更好。

有几处笔误提示一下:“旧制度与新一代”部分第三段关于电影,在时间上要明确,是 19 世纪末和 20 世纪初。另外“19 世纪的头 10 年间”青年的消费是否如文章所说?“大众娱乐的流行”也是较晚近的事情,约 20 世纪初。“在战后一片废墟中艰难生存的德国大众”一段中《爱稍舍条约》应该是《爱丽舍条约》吧?最后一部分最后一段有两处“反正流文化”应是“反主流文化”之误。

田杰

2013 年 10 月 31 日

谢老:

用了一些时间看您的“古罗马青年”一文,因为对这段历史我没有太多的关注,以往看了一些这方面的书也没做深入研究,所以就内容很难提出多少具体的意见。有一点想法写在原文的边上,可以参考。这段历史固然很重要,对于西方,也具有一般的意义。但以往人们更多关注的是古代希腊的部分，对罗马的认识多认为一是野蛮，二是腐化。您搜集了一大批关于古罗马青年的资料，这本身就比较可贵了。对这部分资料的运用，可以是多种方式的，或是专论，或是散记，或是漫谈，或是讲史，都不失其价值，不必拘泥于所谓的论文。其中可以提出各式各样的问题，但未必一一作答。对于古代青年研究，我更关注的是观念层面的东西，或可称之为观念史范畴，尽管也离不开一些史实的佐证，但仍是以思想史的资料为主。这些天(自上月30号从东北回来)事情一直非常多，文章没有及时拜读和回复。时近岁末，天气寒冷，您还是多注意休息、保重身体为要。顺祝新年快乐!

(回复文字)

1. 从青年英雄入手探索古罗马时代的青年，确实是一个比较好的选择。但这里的难题是，如何将这些个别的英雄归诸时代的表征，如何将这个英雄群体作为一个世代的代表来描述，并揭示他们所具有的一般性特征。

古罗马从古希腊诸神统治的神灵时代进入一个世俗英雄的时代。荷马笔下的英雄具有半神半人的性质，到古罗马时期，这些半神半人的英雄完全是人的形象了，这时人的神性归于上帝，上帝的人性还给了人。

2. 在古代关于战争的历史记述中，从来都是以青年人为主角。中国也是如此。《史记》中有很多这样的案例。“自古英雄出少年”，这是中国的一句古训。但中西也有所不同，西方(无论是古希腊还是古罗马)对青年人的行为多作为正面的英雄来记载，而中国多以“无良少年”载入史册。

3. 关于古代青年的研究，最难的不是找到个案的资料，而是如何从群体层面上得出结论。对于古代青年的研究，古朗士的历史研究是一种重要的方向和方法。

4. 在雅典和斯巴达发现了青年神，罗马发现了青年人，关于青年的一种信仰。古朗士的《古代城市》是一部好书，可以给我们深刻启示：“历史并非只研究事件和制度，它真正的研究对象应是人类的心灵；历史应该是要了解不同时期人类头脑中的所思所想、所信所感。”罗马或是确立青年信仰的时代。

5. 古希腊和古罗马都存在青年崇拜的文化，但同样都存在对青年的残忍和迫害。这种情况需要得到解释。从社会政治和文化的层面去理解，可能得到的是不同的回答。

6. 从角斗到决斗，是西方文化特有的一种文化现象。有一本《角斗史》讲这方面的东西，很有意思，可以理解西方人关于英雄和尊严的文化心理。古希腊和罗马在教育上最大的成就是奠定了后来爱国主义和英雄主义精神教育的基础。

7. 在古罗马历史的文明与野蛮较量中，青年人到底扮演着一个什么样的角色？青年人对罗马或罗马对于青年人到底意味着什么？这些问题可以回答，也可以不回答，但必须提出来，否则文章的意义和价值将大打折扣。结尾的回答还是可以的。它可能揭示青年与社会冲突的一个侧面，或许这是社会与青年共同的宿命，社会本身或许永远属于一种分裂的存在，或者说它从来就不是铁板式的、僵化的一块。内在的矛盾作为一种张力结构也是事物发展的一种动力机制。

田杰

2013年12月17日复

# 关于青年的历史建构与文化想象

（2014年1月5日—2015年6月6日）

发现和认识历史上的青年/古希腊罗马人的青年英雄/罗马私法与青年的有限自由/青年自身的野蛮一面/“黑暗”的中世纪与现代青年的萌生/基督教神学历史观与青年作为希望、未来的现代意涵/西方青年浪漫精神传统/《上帝之城》中隐含着现代社会的青年观——希望与未来/研究中世纪青年问题，实际是对现代社会青年问题的正本清源/现代西方青年的种种表现，是基督救赎与阿波罗精神的奇妙结合/青年研究之所以步履艰难，历史知识的缺乏是一大痼疾/青年历史研究方法的多样性

谢老：

过了这么多天才给您回信，一来确实这段时间很忙，二来更因为对于您文章所涉及的问题，我真的一时难以做出比较有价值或有见地的回应。您思考的是一个非常深刻的问题，即如何去发现和认识历史上的青年，这不仅是有关史料学的问题，更是一个方法论问题。但正如我在上次信中所说，您

做到现在这个程度，已经很难得了，我们不可能回答所有的问题，有时仅仅是提出一个问题，引起更多的人去思考，就是有价值的，特别是在一些带有根本性和原则性的问题上。历史，关于青年的历史，就属于这样的问题。

对古罗马青年，以往我没有太多关注，如果说有所关注的话，也只是在注意古希腊青年时涉及一些（这与早年读黑格尔《美学》有关）。确实，如果不能将希腊和罗马青年联系起来理解，无论对希腊还是罗马青年的认识都会有偏差，甚至完全不可能。普鲁塔克的《希腊罗马名人传》在写作手法上即是将希腊和罗马人做比较，并发现其间的一些关联和奥义。这已经给了我们非常重要的提示。爱默生把《希腊罗马名人传》视为“英雄的圣经”，是非常准确的。希腊罗马时代，是英雄的时代。但希腊和罗马的英雄又有着很大的差别。希腊的英雄，是为爱情、为城邦而献身的半神半人的英雄。特洛伊战争即为爱而起，整个荷马史诗始终与或缠绵或惨烈的爱情故事相伴。希腊人的青年英雄形象，在神的一面是阿波罗，黑格尔对阿波罗形象的描述，是一个驾着太阳车的英俊而光明的青年（但在神话原型上，阿波罗既是爱神也是死神，既是温情也是杀戮的象征）；在人的一面，是亚西比德，也就是莫兰所注意到的那个古代希腊的“穿黑色皮夹克衫的阿飞”（亚西比德几乎在所有关于古希腊的研究中都会提到的一个“英雄”，《希腊罗马名人传》也专门提到）。罗马人的青年英雄形象，是罗穆路斯，还是查士丁尼？这很难说，但很明显可以看出，神的一面衰落了，人的一面被凸显出来。另外，与古希腊时代比较，在罗马人那里，缠绵的情感已让位给冷峻的“沉思”（只有到罗马人那里才出现《沉思录》这样的作品），杀戮的冲动也便成为一种政治的征伐（旧的以城邦为核心的城市精神或“城市的爱国主义”，为以法律、秩序、制度为基础的“政治的”、国家的爱国主义情感所替代），崇高的美学特征在时代精神中显现出来（郎吉努斯的《论崇高》是古罗马美学的代表），总之，青年的英雄主义被赋予了更多的爱国主义情愫。按古朗士的说法，这也是“鬼魂和英雄的观念”逐渐消失的过程（古朗士这里所谓的英雄应该是半神的英雄）。古罗马的青年教育可以证明这一点。另外，私法在这一时期出现了，平民的重要性受到关注，父权开始受到限制，青年人开始得到有限却很宝贵的自由。

在以往人们的印象中，希腊是文明或人文的象征，罗马则是野蛮或血腥的代表。这种观念实际来自希腊人自己的认识。实际上，希腊人同样不缺少野蛮和血腥，罗马人也不缺少文明与人文。但历史的偏见总会遮蔽人们的眼睛。您在文章的结尾提到，“青年既是野蛮的受害者，又是人文的倡导者”，这部分是对的。然而，也应该看到青年自身野蛮的一面，也应该看到他们反人文的一面。如果没有野蛮，没有对人文的某种反抗和拒绝，就没有青年！青年是自然的、社会的、历史的，这三者的辩证法或许正是青年存在和产生的关键所在。历史是事件的组合，但如克林伍德所说：所有的历史都是思想史。我认为，历史产生于对过去的回忆，但存在于对未来的思考。关于青年的历史研究，更强调这一点。

古朗士在《古代城市》一书的英文版前言中谈道：在古希腊和罗马并没有对个人自由的尊重，个人自由是基督教的产物；如果没有罗马帝国的多样性，个人自由的出现是不可想象的。这或许给我们思考罗马青年的一个线索——个人的自由与创造。

我想，您文章所提供的资料线索和思考方向，是真正的价值之所在。毫无疑问，您思考的方向是对的，至于您能提出什么样的观点，是另外的事情，而且就目前来说并不是最紧要的。在资料上，尽量充实，这是最可贵的，也是引发人思考的东西。美国学者罗伯特·F·伯克霍福的《超越伟大故事：作为文本和话语的历史》，在书名上给我们的启示是非常深刻的。在伟大和英雄故事的叙事中，可以为发现青年提供契机，我们只提供这样的契机，这就够了，更多的事情我们现在还做不到，尽管可以努力。

田杰

2014年1月5日

谢老：

春节过得好吧？关于中世纪青年的文章早看过了，之所以一直没有回复，一来前段时间事情比较多，二来也是对这个题目想了很多，但又不知从何谈起。从您的文章看，这段历史您应付起来还是比较吃力的。仅从篇幅看，远不如前几篇文章写得那么充实，尽管几个关键的地方还是关注到了，比如中世纪的农村、骑士、大学、十字军东征，但它们之间内在的联系却很弱。因此，在文章中还很难对欧洲中世纪青年做出一个整体的判断。

中世纪是一个至为特殊也至为关键的历史阶段。以往人们对中世纪的历史常常以“黑暗”二字来断言。这或许是为近代以来的革命提供合理性的依据，或许是研究者本身的某些偏见所造成的。事实上，中世纪并非完全是一片黑暗。正是中世纪孕育了现代社会的全部可能性，既有现实的物质基础，更重要的是提供了以基督教神学为代表的精神条件。中世纪是欧洲城市、人口迅速发展的时期，这是现代社会产生的最重要的物质基础。在这个基础上，现代社会的公共生活形成了，新的行会、群体、阶层、制度诞生了，家庭的地位被弱化，个人的意义和价值得到凸显，而这正是现代社会青年出现的重要前提。但最重要的还是基督教对欧洲文明进程的影响。这个问题说起来可能相当复杂，但也可以把它简单化，即基督教神学是现代科学和哲学、社会科学的母体。

基督教的上帝观既将人作为神的附庸，但也正是这个上帝把人的视界引向以天国为象征的未来，人类的历史观第一次被改变，未来成为历史的一部分（这一精神历程在黑格尔那里最终完成，并为马克思所继承）。此前的历史只属于过去，古希腊罗马人的历史叙事只着眼于过去的事实，历史没有未来，但基督的救赎和末世审判却实实在在地使人第一次有了对未来的理解和祈盼。在古希腊罗马人那里，青年只具有青春的、灵动的、创造的、美好的等含义，但在基督教神学的历史观那里，青年才可能获得希望、未来等现代的意涵。有宗教学研究者指出，耶稣的目标就是改变人，让新人从根本上出现。但耶稣不是一个社会政治革命家，因此耶稣的福音也不可能是一项社会政治行动纲领；耶稣反对暴力、仇恨和报复，但他绝不是当局的代表或现存秩序的辩护士。宗教的事业也是人的事业，是创造人、改变人、塑造人的事业。几乎所有的宗教都认为人是神的造物(神创论)。同样,几乎所有的宗教都认为,人性是不完满的,甚至是充满着恶的,因此人性需要改变,而这种改变不能单单靠人自身来完成,离不开神(或圣人、先知)的引导和帮助。还有也许是更重要的一点,即几乎所有的宗教都为塑造人而努力,甚至将塑造人作为自己最崇高的宗教目的——人不断获得新生,一代又一代新人的诞生。不记得在哪本书中曾看到,说青年运动最早发生在中世纪的新教改革运动。汉斯·昆在《论基督徒》(杨德友译,北京三联书店 1995 年版)一书中曾谈到,在基督教的历史上,"具有超凡感人魅力的耶稣运动"在各个时期和各种制度环境中一直存在。这些运动可能是狂热的、极度革命的、气势汹汹的、暴烈的,也可能是温和、内向和神秘的。这些都是所谓的"神恩运动"的可能形式,在现代社会它们仍在不断变换新的形式,同时也在寻找新的方向,在其中我们既会发现表现主义的风格,也会发现浪漫主义或神秘主义的倾向。这些运动会影响年轻人,会使他们的思想和行为发生某些相应的变化,甚至会在他们当中引发某种形式的社会运动,特别是青年文化运动。

谈中世纪,离不开基督教;谈欧洲,离不开基督教。甚至谈现代人类文明,也离不开基督教。谈青年呢?国内的研究起码在目前看来还没有见到有人这样做(虽有谈青年的基督宗教信仰的,但不是谈青年与宗教的关系)。

说中世纪孕育了现代社会的全部可能性,也就意味着现代社会青年在中世纪既已在孕育之中,或者换句话说,中世纪青年具有与古代社会青年根本不同的特征并显露出某些现代的倾向(或按现在流行的说法,叫中世纪青年的现代性问题)。这是谈中世纪青年问题的一个关节点。那么,从何谈起呢?我觉得应首先从家庭谈起。对当时的青年人来说,中世纪的家庭关系发生了一系列重要变化,如长子继承权制度、学徒制、城市工场生活、宗教活动中的家庭关系,等等。城市、工场、上帝把青年从家庭和父权的统治下解放出来。麦克法兰在《现代世界的诞生》中谈到,家庭与社会分离、家庭与社会的彼此分立,个人变成一个完整的社会缩影。这是现代社会诞生的一个重要条件，也是现代青年产生的一个重要条件。这与中世纪大学的产生也有直接关系。

骑士问题也是探讨欧洲青年的一个很有趣的话题。这是古希腊罗马精神与中世纪尚武精神及贵族制度的一个奇特的混合物，最重要的是它已成为西方青年浪漫精神的一种传统（骑士＋绅士＋嬉皮士），是阿波罗与亚西比德的混合体……

我觉得，谈中世纪要比谈现代和古代艰难得多，因为这是一个过渡期，一切都有可能，一切都不明朗，而且，欧洲的中世纪历史在很长一段时间里被蒙上一层神秘而阴郁的面纱。施密特《基督教对文明的影响》一书可能会对我们有所启示：基督在改变他的门徒的同时改变更多的人、基督教尊崇生命的神圣、提高了性道德观、给予妇女自由与尊严、对孤寡病弱者的怜爱与慈善，等等。这其中许多内容是与中世纪有关的，而且与认识理解中世纪青年有一定的关系。

对欧洲中世纪青年来说，核心的问题，是个人与家庭的独立（城市、工场、家庭），个人精神上的自由（上帝从家庭中将人解放出来置于神的监护之下），还有就是知识的传播与普及（教育、神学与技能、知识教育）。到中世纪，青年与社会的关系、青年自身的精神面貌，都发生了较古代社会更深刻的变化。现代青年已呼之欲出了！古罗马奥古斯丁的《上帝之城》中或许就隐含着现代社会的青年观——希望与未来！

就谈到这里吧！估计您看着也会觉得累，我思考这些问题也不轻松，这也是拖这么多天未回信的原因之一。

别太累！

田杰

2014年2月6日

谢老：

这篇文章比上次好多了，从西罗马帝国覆亡到基督宗教成为国教，从骑士到平民、市民,从武士文人到大学生,这样一个叙事方式本身既是非常完整而且比较可靠的。

中世纪是西方文明演进历程中的一个关节点和转折点。莫兰强调欧洲首先是一个文化概念而非一般的地理概念,不能简单地以其边界来定义欧洲。莫兰认为,“犹太—基督教文化”和“希腊—拉丁文化”,是欧洲文化的四个源头,也是欧洲文化演进的四架发动机。“希腊—拉丁文化”源于欧洲边缘的地中海一带,“犹太—基督教”传统则可溯源到亚洲。欧洲文化的特质是充满冲突——时而温情浪漫,时而惨绝人寰;时而电光火石,时而凝寂涅槃……莫兰将这种冲突称为“二元逻辑”。否定性,即从否定走向肯定,在否定中立足、扩张、更新,正是欧洲文化的动力;怀疑、讽刺、反对、批判、标新立异,在欧洲文化中占有中心的位置。国内有学者称,欧洲文化是一种“武士文化”,中国文化是一种“儒士文化”;前者彰显斗争精神,后者谋求和平发展。莫兰还指出:“中世纪把自己的信念放置在最深的岩石地基上,从而建造出直上云霄的神学教堂。从此,欧洲思想史就是这个宏伟建筑的解体史。其后的新体系都是建立在神学的废墟上。”文艺复兴在罗马帝国的断垣残壁中崛起,人本主义、理性主义和科学的理论知识体系不断推陈出新,但这同时也是一个危机层出不穷、新体系在不断建设中不断被摧毁的过程。在这一过程中,一些基本问题不断得到深化,但人类的思想似乎也因此而失去了一切基本点。这导致欧洲文化有着两个不同的面孔:虚无主义和问题化。莫兰对欧洲文明的理解,可以启发我们思考西方文明历史上青年的种种表现,也可以通过对比,发现中国青年的某些历史特征(埃德加·莫兰:《反思欧洲》,康征、齐小曼译,生活·读书·新知三联书店 2005 年版)。

今天所有的问题,所有的现代性问题,似乎都发源于那个曾被称为最压抑人性的中世纪。莫兰说,“好像从文艺复兴对上帝,自然和人的探索等起始问题的提出,最终导致一切都成为问题。这就像罗马亚努斯神的两个不同面孔一样,欧洲文化也有不同的两个面孔:虚无主义和问题化”。所以,对现代社会而言,有关中世纪的任何问题都带有一定的本源性,特别是在观念和信仰方面。对中世纪青年的认识,也是如此。研究中世纪青年问题,实际是对现代社会青年问题的正本清源,无论是西方还是中国,都是如此。但这个过程还是很艰难的,尝试一下,会有乐趣,穷极下去,异常痛苦。因为,真正困扰我们的,不是过去是什么样的,而是今天为什么是这个样子!还有,将来会是什么样?

感谢中世纪!没有中世纪,到欧洲旅游恐怕会不知道要看什么。那指向天穹的教堂尖顶,带给人关于未来和希望的遐想。而对未来和希望的这种想象,在古代社会是属于神的。因此,在古代,青年属于神,是神的意志体现,是一种观念形态的存在。到中世纪,青年开始属于人,但不是完全的人,而是带有神的灵性的人,用基督宗教的话讲,就是属灵的人。青年的形象就是基督,基督替代了阿波罗!但阿波罗的精神还存在于人的潜意识中,并不时会被唤醒。现代西方青年的种种表现,正是基督的救赎与阿波罗精神的奇妙结合,是一种莫兰“二元逻辑”的具体表现。

瑞士神学家汉斯·昆在他那本被称为“当代神学大全”的《论基督徒》中谈到,在两次世界大战之间的青年运动中耶稣是被当作一个伟大的领袖来认识的。青年人热情地唱着《我们的英雄耶稣说:跟我走》,尽管他们并不总是明确往哪个方向走。在早期基督教艺术中,耶稣的形象是一个没有胡须、年轻、好心的牧童,稍后变成了一个符合古代晚期皇帝形象模式的、在永恒的金色背景上威风凛凛不可侵犯、仪态尊严令人望而生畏的长着大胡子的世界统治者。再后来,耶稣或者是一个被钉上十字架忍受人的痛苦和死亡的崇高基督,或是一个漂亮的、和蔼可亲的、富有人情味的基督。艺术家塑造了指向各种维度的基督。但是,“哪一个是基督的真实形象?”对于耶稣,“每一代人都获有对他的新形式的追忆”。文学艺术塑造的基督教传统使基督复活的福音和对基督的信仰得以生动存在和绵延流传。但耶稣没有因此而“变成为往昔的纪念碑,而是一再地证实和我们时代的忧患有关系”。

汉斯·昆还谈道,在基督教的历史上,“具有超凡感人魅力的耶稣运动”在各个时期和各种制度环境中一直存在。这些运动可能是狂热的、极度革命的、气势汹汹的、暴烈的，也可能是温和、内向和神秘的。这些都是所谓的“神恩运动”的可能形式，在现代社会它们仍在不断变换新的形式，同时也在寻找新的方向，在其中我们既会发现表现主义的风格，也会发现浪漫主义或神秘主义的倾向。这些运动会影响到年轻人，会使他们的思想和行为发生某些相应的变化，甚至会在他们当中引发某种形式的社会运动，特别是青年文化运动。在这一时期(20 世纪 60 年代中后期)，青年人所处的社会整体形势并无太大变化甚至依然如故，毫无兴味的工作、性质可疑的娱乐、内心的空虚、无聊和绝望等体验和感受仍充塞于他们的生活世界，而且这种状况可能长时间不会根本改变。但是，对一些青年人来说，变化还是不容忽视的。一方面是他们“探索的目的又发生了变化。在全部的困惑、表现和喧嚣之后，有些人不再追求政治革命活动，而是内心的平静、安全、欢乐、力量、爱和某种生活意义”。另一方面，“它意味着另外一种超越了机器、高过追求解放现存条件的意识，对一种新的生活风格的选择，对人类新的能力的发展，一种新的独立精神和个人的责任感；意味着对价值观念和取舍的新抉择，一种新人，与之俱来的新社会”。然而，在一些“耶稣的狂热分子”中则是另外一种情景：已失去对宗教的敬畏的剃光头或留长发的人，对耶稣不怕大呼其名，在性与烈酒、大麻、迷幻药的作用下发现耶稣是“漫长的旅行”，一会儿说“披头士合唱团比耶稣・基督更受欢迎”，过后又会唱起“我亲爱的主啊，我真想认识你”……见于耶稣的基督教能够提供一种机会来克服这些青年人的这种状态吗？

青年人在宗教运动中表现出的天真、浪漫观念和对理性的蔑视，他们幼稚地相信奇迹、传教狂热、政治上和社会上的消极态度和逃避主义，向来为批评家们所担忧。但事实上，这种担忧是多余的，甚至是出于某种错觉和误解。“许多革命者也一如既往地求助于耶稣。但是——这一点更为重要——这种宗教潮流是一种迹象，即：无论是资产阶级的进步观念，还是肤浅的社会革命批判，都满足不了这些青年人：繁荣文化及其反文化、文明的喧嚣与匆忙和毒品造成的欢快、进化论的和革命的人本主义，都满足不了他们。即使是把‘自由化’视为灵丹妙药肤浅的‘自由派’至少也应该懂得，这些自由化的青年人现在也想明白自由化到底有什么意义。”无论是批评家还是自由派都不能满足青年人对问题的追问和解读，他们不能甚至没有能力发现青年人所发现和理解的那个“常常重新引起注意”的耶稣——“这个耶稣也被看作受到人人凌辱的牺牲品，看作纯洁、欢乐、最终的降服，真正生活的最经常，最唾手可得的象征。而且，尽管这个象征的一部分对心满意足的资产阶级可能显得奇异，但是，耶稣革命、上帝之旅、洗礼或者圣灵医疗不是也可能成为人类原始渴望的一种新表现形式吗？对真正生活、真正自由、真正的爱、真正和平的渴望表现吗？从长远看，这一切都是压抑不住的。”青年人关于生活意识的问题——“关于成功的、创造幸福的，和幸福的、充实的因而是正当生活的意义的问题，是不能压抑下去的，是不能通过分析精神或改变社会的做法排除的。”

在汉斯·昆看来，担忧是不必要和没有道理的，压抑是粗暴野蛮的也是实际不可能的。而青年文化，特别是与某种宗教意义上的文化联系起来的作为一种“时髦”或“浪潮”的青年文化，情形可能更为复杂。因为，在根本上来说，“宗教狂热运动——常常和叛逆的反文化和保守的圣经学共生——是含义模糊的”。这些运动常常是可疑的宗教性、真正的宗教和某种类型宗教信仰的混合形式，能够名噪一时，旋即发生变化，最后只留下痕迹。“然而，无论如何，真正的耶稣·基督不是‘超级巨星’，不能‘被造就’‘被树立’‘被推举’，最后被随心所欲地‘推上舞台’，甚至再‘被消费’。基督教不应该和表演行业或者毒品工业混同起来。”汉斯·昆看到，以往绝对神圣和不可侵犯的教育美德——“成年人的权威、服从年长者、服从父母意志、顺应现存秩序”，如今已变得陈腐，“现在来一个 180 度的回转，主张反权威的教育、绝对的自主、不受限制的自由、任意发展攻击性、免除失败、满足本能需求、鼓励冲突。各种关系全都颠倒：青年人不再服从成年人的意愿，成年人的主张屈从于青年人的要求、主张和命令”。基督的历史与命运，似乎与现代青年有着某种同形同构的关系！

青年与宗教的关系，是一个非常之奇妙的问题。这种研究，从神话开始，但基督的诞生，是一个最重要的节点。

田杰

2014 年 3 月 21 日

谢老：

很抱歉，这么长时间才回复您的来信。一来，对您提出的关于青年与历史的问题，我能说点什么；二来，在资料方面我能为你提供点什么。这两件事都比较难，所以时间就这么拖了一段时间。

我曾经说过，青年研究最缺的是历史。这主要包括三个方面的因素：一是缺乏关于青年的历史知识，二是缺乏关于青年的历史观点，三是缺乏研究青年的历史方法。

就关于青年的历史知识来说，在我国的青年研究中，这基本处于空白。不要说太远了，我们对民国或晚清时期青年的了解都不多，关于晚清和民国青年的历史叙事多被纳入“革命史”的范畴，社会史（包括文化史）的内容很少有人关注。至于再早一些，如唐宋，如秦汉，有关青年的历史叙事就更是凤毛麟角了。但也不是没有，如王子今关于秦汉“恶少年”的研究，林庚对盛唐时期诗歌中“少年精神”的论述，黄现璠关于宋代太学生救国运动的研究等，而且这些研究都是很严谨、很认真的。

没有知识的积累，任何一门科学研究都很难深入下去。青年研究之所以步履艰难，历史知识的缺乏是一大痼疾。由于历史自身的原因，青年的历史被遮蔽、被扭曲了。也由于研究者的原因，青年的历史被忽略、被搁置了。前者是由于历史的偏见，后者则是由于研究者的幼稚或不成熟。20 世纪 80 年代约翰·吉利斯出版了《青年与历史》一书，这本来是一本很好的历史社会学著作，但它的局限性也很明显，一是限于欧洲的历史，二是社会学的叙事框架。他讲的是 1770 年以来欧洲青年的历史，认为这是“现代化的后果”。不过，他并没有完全忽略“前工业化社会”中青年的存在（我看的是吴端送给我的日文版)。另外,在日文版前言中吉利斯提到,他的研究在很大程度上受菲利浦·阿利埃斯的影响。那么,我们看阿利埃斯的《儿童的世纪》(中文版:北京大学出版社 2013 年版),这的确是一部青年研究的经典之作,更是一部关于青年历史研究的经典之作。作者在第二版序言中说:“我坚持认为,传统社会看不到儿童,甚至更看不到青少年。”但阿利埃斯的意思很明确:是“看不到”。而“看”的主体是“传统社会”。但现代人是可以“看”到的,所以阿利埃斯接下来说:“青少年发展阶段也许在中世纪以前存在过,在今天的发达社会中更是社会的基本组成部分。”(着重号是我加的)这里所说的“也许”,是一种谨慎而委婉的肯定语气,所以接下才有“更是”的说法。即使退一步说,阿利埃斯从未否定过中世纪以前或传统社会有青少年的存在!建构起青年的历史,特别是传统社会的青年史,是一件比较困难的事,它需要有关于青年的历史知识(人物、事件、人口和时代特征、心态和观念、思想文化,等等)的积累。但这并非不可能,更不是所谓“过分关注起源问题”的“强迫症”,因为,正如阿利埃斯引贝桑松的话所说:“儿童,不仅仅是习俗、游戏、学校,甚至也不仅是对儿童的情感(即历史模式,经验上是可以感知的),儿童是人,是成长,是历史……”对于青年,我们也可以这样说。关键是,我们是否有足够的事实和耐心去证明它。阿利埃斯的研究非常值得借鉴和参考。也正如前面提到吉利斯的著作时所说,阿利埃斯的研究仍有类似的局限性。

值得注意的是,阿利埃斯的研究所关注的是儿童的日常生活和大众文化层面关于儿童(包括青少年、青年)的一些历史现象。与吉利斯特别注重近代工业、城市、学校的兴起对青年的影响相比较,阿利埃斯的研究无疑更深入了一步,时间上也向后延伸了近 300 年,即从 15 世纪乃至更早些时候开始。

关于青年的历史观点,是青年研究必须坚持的基本观点。在某种意义上,历史的观点也是历史知识的一部分内容。按以往的说法,历史的观点首先是发展、变化的观点。这似乎属于常识性的东西。但在青年研究中,这一点并未得到很好的认识、理解和坚持。一方面，在青年研究中，缺乏历史的比较，既缺乏纵向的（发展、变化过程的）比较，也缺乏横向的（不同国家、民族的）比较，就事论事的多，没有开阔的历史思维。另一方面，缺乏深入、细致的历史思考，往往用宏大历史叙事替代关于青年的具体历史分析，比较常见的就是用西方的、现代化的某些观念和观点，套用在青年问题的研究上。吉利斯和阿利埃斯的研究，在一定程度上也带有这方面的缺陷，尽管他们的研究至今仍是非常经典的。阿利埃斯的《儿童的世纪》法文版首版发行在1960年，吉利斯的《青年与历史》首版为1981年，距今已有几十年的时间了，而且这几十年正是西方历史学发展变化较大的一段时间，为青年史的研究提供了更好的学术背景和发展空间。我在《青年与历史》一文中谈到这方面的观点。俞金尧《书写人民大众的历史：社会史学的研究传统及其范式转换》（《中国社会科学》2011年第3期）对了解历史学研究的一些新特点很有帮助，对研究青年史有所启发。罗检秋的《从“新史学”到社会文化史》（《史学史研究》2011年第4期）也值得一读。

由历史的观点，涉及历史方法。霍布斯鲍姆曾谈到当代社会研究中历史因素常常被忽略的情形，其中一个重要的原因是“因为现代的社会科学、政策的决定与计划都追求科学主义的模型以及技术的操作，它们系统而巧妙地忽略了人类的经验，或更重要的，是历史经验”。还有一个原因即是将历史作为一种“鼓动人心的意识形态”，为了某种特定的“非理性的目的而系统地扭曲历史”，使历史成为一种“自我褒扬的神话”。无论是“忽略”还是“扭曲”，都是社会研究中的非历史、反历史的方法。历史研究在方法上是多样的、实证的、考据的、计量的、分析的、比较的，等等，由此而形成诸多历史学派或流派。（现代社会的）“历史学已经变成一幢有着许多房间的大房子，内部拥有许多门和通道。”关于青年的历史研究用什么样的方法？社会史（如阿利埃斯、吉利斯的著作）、文化史（如《中产阶级的孩子》）、民族志（如《学做工》）是比较常用的方法。但我个人认为，关于青年的历史叙事，在方法上还是海登·怀特在《元史学》中所谈到的“介于学术与诗歌之间”的方法。

关于青年与历史，我还没有很系统的研究，很多东西都是带有感悟性的：

人类历尽千辛万苦，寻找回家的路。借助科学与理性，终于找到家门，而开门迎接他的是一只猴子。

青年人凭借自己的天生想象力，寻找到回家的路——开门迎接他的是太阳神。

青年，是太阳，是早晨八九点钟的太阳，人类的希望寄托在青年身上。

构建青年的历史，是为被科学与理性所遮蔽、扭曲的人类心灵，打开一扇窗子，透进一缕阳光。

青年的历史是“自下而上”的。它从真实的大地母亲的怀抱中升腾，张开双臂去拥抱太阳，追赶光明！

青年历史的消歇，即在亚当和夏娃被逐出伊甸园那一时刻。神性主宰了人性，理性主宰了自然，权力主宰了神性和理性，而神性和理性又异化为权力的普遍性，并直接由此而进入现代性——这就是自亚当和夏娃被放逐之后人类历史上青年的命运。同时，它也是人类为自己设定的难以挣脱的历史宿命。

人类进化的历史，从“青年猴”那里开始；人类文明的历史，从亚当和夏娃出走伊甸园开始。

如果说对于“谁是青年”的追问，主要是关于青年存在主体性的思考的话，那么，对“什么是青年”的回答，则是依据知识论和历史观对青年的意义所作出的解释。

理论不仅需要实践的检验，也需要历史的检验——历史是既往的人类实践。同时，历史也需要理论的沉思，在沉思中去除某些被历史扭曲的东西，发现某些被历史遮蔽的东西，凸显某些被历史忽略的东西，找寻某些被历史舍弃的东西，总之，尽可能地还历史本来的面目——历史的“客观性”不是在历史的本身，而是在历史学家的理性思考之中。客观的历史（史实）是感性的，建构的历史（文本）是理性的。历史，永远游走在感性与理性之间。在这一意义上，历史具有美学的属性——人类既用审美的眼光观照自我，同时也对历史的审美价值表现出极大的兴趣。“无韵之离骚”，是中国人对历史美的向往。

青年研究的“史学范式”，即是在研究过程中强化对历史的关注，强调历史感、历史意识、历史自觉、历史方法。但这并非意味着要建立所谓的青年史学，或形成一种新的“学科规训”——将对象强制纳入某种所谓的学科规范、体系框架、概念范畴体系以及专家系统，进行精致的剪裁、加工、模塑，建立一种标准化、专业化、精细化的所谓科学生产机制。

青年研究，是（并永远是）人文社会科学的“公共领域”。

在青年中发现历史，不是发现青年在所谓的“史实化的过去”中被赋予的某些本质或规律性的东西，或证明青年的历史演进过程合于某种规律性或目的性假设，而是要发现青年的历史内涵或其历史的构成性质，即具有某种“反观性”的特征——在当下的情境中对青年做历史的观照，对某些（青年）事件进行历史诠释，即使过去的“事实”变得有意义，也使现实的“事实”获得历史感。这是意义的建构，而非目的的预设。

对青年历史的追寻，应该是多角度、多侧面，因为青年作为社会存在本身即是复杂、多维的。研究者只能根据自己的情况去选定一个研究角度，不可能凭一己之力把青年历史说个明白。从您近年来写的文章看，主要注重人物（或特定群体）和事件。这也是研究青年历史所要做的最基础的工作，您可以说是开山之愚公。在历史中发现青年，首先是在迷茫的史海中发现并肯定青年的存在。这在某种意义上，是赋予历史一种独特的青春生命的活力与价值。但这只是问题的第一步，接下来必须要在青年中发现历史，以说明青年的历史存在的独特价值和意义，也即说明青年在何种意义和情形下参与并推进了历史的想象、创造和发展。没有后者，关于青年的历史研究是没有太大意义的，至多只是增加了一点历史的谈资而已。

您现在做到这一步已实属不易。您的书稿我大致浏览了一下，感觉资料很丰富，思路很清晰，叙述很流畅，夹叙夹议，也有自己的观点阐释和说明。自然，问题也会有，最主要的是对材料的使用显得有些繁杂，梳理剪裁还欠一些工夫。应该说，我们研究青年的历史，不是史学家的做法，我们也不可能成为史学家。我们做的是青年研究，历史是其中的知识，是提出观点的依据。只是因为目前这方面历史研究的工作仍处于空白，我们才不得不做一些这样的事情。

《实现现代化的中国青年》一文，是讲这些年来青年发展变化的。我觉得题目有点不妥，“实现现代化的……”，不如说是“现代化进程中的……”。前者是一个判断句式，后者是一个陈述句式，或者将“实现”改成“追寻”。因为，“现代化”就目前来说尚未成为一个非常肯定的现实。代际冲突、市场竞争、青年文化、价值观念，这几个关键词抓得也比较好，可以作为“现代化”过程中有关青年问题的几个关节点来阐释。突出的问题还是材料比较散，但问题并不是很大。总的来说，文章还是不错的，现在的青年研究也需要有一些这样的“宏大叙事”。我写过以深圳青年为案例的《现代化进程中的青年与社会》，《青年探索》发表了其中的一部分，现把全文发过去给你看看。此外还有关于青年文化的一篇文章。

关于资料，书籍类的没有很合适的寄给您，因为涉及青年的内容比较散。尽量找一些文章给您，供参考。

田杰

2015 年 5 月 25 日

谢老：

不要搞得太累了。问题的难度我深有体会。就历史本身来说是个宏大的概念，青年的含义又非常复杂。这与其说是历史问题，不如说是历史哲学问题。

田杰

2015 年 6 月 6 日

# 青年：从历史走向未来

（2015 年 9 月 8 日—2015 年 12 月 11 日）

青年研究：历史感/青年史：主体与方法；“人学”/青年，一种古老的信仰/族类青春化：人类自身的更新与创造/“青年猴”的想象；青年史与进化史；“青春”史前史/“青年人的本质”与青春化/“青年神”/青年史与观念史、思想史/父权制、专制暴政与青年的解放/青年以世代的形式作用和影响历史/青年人的英雄崇拜和英雄气质/青年天然具有一种超越的、未来的、想象的性质/传统中国社会青年的特点/青年史研究阐释的是人类关于生命、希望、未来的信仰/青年的历史与人类文明的发生发展同步/未来，是历史的一个维度

谢老：

月底刚从东北回来，看了您的文章，思考了几天，写了几点想法，用红色字体夹在文中，供您参考。关于青年与历史的问题，我在已发表的两篇文章中谈了自己思考的方向以及对问题的理解。这确实是一个带有相当难度的问题，所以多年来几乎没人去碰触它。吴端的研究涉及这方面的问题，其他

研究还没见到。青年研究缺乏一种霍布斯鲍姆所说的“历史感”，这是一种致命的缺陷。没有历史，就没有学科的价值。另外，我认为，青年史应包括史实的研究（首要的和基础的）、观念史或思想史的研究两大部分，或者说，这两部分是青年史的主体。牵涉的研究方法主要包括人类学、政治学、社会学、哲学几个领域，它不是完全意义上的历史学，更像一种所谓的“人学”。好了，不多说了。多保重，别太累了！

田杰

2015 年 9 月 8 日

回复 2015 年 8 月 21 日谢老关于“青年与历史”一文的几点想法（方括号内楷体文字）：

1. 关于威尔・杜兰特所说“在历史学家的研究接近尾声时，他将会面临这样的挑战：你研究的东西究竟有什么用处”

【这是问题的根本。探讨青年的历史，到底有什么用？目的是什么？我想，寻找和发现历史上青年的足迹，这固然重要，但最重要的还是，恢复历史关于青年的记忆，并在这些记忆中找回人类关于青年的信念。青年的历史存在，不仅仅是一种经验事实，它更是一种古老的信仰，这一信仰伴随人类历史之始终，它使人类既对现实充满信心，也对未来充满希望。这种信仰，植根于人的天性与自然，属于人、人类、社会自我意识的一部分。没有这一信仰，人类将看不到新生，直面的只有死亡。因此，关于青年的历史研究，或将给人对青年、对社会、对历史一种新的认识和理解。】

2. 关于“在人类诞生的同时就出现了在生命界独一无二的青春期，发挥了族类青春化的作用”

【族类青春化，使人类的进化走上了一条新的道路，与生物进化不同，人类在自为、自觉、自由的道路上，不断实现自身的更新与创造。】

3. 关于“年轻的群体”面向未来成为人类诞生中的开拓者

【莫兰所谓的“青年猴”最先走出森林而进入草原，带有推论和想象的性质，在这里需要加以说明。但可以肯定，这种推论和想象并非是一种无谓的空想。在莫兰那里有一个说明和推理的过程。这段文字所要说明的问题，具有非常关键的性质，不能这样简单带过，否则会引起误解，或论说不够严谨。】

4. 关于“族类青春化说明每个世代的青年不仅是历史的产物，更是历史的创造者”

【我曾经在文章中提出，青年的产生，首先是人类进化史上的一大事件。一般来讲，历史与文明史是叠合或同步的，而进化史则早于历史或文明史。本段谈“史前史的青春价值”，不要轻易与“历史”的概念混同。】

5. 关于“青年的人的本质”

【将某种单一的心理特征作为青年人的本质的核心，值得商榷。但在某种意义上，也是可以理解的。按黑格尔的观点，人的存在从自在的、自为的到自由的，是一个连续的过程。莫兰的复杂性理论，也正是认识并重视这种过程的复杂性，所谓的“青春化”，关键甚至不在于“青春”而在于“化”，在于这一“化”的过程。历史的许多事实表明，在社会发展进程中，青年从来不是单纯而被动地社会化，也即为社会所化，同时，青年也在“化社会”。青春化，即青年的“化社会”。另外，在人类的发生学意义上，自我意识的产生是一种“类”想象，而不是一种群体或个体现象。青年自我意识的产生，一般主要是就个体层面身心变化而言，而在群体意义或层面上，更主要的则是由于其心理或意识的变化而导致行为的一些变化，意味着青年自觉地从一种自在的存在而走向自为、自由的存在，群体的特征由此而得以形成和呈现。】

6. 关于原始神话、巫术、礼仪与青年的文化与信仰

【神话中为什么有那么多黑格尔所谓的“青年神”的形象？这一点尚未见到有人研究。我觉得，不是因为有了神话，青年人才有了信仰，而是在那混沌初开的蒙昧时代年轻人本身即是一种信仰。】

7. 关于君权与父权的结合

【君权、父权、神权的结合，是人类社会历史长期存在的现象。它并非完

全没有合理之处,应历史地看待这一问题。存在总有它的合理之处。进化史上的“青年猴”、文明史上的“青年人”、现代史上的“青年群体”,这些“青年世代”各自有他们的历史位置。关于青年与历史的研究,要坚信一个观点,即在人类进化以来,青春化的进程从未中断,只是表现为不同的历史阶段与形式,而我们的研究只是对这些阶段与形式的阐释与说明。就目前我们所能做的来说,更多关注的是在不同文明和历史发展阶段中,人们对青年是如何认识和理解的,这样一来,青年史更倾向于观念史或思想史。固然,史实资料的搜集整理是非常重要的,但目前我们做不到。或许,这样的青年历史研究会显得空泛,但也没有办法。吴端的一些提法很有见地,带有历史的深意和哲学的睿智,是一种知性和悟性的结合,不过在深入论证方面仍显得不足。或许,这也是因为没有办法。青年研究不是几个人能支撑起来的,更不是几天能有成效的。】

8. 关于《欧洲家庭史——中世纪至今的父权制到伙伴关系》中的父子关系:“如我们所见,年轻人在家庭中的历史是他们从家庭依附和缺乏自主状态下得到部分解放的历史。”

【这一点非常重要。在1790年法国制宪会议上就有代表指出,家庭专制与政治暴政之间有着不可分割的联系:“在旧政权之下,父母的暴政专制,跟政府阁员的暴政专制一样恐怖;国家的监狱,常常就是家庭的监狱。因此,如今人权与公民权既经宣示,自应开始就配偶、父亲、儿子、亲长等权利,也有宣告才是。”早在大革命前,对父权过滥或近乎专制的批评即已开始。这一思想潮流与启蒙运动的兴起有关,启蒙思想家关于民众参与公共事务的呼声,直接影响了人们关于父权的某些理解和批评。而事实上,还应该追溯到更早的时期。洛克在17世纪末写下的《政府论》从神学、自然法和政治学等方面对父权制的批判是非常系统而深刻的。“推翻父权”(la puissance paternelle),是法国大革命具有深刻政治隐喻的集体无意识行动。革命党试图按照现代契约精神建立起一种取代旧的以顺从和父权为基础的新的政治共识。在革命者看来,旧的专制政权建基于父权制的家族统治,那么专制政权的灭亡必须先铲除父权的统治才能实现。但这里将遇到的一个问题是：取代父权统治的是否真的是政治大家庭中的人人平等？新的家庭模式和家庭秩序以及社会生活中的契约关系是否还需要重新建构和确立？事实上，铲除了父权的统治(迄今为之，这还仅仅是一种构想)，人的解放还将面临诸多的难题。父权统治受到冲击，毫无疑问会对"合乎自然"的家庭秩序和家庭模式产生影响，但这也往往只是重塑家庭的社会面貌，家庭的自然基础和社会基础都不会因此而趋于瓦解，而是经由政治而得到强化，血缘的纽带为政治打上了一个美丽的蝴蝶结，政治被赋予了温情的色彩，获得了更富心理韧性的强力支撑。】

9. 关于近现代社会变革与青年

【近现代社会的大变革，青年人在其中的表现是突出的。人口的增长、城市的兴起、教育的变革、社会思潮的流行、消费市场的兴盛等，多重因素的作用，共同塑造了一个个年轻的世代。关于青年与历史的关系，我的观点是应特别注重"世代"的概念。青年人对历史的作用和影响，不同于成年人，青年人主要是以世代的形式作用和影响历史的，英雄史观不适合于对青年的历史分析和判断，必须抓住世代的概念。威尔·杜兰特曾说道："在每一个人年轻时，都会有很多诸如让生命变得有意义，让生命充满光辉的信念，但随着岁月流转，这些信念大多在中年冷漠的人生观里丧失殆尽。但于我而言，至少还有一样留存了下来，并和从前一样明亮，一样令我感到充实和满足，那就是对英雄的毫无顾忌的崇拜。"在杜兰特看来，对英雄的"毫无顾忌的崇拜"，是青年人生观中的一种信念，正是这种信念，让青年人的生命变得有意义并充满光辉。杜兰特将自己的这种英雄崇拜情结看作是一种需要坚持的"终极信仰"，这些英雄是"伟大的人性""真正的天才""历史的命脉"，"历史只应该属于那些对人类的文化进程做出过持久贡献的英雄和天才们"，在这些英雄和天才的偶像身上，永远闪耀着"希望之火"和"崇敬之光"，是人的生命过程中点亮的一盏"心灯"。但青年本身很难成为"英雄"，尽管有的人在青年时期有着突出而伟大的表现和成就。但一代青年人的力量是

巨大的，一代青年的英雄气质，可以为后来时代或世代，带来巨大的影响。这就是“青年的神话”。】

10. 关于后现代价值观：

【后现代价值观强调价值与意义，强调自然与人的情感，是对现代性和启蒙理性的批判与反思。青年人既是后现代价值观的积极塑造者和推动者，也是其中最积极的践行者。需要思考的是，为什么青年成为后现代的先行者和践行者？在历史上能否找到经验性的明证？青年是否先天带有后现代的基因？】

【你要讲的是后现代境况中青年与社会的矛盾冲突以及代际正义问题。英格尔哈特在《发达工业社会的文化转型》中，将后物质主义作为后现代社会青年的显著特征，但如果从整个人类社会历史看，“后物质主义”不仅在现代、后现代社会，即使在古代或前现代社会，也明显具有这一特点。青年天然具有一种超越的、未来的、想象的性质，无论在任何时代，浪漫总是青年的突出特点。问题是，我们如何从人类的、历史的角度概括、阐释这一特点。】

11. 关于传统的皇权与父权问题：

【对中国几千年皇权与父权制度的批判，从青年研究的角度看，情况比较复杂。一方面，皇权与父权并不直接否定、阻碍社会“青春化”的进程，事实上，“青春化”的进程在皇权与父权的背景下也并未被严重阻断；另一方面，从人类天性的角度看，青春化——用马克思的话讲——应该是一个自然的历史过程，人为与社会的干扰只能使它的具体形式或阶段特征发生某些变化，而不能在根本上改变它的发展趋势。关于中国古代或前现代社会的青年，目前人们研究的不多，我曾经尝试提出传统中国社会青年三个特点：任侠尚义、少年造反、儒生干政。这与中国前现代社会青年的教育、伦理、政治社会化的特点有关。】

田杰

2015 年 9 月 8 日

谢老：

抓紧时间拜读了这一稿，感觉改动还是蛮大的，看出来您还是在深入细致地思考这一问题。但确实是问题有些难度，以至超出我们个人所能承受之外。这或许是青年研究至今无论在国内还是在国外没有从根本上有所突破的一个关键症结所在。我们误打误撞，误入其中，也吃尽了苦头。不过，收获总还是有的。从个人对青年与历史问题思考的体会，我觉得这不是一般的历史学问题，而是一个带有人类学性质的历史哲学问题，它更是一种观念史（但不是思想史），它最终阐释的是人类关于生命、关于希望、关于未来的信仰。所以我越来越觉得有些恐惧，或者也是一种敬畏，因此也越来越下不去笔。这是很痛苦的一件事，可能这种痛苦将与我终生相伴，如朝圣路上的苦行者。

您以耄耋之年，筚路蓝缕、呕心沥血、上下求索，可敬也可畏！我想，这篇稿子到现在已经说得过去了（确实，我不认为很好），文字上稍做整理即可，不必再更多费神。“青年的历史存在”，是一个重大的历史命题，涉及进化史、文明史、文化史、思想史以及一般意义上的历史学等，它需要有一套新的思维和概念系统来把握和叙述它，因为一直没人做，我们才抛了一块砖头，但千万不能把自己的砖头当玉抛出去，更不能千辛万苦找一块玉当砖头抛出去。我们就是抛砖头的，然而，估计要 10 年左右才能有点反响，那时您是百岁老人，我也年逾古稀……

先休息休息，什么年内出书？顺其自然才是。

我与中青社签的那两本书，今年合同到期。本来也想赶出来，也未能如愿。顺其自然！

（以下方括号内楷体字为修改意见文字）

1. 关于“存在是一切事物的总称”

【“存在是一切事物的总称”，这句话是从哪里引来的？未必错，但在这里突然提出——应该是有前提的判断——有些令人费解。在哲学意义上，存在既可以是被感知的客观的物质存在，也可以包括精神的存在，基督教神学认为神也是真实的存在。马克思则将存在理解为与思维对应的客观物质世界。现代存在主义哲学则将其理解为个人的主观存在。总之,这一概念的使用要有前提。如果是引用,说明出处最好,或不用。】

2. 关于引用“青年研究的史学范式与理论图景”(载《当代青年研究》2009年第6期)

【我想,这里可以把我上次所提意见中的一段文字引入其中,以强化以上的观点,也作为本文立论的依据之一:“探讨青年的历史,到底有什么用?目的是什么?我想,寻找和发现历史上青年的足迹,这固然重要,但最重要的还是恢复历史关于青年的记忆,并在这些记忆中找回人类关于青年的信念。青年历史的存在,不仅仅是一种经验事实,更是一种古老的信仰,这一信仰伴随人类历史始终,它使人类既对现实充满信心,也对未来充满希望。这种信仰,植根于人的天性与自然,属于人、人类、社会的自我意识的一部分。没有这一信仰,人类将看不到新生,直面的只有死亡。因此,关于青年的历史研究,或将给人对青年、对社会、对历史一种新的认识和理解。”引文注明为邮件文字即可。】

3. 第一节标题

【青年的历史与人类(文明的发生发展)同步。增加括号内文字】

4. 关于莫兰的“青春化”概念

【在莫兰那里,“青春化”主要是文明发生发展的一种机制,关键是“化”,在汉语中是一个动词,是一个过程。青春化,即“青春”成为人类文明发生发展的一种内在动力机制,而青春化的意谓,首先是肯定青年人的存在、意义和价值。】

5. 关于“父权体制下的青年”

【父权制,对青年人到底意味着什么?历史同时也是一代一代年轻人接过父权的权柄走过来的历史。历史在这里是矛盾的。《圣经》中对父与子即是一种矛盾的态度,天父与圣子一体。从父权到伙伴关系,可能是一种理想,但这代替不了秩序的现实。所以,我认为,关于父权制度,更重要的是看在这种制度之下代际关系的状况如何，或世代更迭的方式如何。毛泽东的那句话：世界“归根结底”是青年的，我觉得含义太深了——“归根结底”，既是历史的无奈，也是自然的必然！】

6. 关于“在伟大的变革中”

【在这一时期，对青年的历史发展最具重大意义的是，现代青年社会群体的兴起。城市化和工业化、新型教育、启蒙运动的思想解放、现代社会运动和社会革命的不断兴起等，使青年作为现实的社会力量，以群体和组织的形式登上了历史舞台。】

7. 关于“后现代与新价值观”

【这一节将原稿中的许多内容删去了，显得有些空洞。可以将第一稿的文字与之合并。一般来说，后现代在时间上是指 20 世纪 70 年代以后的事情，也即“六十年代”之后西方世界发生的一些变化。人们将其拿来指称中国的某些变化，一般认为是在 21 世纪初以来。】

田杰

2015 年 10 月 6 日

谢老：

刚写完一篇文章，是关于《青年探索》的，现发给您看一下。另外，我在延安遇到上海团校的刘宏森，谈到和您的通信，他很感兴趣。我把给您的信也发给了他，有的可能会发表，作为同仁交流的一个案例，您不会介意吧？

邮件遵嘱发出，收到请复。

田杰

2015 年 11 月 30 日

谢老：

两篇稿子我都仔细看过，总的来说都不错，思路很开阔，材料也很丰富。

只是“历史”和“未来”这两个主题，对青年研究来说，都太难了，都属于青年研究的核心范畴，国内外现有的研究成果几乎都没有太深入的涉及，可借鉴的东西不多，只言片语的启示性和箴言性的东西不少，但一旦进入论证，就显露出它的不足。未来，是历史的一个维度，二者是有联系的。未来进入历史，大概应是从中世纪基督教神学开始。所以，未来在很大程度上属于一种信念或信仰。但现代社会的未来观，属于一种新的时间观，海德格尔、阿伦特、黑尔德等都有过论述，但理解起来都很困难。对青年来说，我的理解，未来首先是青年自身的一种期待和理想，是青年出于自身的利益考量而对历史时间、自然时间的一种理解，在很大程度上带有一种美学性质。不过，这个问题讨论起来很不容易，这里一下子难以说清。但有一点可以肯定，谈青年与未来，不能离开青年对理想的态度；谈青年作为社会的未来，离不开世代关系。关于“历史”的一篇，大致可以定稿了。关于“未来”的一篇，还是重在提出问题，青年研究应对“未来”的概念做深入的理论思考。

一、关于《青年的历史存在》一文的问题如下。

1. 第一节“人类诞生中的青春化”

【这一段概述和立论，写得很好。现在的青年研究乃至一般意义上关于人的研究，都忽略了一些基本的人类学以至生物学事实，所以大多数研究显得飘忽、游移。但是，在中国纠正这一偏向相当不容易，这需要对问题做一些带有根本性的思考而不能就事论事，或以一些流行的观点，特别是片面理解和套用某些舶来的观点。在中国，社会学研究几乎完全抛弃了其人类学传统。吉登斯将社会学定义为“一门社会科学，它重点研究的是过去两三个世纪工业转型所形成的社会制度”，但吉登斯特别强调社会学研究的“人类学洞察力”。】

2. 关于“父权体制下的青年”

【中国长期封建社会对青年的影响以及青年在其间的作用，这里似乎没有说到根本上。在今天看来，长期封建社会的存在，按马克思的说法，也是一个自然的历史过程。这一过程的存在，有其必然性，也有其合理性，当然也有它的种种不合理的负面作用。个性解放，是一种现代话语。有研究认为魏晋时期是一个个性解放的年代。实际上，战国时代的那些游走在政治、权贵与世俗之间的门人、食客以至诸子百家，都可以认为是个性解放的先驱。汉乐府出现“少年行”诗体，可能“少年”意识已开始流行了，到魏晋、唐代，“少年精神”大致成型。这里还有那些造反少年、太学生、侠客等的作用和参与。】

3. 关于“骑士文明”及“青年文化对欧洲文化做出的贡献”

【这样的判断，还是有点突兀。骑士文化对欧洲青年人的影响是显著的，如同中国武侠文化一样。但作为青年文化来理解，骑士文化的内涵和形式都要做具体分析。】

4. 关于“青年解放的程度是一种社会解放程度的标志”

【青年的解放，是青年研究的重大主题。】

二、关于《青年的未来走向》一文的问题（以下方括号内楷体字为修改意见文字）：

1. 关于“青年是八九点钟的太阳”等

【在这里，青年是一种“隐喻”。隐喻，也是一种认识和理解。】

2. 关于“上述这些理论都为‘未来属于青年一代’这个自然的必然提供了足够的理论根据”

【还不能说“足够”，只能说“一定”。以上所有关于未来的论述，还只是一种抽象的推定，或某种意象式的描述。在历史和宗教方面，未来的含义是比较明确的，特别是在宗教神学领域，不过启蒙理性将其对未来的理解引向了一种进步主义的历史观。但对于青年来说，未来到底意味着什么，还说不清。以往关于未来的一些表达，更多的是一种语言修辞，或某种意识形态想象。但以上阿伦特、马赫列尔，包括吴端的一些说法，无疑是有启示意义的。对“未来”的思考和研究，可能是青年研究在理论层面上最需要探讨的东西，还有“希望”，或许是青年研究的核心概念。】

3. 关于“在高度极权主义的父权体制下，青年曾被否定，他们的理想追求变成一个又一个悲剧”

【我不太同意您一再强调的父权制对青年的压抑和规训。迄今为止，在某种意义上，历史就其制度和秩序层面来说，就是一部父权制的历史。但这并不是所有青年历史悲剧的唯一根源，父权制也并非只是造成青年的历史悲剧。例如下面提到的美地奇家族统治，客观上也为一代新人的崛起提供了有益的甚至是必要的条件。】

4. 关于“青年成为变革历史的最积极力量去创造未来”

【对青年人这种高度的历史自觉，有些理想化。这更多是成人社会基于未来的需要而对青年的一种希望。如果青年有超乎成人社会的那种理性，他也就不是青年了。青年人喊出“未来即是现在”与成人社会对“未来即是现在”的关注，出发点和目的性不完全是一致的。青年人是出于一种不满，即在现实中被忽视或边缘化，成人社会——包括米德——则是出于发展的理性。】

5. 关于“对于现在与未来，青年人还有一种享受现在的主张”

【“青年人享受现在”与他们对未来的理解有什么关系？这是需要说明的。快乐原则，值得进一步思考，理安·阿斯勒曾谈到这一原则。这与人的天性，特别是青年人的天性有关。】

6. 关于“迎接新轴心时代”

【这一节太长，标题范围也太大，有些把握不住。尽管您的意思很明白，是要在一个较大的历史关节点上来理解青年与未来的关系。21世纪新轴心时代，这只是世纪之交某些学者的激情幻想，做时论之词尚可，但作为论题来讨论，就太困难了。环境、世代关系、文化融合等将成为新世纪社会生活的重要主题。】

7. 关于“大众文化以青年文化为主，青年将成为构建新轴心时代的重要力量”

【未来，不应是人类在无望或绝望中怀抱一丝希望，而是在历史与现实中自觉把握的一种乐观而实在的规划方案和社会理想。将未来寄望于青年，不应该是一种形而上的想象，而是一种理性的自觉。现在国际社会已提出诸如代际公平、后代人权利等关于未来的比较重要而实际的概念或理念。可持续发展，在根本上即是一种基于合理的未来观的关于发展的一种设想。问题是，青年人如何参与其中并切实发挥作用。】

田杰

2015年12月11日

# 青年研究：守望青春的事业

（2015 年 12 月 23 日—2016 年 12 月 4 日）

走进历史，发现青年，守望青春/青年研究需要一种历史观/青年也是一种观念的存在/父权制是青年史研究的核心问题/现代社会青年群体与青年运动/青年参与了历史创造过程/维科和黑格尔的历史观/青年是历史的多样面孔之一/作为希望与未来的青年的意义/青年研究是人学研究的一个环节/青年史是人类史的一部分/青年以世代的方式进入历史/青年人口，青年观，青年与战争/青年的理想与乌托邦之梦/青年的消逝，“青年”与“年轻人”/个体、群体、世代：青年存在的三种形式；自然、社会与历史/青年研究中的历史化与概念化

谢老：

稿件收到，我正抓紧时间看，最近有点忙。序言由我来写是否合适？您再考虑一下。皇皇三十余万言，可谓鸿篇巨制，且论及青年研究最艰难的历史领域，可以说是立下一座后人难以逾越的丰碑！以您耄耋之年，沉心做这

番学问，即使不论学术本身的价值，您也为青年研究界做出了一个榜样。

田杰

2015 年 12 月 23 日

谢老：

前几天给您的邮件收到没有？关于序言，您是否需要再考虑一下？通常情况，作序要名家才好。您是前辈，由我作序是否合适？还有一事要同您商量，好像也曾经在邮件里同您说过，但没见您回复，即我给您的一些邮件，上海《青年学报》很有兴趣，要刊发一部分，我觉得也很好，您觉得呢？

田杰

2015 年 12 月 24 日

谢老：

稿件的修改，我觉得不需要花太多精力了，提出了问题，明确了自己的观点，大致指出了一个研究的方向，这已经很了不起了。这几天事多，过后把稿子再看一下。目录编得不错。农民工那篇打不开，文件格式不对。序可以做，题目叫“守望青春”。书名也可以参考，副题“人类文明史上的青年”。青年与历史，这个问题只有在您那里得到了呼应。在你我的交流中，我也获益匪浅。另外，信就给上海了，我们开个头，很有意义。

田杰

2015 年 12 月 25 日

谢老：

您好！元旦前后，用几天的时间把您发来的书稿从头至尾看了一遍。总的感觉，是气度恢宏，论见颇有精到之处，行文虽时有跳宕粗疏，但实可谓瑕不掩瑜。在历史中发现青年，您真的走进了历史——不仅仅是人类文明的历史，而且追溯到这一历史的源头，进入史前史、进化史；真的在历史中发现了青年——人类独有的青春期以及青春的创造、价值与奥秘……这是关于青年的一个庞大的知识工程,是一次艰难的思想之旅。创榛辟莽,前驱先路,您以耄耋之年,完成这一鸿篇巨制,实在令人可敬、可畏!

关于目录的编排:

一、现在的编排比较可行,各篇、各章以及通篇的排列,内在的逻辑关系比较清楚。但我觉得,在技术上还可以做一下调整:分为导论(原有三篇)、上篇(原第二章)、下篇(原第三章)和结论(原有二篇)四个部分,这样在结构上更清晰、明了。各部分之下可以分章,也可以不分。我觉得不分为好。附录部分不列章节。

二、各篇题目的长短需要再齐整一些,估计编辑也会按这种要求做一些调整,因为这是书稿编辑通常都要做的事情。

三、关于书名,《青年的历史与未来》,该书主要讲"历史","未来"只是有所涉及,因此不宜在题目中并列。当然,现在的书名不是最终确定的,我想,与编辑共同商量确定为好。

四、最好还是要编三级目录。这要看编辑的意见。

关于各章文字:

一、在内容和观点上都不宜也无须再做较多改动了。在现有文字的基础上进行编辑加工,已完全可以了。

二、文字上的笔误,还需要认真做些核对。有的句子语法不太规范,断句不合适。这些工作我没有帮您做,因为编辑还是要审定的,没必要重复,况且时间也不允许。

三、译名最好统一,如阿尔伯特/阿拉伯特、布克哈特/伯克哈特。估计编辑也会做订正。

主要问题(只是我个人的理解,也可能不是问题),即材料有些繁复、堆砌,能再精简一些或更好。但目前这样对于后来的阅读可能会有更多启发,或提供更多的资料线索。

关于青年与历史的研究,对青年研究最重要的意义在于,一是确立一种历史观，改变以往那种对青年做一种狭隘的社会学意义理解的偏狭与局限。青年不仅是现实的存在，更是一种历史的存在，同时也是一种观念的存在。这涉及青年研究的方法论问题。二是增强青年研究的历史感。历史感是历史意识的具体的、感性的显现。目前青年研究几乎完全没有这种历史感，就事论事，或找几个数据做铺垫，敷衍几个概念，文章就成了。国内青年研究积弊太多，功利主义的倾向和科层化的束缚自不必说，对历史有意无意地扭曲与遮蔽注定不能使这种研究有太深入的发展。现实的问题，我们难以触及和改变，但走进历史也可能开拓一点进路。努力尝试，总会有一点收获的。我们都是在做青春的守望者！

我多次说过，不必太过于苛求，可以完稿了。有些微问题，在出版编辑过程中可以一道改正。

田杰

2016 年 1 月 11 日

谢老：

邮件收到，真为您的认真和执着而感动。我会尽快拜读，再回复您。关于这本书和您这几年的研究过程，我确实伴随您一道走过来，但不能说对您的写作有多大的影响和帮助，在我们的沟通和交往过程中，也促使我深入思考了许多问题，特别是在一些具体细节和现象方面，我以往更多关注的是理论层面，您对我的影响也是很大的。关于青年的历史研究，国内基本无人问津，主要还是难度太大，要靠资料的收集和分析，做这件事固然意义巨大，但付出与收获可能不成比例。《青年学报》今年第一期将刊发我最早给您的几封邮件（2008 年底），并附了一段话：

“2007 年上海的一次会议上，与谢老相隔十几年后再次相见，谈到青年研究中历史感缺乏问题。谢老对此表现出极大兴趣，并以年逾八旬之高龄，投入巨大精力去研究这一问题。至今 8 年多时间过去了，谢老也 88 岁了。难以想象的是，在这 8 年时间里，谢老竟就青年与历史问题完成了四十多万字的著述，发表了一批颇有见地的文章！（近日谢老说，他删削了三分之一，留下三十几万字，就要交付出版了）8 年来，与谢老偶尔见面，但一直保持着电子邮件交流。前段时间忽然想到，把这些邮件整理一下，没想到有四五万字之多（我给谢老的），而且这些文字现在读起来还觉得有点意思。承蒙《青年学报》厚爱，捡出最早的几封刊出，与有心者共享。”

田杰

2016 年 1 月 27 日

谢老：

您好！今天是农历小年，送灶的日子。今冬天气奇寒，一切可好？马上到春节了，又是一年！

《青年的历史存在》和《青年的未来走向》两篇文章，我都仔细拜读了，现提点想法供参考。

关于《青年的历史存在》。比上次篇幅压缩了不少，主要是关于体质人类学和生物社会学的内容，这样删削可以使行文更简练些，很好。

第一节小标题我觉得原来的“人类诞生中的青春化”比改后的“青年与人类历史同步”更好些。前者的问题指向和观点都比较明确，更具有“历史”的意味，也便于展开。后者虽然在判断上似乎更强调了青年的历史地位和价值，但却一下子很难论证清楚，即判断有力，论证不足。从这一节的内容看，还难以对“青年与人类历史同步”这样宏大的命题做出有力的阐释和说明。

第二节“父权体制下的青年”，结尾处突出了“青年解放”的内容，很有必要。但囿于篇幅，关于父权制与青年的问题，仍不能说得更透彻。我一向认为，这个问题是青年史的一个核心问题，解起来非常困难，涉及的东西太多，而以往谈这一问题时多局限于政治或权力的视角。

第三节“在伟大的变革中”重点谈了启蒙运动到 19 世纪这段历史。这样谈也是可以的。从文艺复兴、启蒙运动到 19 世纪现代性潮流，是近现代以来社会变革的主要关节。从大致脉络看，文艺复兴关注的是“人”，是“人”这一抽象，启蒙运动关注的是人的思考和思想，现代性关注的是人的存在本身。这一系列重大变化与近现代以来自然科学和人文社会科学的发展、政治制度与生产方式变革有着复杂的联系。青年在这一系列变革中的历史表现，我觉得是更突出其群体的社会力量与价值，近现代以来青年作用于社会与历史的基本形式是社会运动，也即青年运动的兴起。而传统社会中青年的历史形式主要是个体的、家庭的、族群的或世代的。这一“伟大的变革”将导致社会青年观的变革，即真正认识到青年在社会发展和变革中的重要作用，特别是青年在现代社会科学技术背景下的创造力，以及在复杂的社会环境中的巨大作用力和影响力。

第四节“青年创造了历史”，我可以明确表示，不同意这样的命题或判断。断言“青年创造了历史”，应该首先明确青年在何种意义上创造了历史，以及通过何种方式创造了历史。这个问题说起来很麻烦，但可以肯定，简单地断定任何一种社会力量“创造了历史”（如英雄创造历史、劳动创造历史），都可能犯历史主义的错误。青年参与了历史创造过程，这一点是毫无疑义的，我们所质疑的是以往的历史忽略了这一基本事实，在既往的历史文本中几乎见不到任何青年人的历史书写，这在根本上违背了历史的事实。问题只在于，我们将青年置于什么样的历史过程之中，或如何本着历史的客观性对青年的历史价值做出理性的判断。维柯曾说过，评价历史的是老年人，而历史（民族）的创造者则是青年。这是维柯提出的一种历史观——关于青年人创造历史的一种崭新的历史观念。然而维柯并没有就此展开论证，而是作为一种方法论，即认为“每个民族在起源、发展、成熟、衰颓和消亡中都要展示的一种发育学的模式”，并藉此比附客观历史进程的相应阶段。黑格尔的历史观显然受维柯的影响，他将世界精神的历史分为幼年、少年、青年、壮年、老年几个阶段，与维柯所划分的神的时代、英雄时代和人的时代大体相近。在维柯和黑格尔那里，都表现出对阿波罗等青年神的向往、尊崇与爱慕。

“青年创造了历史”，我们固然可以大胆地做这样的假设，但作为一种严肃的历史判断，我觉得还要等待进一步深入的研究和充分的论证，否则，会显得唐突或肤浅。在本来意义上，历史即是“探究”，“西方史学之父”希罗多德最初就是在这一意义上使用“历史”的概念的。对青年的历史，我们刚刚接触、关注到这一问题，但我们掌握的知识、史料、观点、方法还非常有限。历史有着多样的表现，有着复杂的面孔，青年只是其中之一，而且，青年的历史同样有着多样、复杂的表现。米兰·昆德拉说，青年（有的译“青春”）是残酷的。确实，青年，抑或青春，有着光明、美好的一面，也有其残酷乃至血腥的一面。有的研究者认为，17 世纪的英国革命、18 世纪的美国革命，与 18 世纪末的法国大革命有着完全不同的表现，其中一个重要原因即是法国大革命中的参与者过于年轻，这个问题很值得做青年研究的人深入思考。您在文中也谈到，在欧洲两次大战中，“青年既成了制造这个滔天大罪的工具，又是进行反战和弘扬人文精神的力量”。

这一节还是用原来的“后现代与新价值观”较好一些。另外，改过的这一节也不如原来那一稿，显得有点乱。这是我的一点感觉。

“青年的未来走向”比上一稿有较大改动，总的感觉好了很多（前一稿第二节题目过大、过泛）。“青年的未来走向”这个问题甚至比“青年的历史存在”还有难度。我们总是将青年是未来、是希望这样的话挂在口头上，但它到底意味着什么？至今没有一篇文章进行过稍微像样一点的论述。这是青年研究的一个重大缺陷。青年的存在，或青年的概念，应该有多重含义，有形下的，有形上的；有现实的，有理想的；有历史的，有未来的……我觉得，对青年的未来这一问题，重要的并不是我们能够对它的未来走向做出多少或多么准确的预测，而在于如何树立一种建基于历史和现实之上的关于青年的理想与信念。这或许属于青年概念形上方面的内容，也就是我过去所说的一种关于青年的信仰。在西方，有一种哲学称“希望哲学”，对我们思考这一问题有些启发。希望的概念涉及诸多知识和认识领域，内涵不尽相同。但归其一点，那就是希望总是与未来的未知事实相联系。这有其消极的一面，即它可能成为一种盲目的主观化、理想化、脱离实际的心理期待，但在积极意义上，有学者认为，“希望却是乌托邦的基本原理，作为想象的形而上学，希望照明未来视域、纵览全体，构成各种未来思想的理论基础……（希望）能够作为乌托邦动因激励人们立足当下，回首流逝的过去，展望即将到来的未来。”对青年研究来说，希望与未来两个概念是不可分开的。

这些问题暂时不要太深究了，可以留作后面的研究和思考。

最后想说几句，就是不要在自己改稿上花太多时间了，这样改下去永远没有尽头。应尽快联系出版方，他们要先大致看一下稿子，会提出相应的修改意见，之后按编辑的意见再去改，这样就不再拖延出版时间和花无谓的精力改稿。

不多说了，说太多可能会搅乱您的思路。

再有几天就是春节了。这几天好好养养精神，准备过年。过年八十八还是八十九岁了？真佩服您，花这么大力气思考这些可能永远没有头绪的问题！不过，研究青年，青春相伴，也是人生一大快事。幸哉！乐哉！

祝春节快乐！

一定不要再改稿了！！！

田杰

2016 年 2 月 1 日

谢老：

我查看了《文化与思维》，您说的那段，是综述卢梭的观点，引用卢梭的话只有一句：“只有道德……”这句话是在《契约论》第八章最后一段。我们看的应该是同一个版本，即何兆武译的。卢梭关于青年年龄的观点，主要在《爱弥尔》中。《忏悔录》虽有涉及，但不集中。

田杰

2016 年 2 月 16 日

谢老：

"前言"我仔细读了一遍。从文中看，您是将书中的主要内容和观点，又进行了系统的梳理、归纳、提炼，这对于读者的阅读自然是好事。但我觉得，在这里就不必要再做那些引经据典的论证了，可以直接谈观点，特别是有争议的、新提出的观点。要交代为什么写了这本书，是怎么写的，它的价值在哪里，提示人们哪些内容值得关注和思考，我想这些是最重要的。现在这篇"前言"，上面说的这些东西固然也都有，但还是淹没在繁复的说明和论证文字之中了。而且，篇幅也觉得有点长，足有一万多字，排起版来要十七、八页，编辑也可能会提出意见。我认为，只要 3 千～4 千字就可以了，起码压缩一半，不超过 6 千字。我建议，重点谈您的研究感受，这是最有价值的，它具有一种榜样的力量，不要过多(只是不要过多!)纠缠于书的内容和观点。另外，有的问题，如文中谈到的后现代价值观，恐怕也不是在这里能说清楚的，甚至可能出现偏颇。

有些笔误类的问题，我用红色字体标出，请参考。

田杰

2016 年 2 月 23 日

谢老：

您还在为完成的稿件劳神费力，我觉得大可不必如此。这并非是对自己的文字不负责任，而是这样下去是没有尽头的，甚至也不会有一个最终理想的结果。我们不可能在这里将青年与历史这样的一个大题目，做得十分令人满意，而且我可以说，哪怕稍许令人满意也就心满意足了。这个问题实在太难，它不是一般意义上的青年人和历史学的问题——如果这样理解，问题将简单多了。我对青年研究，一直是作为关于人的一般研究的一个环节来考虑的，或者说，是人学的一个环节，而它的历史也将是人类史的一部分，所以，它涉及太多的问题……以至我至今也没有真正理出一个头绪来。您以耄耋之年风风火火地闯入其中，并取得了这么多的研究成果，已实属不易了。我曾跟您讲过，我们能做到抛砖引玉已足矣，您真的还要抛出一块玉吗？况且，即使您现在抛出一块玉，在青年研究没有成熟的时候，您可能引来的是被拍砖！这些年我在这方面写下了几篇文章，竟然没有任何反响，实际上已经被拍了砖了，只是没有声息，像被打了闷棍！总之，您先大胆把这块砖头抛出去，引来玉更好，引来砖头也莫怪。这样好吗（书出来之后我们再讨论）？

关于是否用“阶级”这个词，不能一概而论是否妥当。在不同的语境中，可能用它比较好，甚至是不可替代的，而在有的语境中可能不妥。20 世纪 60 年代西方青年研究（主要是伯明翰学派、西马）将青少年作为一个阶级来理解并不错，但在中国如果这样理解却不妥。然而，在今天的中国，当官二代、富二代横行于世，您又能说它不是阶级是什么？在您的文章里，可以将这段学术思想和概念变化的历史写进去，问题自然也就清楚了。附件的文章我还没看，看完后有想法再告诉您。

保重身体！切记！

田杰

2016 年 4 月 30 日

谢老：

很抱歉，才把您的文章读完，有些看法，在原文中用红色字体标出，供参考。青年史研究确实是一个相当考验人的知识、智力和耐心的苦差事，你我都可能是误入歧途。但无论如何，如果不是出于某些功利的考虑，做这个事还是挺有意义的，起码来说还是挺有趣的，虽然很苦，但与写那些不咸不淡的东西相比较，还是有点意思。有意义，语气可能大了一些，有趣、有意思，也就够了，你我都不是为着用这个搏个什么功名！最近看到，商务印书馆的“新史学译丛”中有意大利的乔瓦尼·莱维和法国的克劳德·施密特合著的《西方青年史》上下册将要出版，但不知道要等到什么时候。就此看，我们的青年研究还处于起步进行时的阶段，您老也算前驱先路了。

（方括号内楷体字为回复文字）

1. 关于青年阶层

【“青年阶层”这一概念还是有相当的局限性的。我觉得，还是用“现代社会青年群体”比较好，外延比较大，它可以涵盖阶层、阶级、世代，以及其他各种类型的划分。实际上，现代社会青年的存在，无疑具有阶层、阶级的特征，尤其在现代社会几百年的历史上，不同时期其类型特征有不同的表现。我认为，现代社会青年的群体特征日益模糊，世代的特征日益凸显。按我的理解，青年是以世代的方式进入历史的，与此相对应，他们以个体的方式步入人生，以群体的方式介入社会。这或许具有一种逻辑关系，而且表现为一种独特的历史进程。】

2. 关于青年的概念

【这里应该强调的是“现代社会青年”。因为，在我们的研究中，“青年”不只是现代社会的产物，而是一种历史的存在。这一点必须准确把握，否则，关于青年的历史，特别是前现代社会青年的历史研究，将成为一种非逻辑的命题。】

3. 关于19世纪青年成为创新、革命、改革等理念的实践的主体

【准确地说，应该是“相对独立的社会和历史实践主体”。】

4. 关于青年人口的变化

【青年人口的变化，在关于青年的历史研究中，还没有更多人涉及。但这确是一个非常重要的问题。有研究认为，17世纪英国和18世纪法国大革命的发生，在某种意义上都与青年人口的变化有关；而在法国大革命历史中，年轻人的作用显得更为突出。托克维尔和莫兰都注意到了这一点。有研究指出，近现代社会以来不少重大事件（例如法国大革命、1848年多个欧洲国家的革命剧变、1917年俄国十月革命、1930年纳粹在德国上台）都和青年人口膨胀有关。】

5. 关于青春期的命名

【青春期的命名，在根本上是人类社会关于青年认识上的一种变化，是一种新的青年观的形成，这种新的青年观基于现代社会各种发展变化的现

实，特别是现代科学，包括人文社会科学的发展对人类认识自身的种种影响。我觉得，随着科学技术和物质文明的进步以及生产力水平的不断提高，基于人的自然本能和生理因素的青年人的生殖力、战斗力、劳动力的先天优越性可能会逐步减弱或丧失，但青年人特别旺盛的生命力、想象力和创造力，却将日益凸显出其巨大的优势，这种优势借助现代社会民主政治和先进科学技术的环境条件，将转化为现实的社会创新和革命力量，推动历史的车轮不断前进。青年观的变化，是最根本的变化。】

6. 关于青年与战争

【青年与战争，这一问题，对我国青年研究来说，确实还是一个新领域，对此，我还没有，也来不及有更多思考。我将青年人最自然、最古老的价值特征归纳为生殖力、战斗力和生产力。其中战斗力与战争有关，但还没有对这一问题有更深入的研究。而且，这一问题远比其他问题复杂。在我看来，战争，对于青年——在一般意义上来理解的青年——永远是惨烈的悲剧，青年，永远是战争祭台上的牺牲品，无论赋予这些牺牲的青年人多么崇高的荣誉。所以，我认为，青年永远是反战的，虽然他们又常常以战争狂人的形象出现在某些特殊的时刻。理查德·韦南在《20世纪欧洲社会史》中有一章谈到战争的后遗症及青少年问题。韦南引证的资料中有写于20世纪20年代的《战争和年轻的一代》。】

7. 关于青年的理想

【青年的理想，总是具有一种浪漫主义的特征，无论是个性的、人生的、社会的，而这种浪漫主义理想的核心是自由。】

8. 关于青年与文化

【文化，是青年社会理想的表现形式。青年文化与青年的社会理想是相通的，浪漫主义、自由，是其最显著的特征，二者的叠合形成青年的乌托邦之梦，昭示了人类社会某些理想形式的雏形或方向。】

田杰

2016年5月15日

谢老：

关于“现代化”，这本身即是一个充满悖论的概念，所以对于现代化的批判性反思才得以兴起，“现代性”才成为人们谈论更多的话题。而传统的现代化理论最大的问题，即是受进步观和线性历史观的主导。因而您在谈青年现代化问题时，自觉或不自觉地会搅入这些矛盾之中。如果将现代化与青年联系起来，一则可以谈青年对现代化进程的作用和影响，二是谈青年人自身的现代化。您主要谈的是前者。另外，与“阶层”相比，“群体”的概念并不小。阶层概念在外延上肯定比群体小，它所覆盖的范围主要是等级差异，而群体则不仅可以覆盖等级差异，如富人群、穷人群，还可以覆盖平行的人群。我理解，阶层的概念主要用于社会等级差异的结构分析，偏于经济学方法，与阶级有相近之处，但阶级主要属于政治学的概念。群体的概念几乎可以涵盖全部人群类型，如人类学意义上最初的年龄群体、同龄人群体、辈分群体，以至族群、种群等。“寂静的青春”所谈的仍是有关青年的一个宏观历史问题，我看谈到这些也就可以了。有点想法，还是放到文中了，请参阅。有一篇我写的关于深圳青年与现代化的文章，也一并发给您。

（回复内容见方括号内楷体文字）

1. 关于信息技术膨胀与失业

【信息技术膨胀与失业没有直接关系。信息技术膨胀产生并加剧经济与社会发展的不平等和不平衡，进而造成部分人群的失业。】

2. 关于青春期的延长

【青春期的延长是现代社会的一个显著事实，它主要应该在两个层面得到解释。一是社会的结构性变化使青年难以适应，青年进入社会的过程在时间和空间上都出现障碍，而且在青年方面是难以自主逾越的，因而无奈地延长了青春期。二是社会由于结构性的发展不平衡，难以适时接纳大批青年进入社会，造成青年被动地延长了青春期。青春期的延长，是青年与社会关系的一种紊乱状态，是代际关系断裂的一种新表现。国外青年研究已经在理论上关注到代际公平、代际正义、后代人权利等问题，而我国对这方面的研究和关注还不多，代际问题仍停留在所谓的“文化反哺”等概念和论题上。人为和被迫的青春期的延长，是反自然的，对社会也具有一定的破坏性。是“人为文化因素压倒自然的因素”的一种形式。】

3. 关于“寂静的青春”

【寂静的青春，或青年的消逝，应该关注的是社会对青年理解的变化，以及青年自我认知的变化。现在可以肯定的是，青年与非青年的界限模糊了，这也是高宣扬所说的后现代的“各种事物之间的差异的界限模糊化”，或者用现代性理论的语言讲即“不确定性”。我认为，这种所谓的“寂静”或“消逝”，是20世纪60年代青年革命浪潮过后的一种相对平静，但却是新的暗流涌动的时期。近十年来世界青年的表现，似乎在酝酿一场新的革命，无论在中国还是在世界其他地方，都有这种迹象。郑永年最近在一篇文章中说：“反建制主义已经再一次成为世界性思潮和以学生为主体的社会运动的目标。欧洲的社会运动，参加的主体是年轻人，意在反对资本主义的建制。亚洲等非西方社会也往往在民主或者民主化的口号下，进行着反建制的社会运动。中国的左派尽管总体上说是支持建制的，但他们中越来越多的人随时可以转向反建制，因为他们相信现存建制已经不能代表他们的理想或者利益。”】

4. 关于“青年”与“年轻人”的区分

【吴端在“青年”与“年轻人”之间所做的概念区分，如果进一步论证会出现逻辑上的矛盾，虽然简单讲是可以的。我坚持认为青年的社会存在包括三个层面，即个体的、群体的和世代的。个体的即年轻人层面，基于人的自然的青年存在；群体的即各种年轻人集合体，首先是同辈或同龄群体的层面，是基于人的社会性的青年存在；世代的青年的历史存在形式，社会对青年人的认可自古以来就是以世代为单位的，所谓的“一代更比一代强”。】

5. 关于“后物质主义”

【后物质主义作为一种现代观念，在青年中确实有突出表现，但如果将其置于更广泛的意义上来考察(如人类文明与历史中)将作如何理解？这是一个难题。我认为，青年人的天性是崇尚自然，富于幻想，充满浪漫情怀，与成年人的务实与功利不同，所以精神的东西他们更为看重。英格尔哈特只是证明了一种现象的存在，将其概念化还有一个过程。关于青年的历史研究有一个最大的难题，就是如何将一些青年现象概念化？这还需要青年研究在一些基础理论方面的深入，例如，青年人相对于社会性的自然属性，青年人与父权制度，年龄制度作为社会等级制度的特性，生命过程与社会过程的关系，生命运动与社会运动的关系，等等。】

田杰

2016 年 5 月 18 日

谢老：

出版的事情况如何？这两三个月我几乎一直在东北，既没看书，也没写东西，很是清闲，从来没有这么清闲过，感觉挺好。您也要适当闲下来，特别是这酷暑难当的盛夏。应允的序还没有动笔，不过请放心，一定遵嘱完成。商务印书馆的《西方青年史》我一直关注它的出版，但没有任何消息。这本书，或许会对我们的研究有很大帮助。

田杰

2016 年 8 月 19 日

谢老：

那篇序我在文字上稍许做了改动，原来有错别字，请以这篇为准。书的出版不能太急，三审三校是常规做法。

田杰

2016 年 12 月 4 日

# 后　记

收入本书的是本人近些年写下的关于青年与历史的一些文字。有的已经部分或全部在《中国青年社会科学》《青年探索》《当代青年研究》《青年学报》等期刊上发表过，有的则未曾刊布。承蒙上海青年管理干部学院同仁好意，辑录成册出版，在此谨表诚挚的谢意！

其中“书信”部分，是谢昌逵先生在写作《青春的奥秘——青年的历史存在与社会角色》(中国发展出版社 2017 年版)一书时，本人发给谢老的一部分电子邮件。围绕谢老的写作，从 2008 年 9 月到 2016 年底，前后历时 8 年之多，我们认真讨论了关于青年与历史的诸多问题。这部分书信，如果还有一点价值的话，恐怕也就是其中我们所提出、涉及或讨论的一些问题本身，而不是对这些问题做出了如何的解释。从开始到结束，谢老从一位耄耋老人而年届九秩，我也年逾花甲。伴随谢老的艰辛探索，我与他共同穿越了青年历史幽邈旷远的时光隧道，其间有发现的快乐，也有诸多难解的困惑。刊布于此，与有心者共享。

田杰

2018 年 4 月 18 日于惠州・帝景湾